LITTÉRATURE ALGÉRIENNE

Désir d'histoire et esthétique

Collection *Critiques Littéraires*
dirigée par Maguy Albet

Dernières parutions

De BURTON Richard, *Le roman marron : études sur la littérature martiniquaise contemporaine*, 1997.
SEGARRA Marta, *"Leur pesant de poudre" : romancières francophones du Maghreb*, 1997.
SCHNYDER Peter, *André Frenaud, vers une plénitude non révélée*, 1997.
Sous la direction de Mukala KADIMA-NZUJI, Abel KOUVOUAMA, KIBANGOU Paul , *Sony Labou Tansi ou la quête permanente du sens*, 1997.
LEBOUTEILLER Anne, *Michaux, les voix de l'être exilé*, 1997.
AVNI Ora, *D'un passé l'autre. Aux portes de l'histoire avec Patrick Modiano*, 1997.
FIGUEROA Anton, GONZALEZ-MILLAN Xan, *Communication littéraire en culture en Galice*, 1997.
COHEN Olivia, *La représentation de l'espace dans l'œuvre poétique de O. V. de L. Milosz. Lointains fanés et silencieux*, 1997.
THOMPSON C. W., *Lamiel, fille du feu. Essai sur Stendhal et l'énergie*, 1997.
BOURJEA Serge, *Paul Valéry, Le sujet de l'écriture*, 1997.
LOUALI-RAYNAL N., DECOURT N. et ELGHAMIS R., *Littérature orale touarègue. Contes et proverbes*, 1997.
VOGEL Christina, *Les "Cahiers" de Paul Valéry*, 1997.
KADIMA-NZUJI Mukala etBOKIBA André-Patient (sous la direction de), *Sylvain Bemba, l'écrivain, le journaliste, le musicien, 1934-1945*, 1997.
GALLIMORE Rangira Béatrice, *L'oeuvre romanesque de Calixthe Beyala. Le renouveau de l'écriture féminine en Afrique francophone subsaharienne*, 1997.
BOUELET Rémy Sylvestre, *Narcisse et autobiographie dans le roman de Bernard Nanga*, 1997.
RASSON Luc, *Ecrire contre la guerre : littérature et pacifismes 1916-1938*, 1997.
OLLIER Marie, *L'Ecrit des dits perdus. L'invention des origines dans les Immemoriaux de Victor Segalen*, 1997.
MOUGIN Pascal, *L'effet d'image. Essai sur Claude Simon*, 1997.
PROUST Simone, *L'autobiographie dans Le Labyrinthe du Monde de Marguerite Yourcenar*, 1997.

© L'Harmattan, 1997
ISBN : 2-7384-6066-6

Beïda CHIKHI

LITTÉRATURE ALGÉRIENNE

Désir d'histoire et esthétique

Éditions L'Harmattan
5-7, rue de l'École-Polytechnique
75005 Paris

L'Harmattan Inc.
55, rue Saint-Jacques
Montréal (Qc) – CANADA H2Y 1K9

Car c'est là le tragique chez nous, que nous quittions tout doucement le monde des vivants, emballés dans une quelconque boîte, et non que consumés dans les flammes, nous expions la flamme que nous n'avons pas su maîtriser.

Hölderlin.

Mais on peut aussi habiter l'échafaud, sa tête sous le bras, c'est le sort du poète. On chante alors "le soleil noir de la mélancolie", et l'on erre en Orient comme Gérard de Nerval! On peut aussi, comme Kafka, habiter un château ou arpenter un labyrinthe. On peut encore comme Michaux, faire voler en éclats cet "espace du dedans" dont les clés sont perdues. Il n'y a plus alors d'Orient ni d'Occident. Le polygone reprend ses droits. Et si les rues de Dublin ont des échos à Alger, c'est que l'artiste-créateur n'habite pas, il est habité par un certain vertige étoilé, d'autant plus étoilé qu'on est parti du plus obscur de sa ruelle.

Kateb Yacine

L'esprit d'enfance

Des oeuvres de l'époque coloniale et post-coloniale aux dernières nées de la littérature algérienne, quelques décennies d'histoire tumultueuse, de conquêtes et de pertes, de mort et de reviviscence, de pactes positifs et d'avortements. Les écrivains algériens, femmes et hommes, ont toujours produit des textes complexes, liés à la forte histoire de leur société et à ses transmutations accélérées. Chez les uns comme chez les autres, l'esthétique de la résistance est le lieu à partir duquel s'organisent la dimension critique de l'œuvre et la vision d'une Algérie plurielle et créative.

Partant de quelques textes, particulièrement significatifs, de Jean Amrouche, Albert Camus, Kateb Yacine, Mouloud Mammeri, Mohamed Dib, Assia Djebar, Nabile Farès, Rachid Mimouni, je tenterai de montrer par quelles stratégies littéraires conscientes ou inconscientes l'écrivain algérien refonde son histoire et formule sa position de sujet[1].

C'est souvent une conscience historique aiguisée qui distingue les écrivains algériens de leurs voisins maghrébins[2]. L'oeuvre littéraire algérienne interroge avec insistance les césures de l'histoire[3]. Leur confère une puissance exceptionnelle en les incorporant dans une construction subjective qui nous éclaire sur l'activité d'une pensée percutante, capable d'atteindre la longue durée.

Pris dans des flux intempestifs, les grands tissages de cette littérature, aux formes insoumises, correspondent à des temps forts d'expression de caractères, de langages, de

---

[1]. Au concept de sujet historique et analytique, j'associe la notion de subjectivité comme praxis, mouvement et réflexion sur soi et sur le monde. Cf. Beïda Chikhi, *Maghreb en textes*, "Ecriture, histoire, savoirs et symboliques", Paris, l'Harmattan, 1996.

[2]. *Idem.*

[3]. Je me situe dans les approches développées par Fernand Braudel, *Ecrits sur l'histoire*, Paris Flammarion, 1969, et par Michel de Certeau, *L'Ecriture de l'Histoire*, Paris, Gallimard, 1975.

Désir d'histoire

fonctions et de situations, éminemment modernes. Car, occupant simultanément le foyer et la marge, ils sont à la fois de l'exil et de la fondation.

De Jean Amrouche à Albert Camus, d'Albert Camus à Kateb Yacine, de Kateb Yacine à Nabile Farès, l'acte de créer s'ensource à l'esprit d'enfance. Saisie première de la parole poétique, l'enfance est le lieu incontestable d'où parle l'Algérie. Devenue *trace,* elle structure la figure de rhétorique dans l'intervalle entre le *il* de l'enfance et le *je* de l'adulte consumant sa perte dans la rupture ombilicale et instaurant l'ex-il comme *texte* revendicatif destiné à réveiller "l'Enfance du monde", selon la prescription de Jean Amrouche.

Aussi, la littérature algérienne aura-t-elle pris son élan dans la reconnaissance d'une blessure inaugurale dans l'esprit de l'enfance. La rupture de cet état idyllique consacre la séparation d'Amrouche et de Camus de part et d'autre de la ligne du conflit colonial. Chacun aura tenté de porter à l'écrit ce déracinement symbolique, cet éloignement de "l'éternel printemps".

De ce déracinement, Kateb Yacine aura gardé un sentiment tragique. Il aura expérimenté dans sa chair ce que peut être le radicalement perdu. Perte du lieu de l'enfance et de son esprit, perte de l'esprit de la mère et de son langage, le destin les aura transformés en lignes scripturales dans une fonction symbolique d'éloignement et de dessaisissement. Tel est le lieu triangulaire fondateur de la transmission poétique et ontologique de l'écriture algérienne de langue française. Kateb, jouant la négativité, porte loin le sens de ce hiatus Amrouche-Camus. Avec l'un et avec l'autre en échange symbolique et ontologique, il aura écrit avec l'un contre l'autre en dialogue historique et politique.

Depuis la rupture qui a produit en lui la perte des Rythmes Saints de l'Esprit d'enfance, Jean Amrouche le mystique est happé par le Livre-Dieu, alors que Kateb Yacine le situe du côté des "livres-hommes"[4].

Expérience de l'exil, expérience du passage de la création à la préservation du patrimoine, de la blessure à la recherche de médiations, à la quête de soi dans l'autre, l'œuvre d'Amrouche crée les modalités et les signes de ce que peut être en Algérie une œuvre fragmentaire. Fragments de mémoire, fragments de dialogues, fragments de poésies, fragments de correspondances, fragments de discours politiques, tout cela, en morceaux et en feuillets épars, est encore en quête de l'image de l'homme qui les rassemblera.

C'est pour approcher le "songe d'une lettre interminable"[5] qui raconterait une vie comme on raconte un roman, fortement désiré mais jamais réalisé par Amrouche, que je voudrais faire ici le parcours du livre-homme qu'il fut. Et, exceptionnellement, intégrer à ce parcours des éléments de la biographie et de la personnalité de l'auteur pour aboutir à quelque chose qui, de la vie et de l'expérience indivise de l'exil, a détourné l'écriture romanesque vers d'autres formes d'expression.

---

[4]. Voir à ce propos mon analyse du conflit possible chez les écrivains maghrébins entre le livre comme création et fiction personnelles et le livre sacré comme limite indépassable. *Maghreb en textes, op. cit.*
[5]. Expression tirée d'une correspondance adressée à Janine Falcou-Rivoire, dans laquelle Amrouche révèle son "impossibilité romanesque", thème que je développerai ci-après.

Il est parfois des hommes qui naissent en portant dans leur tête des montagnes, des rochers, des torrents de cailloux, des gestes et des usages hérités d'Hésiode, mais qui, en raison des circonstances et des pièges de l'histoire, se trouvent contraints, malgré eux, d'exprimer cette réalité solennelle et familière dans une langue faite d'herbe et de ruisseaux, de lacs et de prairies.
Ainsi de Jean Amrouche.
Ce Berbère, ce Numide frugal et fastueux, s'il tient ses songes essentiels de sa mère et de sa montagne, c'est à Montaigne, Gide et Valéry et Claudel qu'hérétique par nécessité, il emprunte musique, vocabulaire, mots de passe. De là, pour lui, et pour quelques autres, l'épreuve, la blessure. Le couteau. Comment en effet transmettre, sans sacrilège, des chants rauques, archaïques et ocres, dans la plus fluide des langues et la plus ondoyante des syntaxes ? Comment, sinon en acceptant les deux sens, les deux couleurs, les deux éléments, l'ocre et le vert, l'herbe et les rochers, l'eau et les cailloux, parce que c'est ainsi que les beaux paysages se forment, par ensemencement et érosion.
Ainsi de Jean Amrouche.
Pareil au dieu Janus, il fut, il voulut être, cet homme double tête, double regard. Double patrie. L'une, l'élémentaire et la profonde, il la portait dans l'œil, la chevelure, le mémorable des songes; l'autre, celle de la langue, qui est non moins profonde et non moins refuge, parlait par sa bouche et s'écrivait sous sa main. De là, parfois, reproches, sarcasmes. On accepte mal ceux qui, une fois résolu le problème de Jugurtha par les moyens de Jugurtha, s'obstinent à assumer l'ambiguïté — alors que l'ambiguïté, parce qu'elle est une source de tension, est aussi un pont, une arche.
Viendra sans doute un temps où l'on reconnaîtra le rôle joué par ces quelques-uns, inlassables et entêtés, qui poussés par une force obscure voulurent être des pèlerins des frontières, des sourciers du pourtour, des errants entre la mère et l'épousée. Alors on se retournera vers ce fils de Jugurtha et vers Janus. Vers ce temps axé d'Orient en Occident qui à Rome ouvrait ses portes en temps de guerre — pour qu'y circulent sans doute la fureur des orages et le tourbillon des vents contraires; mais qui se refermait sur lui-même en temps de paix — sans doute pour que s'établisse, sous le silence des voûtes, le patient conciliabule des extrêmes.
Ainsi de Jean Amrouche.
La mort a établi autour de lui ses portes et ses clôtures, et il est maintenant pour les siens l'ancêtre, homme ou vautour, qui veille et surveille le territoire, celui qu'on appelle là-bas le gardien de la crête. Mais il est aussi, pour beaucoup, ce temple clos où par le dialogue des contraires l'Orient rejoint l'Occident, l'herbe les rochers, où le sang se fait remède et où le couteau devient lien, diagonale.
Ainsi de Jean Amrouche. (Jean Pélégri. "Le Djebel Amrouche", *L'Eternel Jugurtha*, Marseille, éditions du Quai, Jeanne Laffite, 1987.

Jean Amrouche

La sortie vitale de l'ombre des Maîtres

> *J'ai respiré la chair du monde et le monde dansait en moi, j'étais à l'unisson de la sève, à l'unisson des eaux courantes, de la respiration de la mer. J'étais plein du rêve des plantes, des collines ensommeillées comme des femmes après l'amour.*
>
> *Mais j'ai perdu l'esprit d'enfance, l'accord parfait aux Rythmes Saints. Ma bouche s'est emplie de l'âcre saveur de la connaissance et la musique du monde qui ruisselait au printemps de l'enfance peu à peu s'est évanouie dans le pas solitaire du sang.*
>
> (Jean Amrouche, Etoile secrète[1])

L'oeuvre-vie

Pionnier de la littérature algérienne de langue française, Amrouche l'est sans conteste. Sa personnalité et son œuvre suscitent un intérêt toujours grandissant. Hommages, colloques internationaux, manifestations littéraires lui sont consacrés depuis la fin des années 70, et ses œuvres connues sont rééditées pour la deuxième ou troisième fois. Les jeunes écrivains et poètes maghrébins qui ont "tâté les blessures de la différence", vécu "déchirés sur le tranchant qui césure le nous des autres" font intensément écho à ses idées et à sa pensée très tôt sollicitée par l'universalisme.

On peut rencontrer Amrouche dans son œuvre multiple (poésie, traductions, essais, préservation du patrimoine, articles journalistiques, déclarations, conférences, entretiens radiophoniques, correspondances, journal), dans les témoignages circonstanciels de ses nombreux amis (Armand Guibert, Marcel Reguy, Jules Roy,

---

[1]. Paris, L'Harmattan, 1983, p. 59-60. Première édition, *Les Cahiers de Barbarie* n° 19, Tunis, Mirages, 1937.

Jean Pélégri, Georges Cézilly, Ferhat Abbas, Krim Belkacem, Albert Memmi, François Mauriac, Henri Kréa, Jean Daniel, Kateb Yacine, etc.). Mais on peut le rencontrer aussi, enfant, adolescent puis adulte dans *Histoire de ma vie*[2], le récit autobiographique de sa mère Fadhma Aït Mansour, et dans les récits de sa sœur Marguerite-Taous Amrouche, notamment dans son roman *La rue des Tambourins*[3], qui nous restitue de larges pans de l'histoire de la famille Amrouche, ses inquiétudes, ses drames dus en grande partie à l'exil permanent, qui a profondément ému Mouloud Mammeri: "Le sort des Amrouche a été une fuite harcelée, hallucinante, de logis en logis, de havre, jamais de grâce, en asile toujours précaire. Ils sont toujours chez les autres, étrangers, où qu'ils soient. De là cette hantise de partout reconstituer la tribu, de porter la tribu à la plante de leurs pieds, faute de l'avoir à la semelle de leurs souliers, parce que des souliers ils n'en avaient pas toujours "[4].

La personnalité aux multiples facettes de Jean a beaucoup marqué l'œuvre, dont une grande part reste encore dans l'ombre.

La poésie mystique

Comme il l'expliquera plus tard dans *L'Eternel Jugurtha*[5], tout Maghrébin est un poète de naissance et toujours prédestiné à l'appel mystique. Ses deux recueils, *Cendres*[6] et *Etoile secrète*, poèmes de la déchirure, de la solitude et de l'exil, sont très fortement empreints de mysticisme. Le poète cherche dans la lumière et la foi un moyen de faire cesser le sentiment d'exil et d'atténuer le

---

[2]. Paris, Maspéro, 1968. Rééd, 1979.
[3]. Paris, La Table ronde, 1960.
[4]. Cf. "L'imaginaire éclaté de Jean Amrouche", *L'Eternel Jugurtha.*, actes du colloque, Rencontres méditerranéennes de Provence, 17-19 octobre 1985, publiés à Marseille aux éditions du Quai, Jeanne Laffite, 1987, p. 155.
[5]. Cf. La revue *L'Arche*, 1946. Rééd, Paris, *Etudes méditerranéennes*, 1953.
[6]. Tunis, Mirages 1934; rééd. Paris, L'Harmattan, 1983.

déracinement. Il s'agit pour lui d'inventer un itinéraire qui absorbe la stupeur dans laquelle l'a précipité son état d'exil permanent. L'exil de sa double filiation et sa conscience douloureuse se déploient dans l'imbroglio de ses différents noms, Amrouche, El Mouhouv, Jean, et ses différents états, kabyle, algérien, chrétien, français. Crise de dénomination, crise d'identité et états de conflits intérieurs lui ont été insufflés de l'extérieur, par le climat d'intolérance et les contraintes institutionnelles qui caractérisaient sa société.

Comment résorber le conflit sinon par l'invention d'une action de médiation: établir des traits d'union entre les différents noms, les différents états, concilier les deux bords, que de part et d'autre les sociétés exclusivistes voulaient contradictoires, instaurer un semblant de continuité, de complémentarité entre deux cultures, deux religions, deux peuples, deux civilisations. La question: comment être soi, entièrement soi en étant simultanément des deux bords, sans risquer l'exclusion? L'œuvre poétique tente, par la voie mystique, de transcender le conflit, d'assumer l'ambivalence constitutive de la personnalité algérienne.

Ambivalence du ravissement et de l'extrême douleur, *Cendres* ouvre l'horizon arc-en-ciel entre défaillance identitaire de l'exil et plénitude de l'être dans l'extase mystique et poétique. Six titres dysphoriques appellent le dépassement: "Angoisse de la jeunesse", "Brisures", "Arrachement", "Dénuement", "Scories", "Le soleil froid", "La vie et la mort", "Fièvre".

Cendres compactes ou poudreuses, cendres glacées de l'ensevelissement ou cendres encore chaudes du souvenir, les poèmes suscitent une conscience amère de la fragilité des choses les plus belles, nées pour être balayées et revenir fatalement comme signes anciens de l'impossible possession. Cri retentissant puis étouffé, ruine, mort, destruction, exil, angoisse, nuit. Comment s'en débarrasser? Peut-être par une prière.

"Prière pour être débarrassé de moi-même", poème livré en page 30 du recueil, est le programme de la nécessaire séparation de soi pour mieux retrouver son être profond. L'expérience mystique offre l'Etre en échange d'un don absolu de soi. Eparpiller ses cendres pour rencontrer l'essentiel:

> *Tout meurt*
> *Tout se dissout*
> *Pour que naisse la Vie*
> *Toute image de nous est image de mort*
> *Mais aussi toute mort est un gage de Vie*(p. 57)

La bi-isotopie Vie/Mort où s'origine le poème éprouve le cliché et le détourne en ambiguïté. Là où l'on s'attend à l'ombre, surgit la lumière et inversement. Ainsi, les termes de la contradiction sont constamment contrariés:

> *Voici que j'ai touché le fond, la dernière porte. Les lourdes ténèbres, à grand'peine traversées, ouvertes, me livrant à la lumière nouvelle. Il fait bon ici...*(p. 79).

C'est alors que commence le mouvement ascensionnel du poème mystique vers le mystère et la transcendance de la foi religieuse. Le poète semble recevoir de Dieu toute sa légitimité. L'effort consiste à inscrire dans ses images, son verbe et son émotion, l'éloge du Divin. L'itinéraire du signifiant "Cendre", singulier ou pluriel, se réalise comme une conversion radicale qui fait passer de l'obscurité totale de l'Absence à la configuration d'images lumineuses, qui structurent le propos ontologique de Jean Amrouche:

> *Ma jeunesse éclatera sur le monde des ombres*
> *Et tous les cœurs éteints*
> *Ranimés par mon cri*
> *Sous la violence d'un amour de feu*
> *S'ouvriront au soleil*
> *Et par la Terre humaine, à flots*
> *Roulera*
> *le sang vermeil du Grand Amour*(p. 46)

Comme tous les poètes mystiques, Amrouche tente, dans *Cendres* et plus tard dans *Etoile secrète*, de traduire avec ses mots et sa sensibilité propres, l'énigme de ce Grand Amour qui se dérobe, amour sans limite du Grand-Absent, retiré en son mystère. Le poète ne communique avec lui que par énigme, car l'énigme est le lieu dans lequel le poète mystique se retire, s'anéantit complètement pour accéder à cette présence en perpétuel retrait, jusqu'au moment décisif de l'ultime rencontre. L'expérience passe bien entendu par le monde sensible des éléments, mer, terre, air, feu, traversant la chair et le sang qui, devenus cendres, s'éparpillent à leur tour dans les clartés stellaires et solaires pour participer, dans le rythme cosmique, au renouvellement de la parole entre Dieu et l'homme :

> *Ombres flottantes sur clarté diffuse*
> *Faibles lueurs sur la nuit épaisse*
> *Par les regards trop stricts des hommes*
> * Qui cherchent à résoudre l'énigme de leur cœur*
> *Salve nocturne de l'âme*
> *Où les faisceaux du soleil s'épuisent*
> *Replié sur moi-même je cherche*
> *le rayon primordial*
> *comme une clef des songes.*

Amrouche fut très sollicité par les résonances mystiques de Milosz[7], Giuseppe Ungaretti et Patrice de la Tour du Pin, les fervents nostalgiques de l'enfance ensevelie et de l'idéal de pureté et d'innocence à jamais perdu. Il voyait en Milosz le dépositaire d'une poésie aux accents enfantins de sa Lituanie natale, infalsifiable et capable de purifier, à partir de l'abîme d'où elle surgit, tous les mots altérés par les expériences d'adulte. Il écrivait que la voix de Milosz "réveillait un chant composé dans un monde inconnu qui aussitôt le fait connaître comme le chant que nous aurions pu composer si nous avions été délivrés de nos chaînes".

Avec Ungaretti, Amrouche partageait la quête d'un humus originel, qui passe par la restauration du vide inaugural. C'est dans cette pensée du vide que les deux

---

[7]. Il s'agit d'Oscar Vladislas de Lubich-Milosz, lithuanien d'origine.

poètes entrent en dialogue. Dans *Propos improvisés*[8], texte transcrit d'un entretien radiophonique réalisé en 1953 entre Amrouche et Ungaretti, le vide est appréhendé comme une grande solitude qui rend possible la poésie de "l'auscultation intérieure", cette remontée incessante, jamais interrompue, vers l'inaugural d'où s'énonce le Verbe Divin. Amrouche écrit dans *Pages de carnet* [9]:

> *Cependant au cœur de ce désert, une source nourrissait la palme courbe, le pampre et la grappe, l'ombre douce où saignait la fleur dure du grenadier. Cela c'était mon secret: une cassolette à moi, pour moi seul hurlait tous les parfums de l'Arabie. Oui, un autel était en permanence élevé dans ma mémoire, et au-delà dans mon âme même, où brûlait un encens composé, la source, ni le brûle-parfum ne m'appartenait en propre. J'en étais cependant l'héritier par naturelle filiation*

Cette conception de la poésie, flux sensible et ascensionnel vers l'éternité qui est en chacun de nous, Amrouche l'analyse dans un essai consacré à la pensée de Patrice de la Tour du Pin[10] Il en montre la configuration mystique à travers un croisement de thèmes et reconstitue la symbolique de l'Idéal perdu qui anime tout sujet mystique à travers ses arrachements, sa solitude et sa division, et qui tente de faire advenir l'Absent au prix de l'occultation de son propre moi et d'un questionnement douloureux qui martyrise la chair et les sens.

Comme essayiste et toujours dans la même veine mystique et ontologique, Amrouche nous intéresse par sa magistrale analyse du poète autrichien Rainer Maria Rilke publiée dans la revue *Shéhérazade*[11] et par son étude dans la même revue du peintre et écrivain italien Antonio Corpora.

---

[8]. Texte mis au point par Philippe Jacquottet, Paris, Gallimard, 1972.
[9]. Paris, *Etudes méditerranéennes*, n° 11, 1963.
[10]. Cf. "La pensée de Patrice de la Tour du Pin", ouvrage collectif publié par Armand Guibert, Tunis, Mirages, 1934. Voir aussi Jean Déjeux : "La quête inapaisée ", *L'Eternel Jugurtha, op. cit.* p. 15.
[11]. Tunis, 1934.

Patrimoine berbère et génie africain

Chants berbères de Kabylie[12] prolonge le souffle poétique des poèmes mystiques et entame la réflexion sur le patrimoine et le génie africain.

Les chants ont été recueillis de la bouche de la mère Fadhma, transcrits de la main de Taous et traduits par Jean El Mouhouv en français. La traduction, est doublée d'une interprétation subtile de la restitution en français d'un chant profond, d'une mélodie unique et surtout de la voix de la mère, voix presque silencieuse, qui dit la nostalgie du lointain, de la richesse d'un patrimoine qu'elle sent s'éloigner, se perdre. Et c'est là qu'intervient le génie poétique d'Amrouche qui pressent dans la voix de sa mère "la présence d'un pays intérieur, dont la beauté ne se révèle que dans la mesure où l'on sait qu'on l'a perdu".

S'agissant de chants et de mélodies, Amrouche s'est félicité de voir sa sœur se mettre à l'école de sa mère pour "apprendre à chanter dans le ton juste et pour perpétuer l'art des clairchantants inconnus dont elle est l'héritière". L'interprétation de ces chants et la démarche adoptée dans la restitution de l'esprit d'Asefrou, qui consiste à expliciter l'énigme poétique, montrent que la poésie kabyle est une tension vers l'accomplissement de l'homme dans cet "état d'enfance conservé" dont parle Gœthe et qui, selon Amrouche, serait une superposition du saint, du héros et du poète.

Tout droit issue de l'intérêt très vif qu'a suscité en lui la collecte, la transcription, puis la traduction du patrimoine poétique kabyle, la célébration du génie africain nourrit son oeuvre emblématique, *L'Eternel Jugurtha. Propositions sur le génie africain*[13]: "Il y a dix-huit millions de Jugurtha dans l'île tourmentée qu'enveloppent la mer et le désert et qu'on

---

[12]. Tunis, Monomotapa, 1939. Le manuscrit de *Chants berbères de Kabylie* figurait parmi une quinzaine d'œuvres candidates au prix littéraire de Carthage. Le poète l'aurait retiré avant le vote.

[13]. Cf. La revue *L'Arche*, 1946. Rééd, Paris, *Etudes méditerranéennes*, 1953.

appelle le Maghreb". Ce texte d'une quinzaine de pages est une analyse de ce que peut être le génie africain et qu'il a abordé, comme l'écrit Malek Ouary "par la voie de l'instinct et du cœur s'inspirant en cela des Essais de Montaigne et parvenant à l'homme universel à partir de l'exploration de sa propre personne"[14].

> *Privé de la chaleur de l'enthousiasme et du ragoût de l'émotion, Jugurtha se désintéresse du lent progrès de la pensée abstraite... Il lui faut l'image, le symbole, le mythe. Sans cesse du réel à l'imaginaire et de l'imaginaire au réel, apercevant des relations singulières, des similitudes et des dissemblances, progressant de métaphore en métaphore, sautant de parabole en parabole, sans conclure ni décider, car pourquoi ceci plutôt que cela qui en est le contraire.*

Le texte d'Amrouche témoigne ainsi d'abord des hésitations et des velléités de Jugurtha, poète de naissance, qui cherche sa satisfaction dans les changements d'états et dans la suspension et le vertige que procure l'entre-deux. Eveilleur d'images et de paraboles, Jugurtha fait de la découverte un jeu et un plaisir loin des contraintes de l'abstraction. Préférant le songe, il s'éloigne du réel pour mieux l'observer, le saisir, le maîtriser. Il recherche le face à face, l'état de lutte perpétuel entre les opposés et les incompatibles. Le maintien de la distance et de l'opposition nourrit son climat de prédilection, celui de la passion et de la lutte. Il en tire toute son énergie, car Jugurtha est baroudeur et il "aime le baroud pour le baroud". Mais Jugurtha est inconstant et incapable de s'imposer une discipline "condition de toute action féconde". Il aime à naviguer entre un pôle et son autre extrême. "L'ascétisme et l'ascension mystique le séduisent pour un temps car la sécheresse succède bien vite à la rosée de la Grâce, et le dérèglement des sens conduit au dégoût de soi et de tout..." Jugurtha passe de l'un à l'autre de ses états extrêmes. Il navigue aussi avec beaucoup d'aisance entre identité et altérité; sortir de soi pour mieux endosser la livrée d'autrui est pour lui un jeu

---

[14]. Cf. "L'enracinement berbère de Jean Amrouche". *L'Eternel Jugurtha. Op .cit.*

d'enfant, adoptant "mœurs, langages, croyances" jusqu'à en oublier momentanément ce qu'il est pour n'être que ce qu'il est devenu. Cependant, cette appropriation de Jugurtha par l'autre n'est jamais totale. Son esprit et son âme sont irréductibles. Habité par une voix inexorable, intérieure, jamais éteinte, il revient toujours à sa vraie patrie "où il entre par la porte noire du refus".

L'expression d'une identité et d'une sensibilité berbères sert de fondement à ce texte, qui, par ailleurs, présente des qualités littéraires toujours reconnues par ses lecteurs. La tension qui le caractérise entre contraintes du discours d'analyse et les effets d'une poésie fulgurante dans laquelle le poète s'ébroue, ne peut qu'être familière aux lecteurs des textes modernes algériens.

La progression ordonnée, rigoureuse, solidement argumentée et informée se retire au profit du chant subtil, mélodieux de l'élan subjectif, qui stimule le texte. Eloge, exaltation, lyrisme parfois, Amrouche vérifie sans cesse sa propre capacité à produire de la rhétorique, à jouer des métaphores et des symboles. Le principe de *L'Eternel Jugurtha* est de mettre à l'épreuve son propre acte créateur en célébrant celui de l'ancêtre, même si l'œuvre apparaît, selon le propos de Mouloud Mammeri comme "l'ode ou le thrène d'une culture déboutée de l'être, acculée dans les marges de l'illégitimité ou du jeu, et qui l'est depuis si longtemps que c'est devenu sa seconde nature, aussi essentielle que la première"[15]. *L'Eternel Jugurtha* est porteur de message. Poète naturellement noble, généreux, prédestiné à l'appel mystique, Jugurtha doit aussi s'orienter vers l'esprit prométhéen de l'action, de la persévérance dans l'effort pour l'appropriation du savoir.

Radiophonies

Jean Amrouche était aussi une voix qui s'est imposée avec force à la radio dès la fin des années 40. Performance de

---

[15.] *Op. cit.* p. 156.

la voix, performance de la création du dialogue littéraire oral, mais surtout performance de l'information et de l'érudition qui fit écrire à François Mauriac dans son *Nouveau bloc-notes*: "Comme celle de Claudel et de Gide, Amrouche connaissait mon œuvre beaucoup mieux que je ne la connais moi-même — A telle date, vous avez écrit ceci — Je protestais. Il me mettait sous le nez un texte. Il avançait à pas feutrés vers ce dont je ne voulais pas parler. Il tournait autour du point interdit. Cette espèce de curieux passionné n'est pas si commune. Chacun ne s'intéresse qu'à soi. Rien n'est si rare qu'un lecteur comme celui-là. Qui nous a vraiment lu, sinon Amrouche ? Il était fait pour la joie de la lecture. Il aura été une victime rejetée par tous". (Lundi de Pâques, 1962,p. 138-139).

Au-delà de l'invention de ce genre nouveau qu'est l'entretien littéraire radiophonique, Amrouche est considéré comme le créateur de la critique littéraire parlée à laquelle il attribuait la valeur de document historique. Il cherchait, à travers l'entretien, à susciter un auto-portrait et à favoriser une "création verbale" spontanée et immédiatement offerte au public. Cette création verbale devait jouer comme un écho sonore de l'acte d'écrire.

Ces entretiens ont été à leur tour révélateurs de sa personnalité, de ses capacités intellectuelles, de son tempérament qui lui permettait de s'imposer dans le dialogue et de forger sa propre pensée en s'appuyant sur celle de l'interlocuteur. C'est là où il révèle sa compétence critique, son talent dans la conduite de l'examen critique, d'autant qu'il ne s'attaquait qu'à des auteurs de grande envergure, à des guides spirituels déjà canonisés, qu'il prenait de haut, disait-on, et "malmenait comme des petits garçons." Certains critiques le trouvaient parfois insupportable à cause de sa voix sonore, éclatante qui dominait et brisait par moments la communication. Mais dans l'ensemble, ses entretiens ont eu du succès; sa connaissance des œuvres et des auteurs, et ses talents pédagogiques faisaient l'unanimité.

On retiendra aussi sa célèbre émission hebdomadaire *Des idées et des hommes* dans laquelle il interviewait en 1956 le jeune Kateb Yacine ainsi que sa conférence intitulée

Le roi Midas et son barbier, ou l'écrivain et son interlocuteur devant le micro (1954), dans laquelle il explique comment l'idée lui est venue, alors qu'il jouait avec Gide aux échecs à peu près tous les soirs "de remplacer l'échiquier par un micro et de remplacer le déploiement des pions par un échange de paroles".

D'autres enregistrements, archivés à l'ORTF, méritent toute l'attention, ceux notamment de ses interventions aux *Rencontres internationales de Genève* et à *La Société Européenne de Culture* où il s'est trouvé en présences de personnalités diverses: Maurice Druon, Maurice Merleau-Ponty, Max-Pol Fouchet, Jean Guéhenno, Jean Starobinski:

> *Je parle ici, non pas en homme de la rue, déclara-t-il un jour à Genève en 1959, mais en homme qui se trouve moralement à la rue. Je veux dire que je ne représente rien. Je ne peux représenter la France et la culture française: on m'en contesterait le droit, et on l'a déjà fait. Je ne peux pas représenter non plus l'Algérie: on m'en contesterait le droit, et on l'a déjà fait, et ceux qui l'ont fait sont des hommes de gauche, et même d'extrême gauche, qui m'ont dit que je n'avais pas le droit de parler des choses de la France, parce que je n'étais qu'un Algérien, mais que je n'avais pas le droit de parler des choses de l'Algérie, et au nom des Algériens puisque je suis un Algérien francisé, le plus francisé des Algériens.*

En attente de lecteurs

Ecrit entre 1928-1961, le *Journal* fait un millier de pages et se trouve chez son fils Pierre. On y trouve une auto-analyse très sensible, un florilège des auteurs qu'il reconnaît comme ses inspirateurs ou ses intercesseurs. On y trouve des ébauches de poèmes, des croquis de personnages, des brouillons de lettres. Il y parle aussi beaucoup de son action pendant la guerre d'Algérie[16].

---

[16]. Pour plus d'informations voir le très intéressant mémoire de maîtrise de Réjane Le Baut intitulé *Jean Amrouche, sa vie, son œuvre* (1908-1962), Université Paris IV, Sorbonne, CIEF, 1983. On y trouve également d'importantes références.

Quant à ses correspondances, elles sont pour lui surtout des lieux de dialogue: "Il me faut constamment un public, un miroir sur quoi essayer ma pensée et mes phrases, où trouver les tremplins successifs que n'offre pas la solitude" (*Journal*). Une véritable formulation psychologique s'ordonne dans le jeu des correspondances à travers les rapports entretenus avec des personnages aussi complexes et aussi différents que l'étaient Henri Bosco, Paul Claudel, Albert Camus, Charles De Gaulle, Louis Massignon, Antoine de Saint Exupéry, Léopold Cédar Senghor, Henri Kréa, Jules Roy, etc. Politiques, affectives ou littéraires, ces correspondances peuvent à elles seules tracer l'itinéraire de la pensée et des préoccupations diverses de Jean Amrouche, son angoisse permanente d'exilé, mais aussi sa volonté d'entraîner dans sa réflexion tous ceux dont la parole exigeante et indéfectible pouvait peser dans son combat.

Si l'œuvre de Jean Amrouche retient l'intérêt à la fois par sa diversité brillante et sa densité, elle n'en exprime pas moins ce sentiment d'amertume qui caractérise les œuvres inachevées. L'œuvre poétique par exemple ne donne pas la mesure du souffle violent qui animait le créateur. Porte entr'ouverte sur les entraves et les impasses, le projet poétique fut trop souvent dévié par l'histoire et la politique, en somme, par les vrais problèmes de l'heure. Articles journalistiques, déclarations radiophoniques, analyses sur la colonisation et la question du bilinguisme ont formulé l'essentiel des réflexions, aujourd'hui reprises par les jeunes penseurs maghrébins contemporains, sur les fondations ontologiques auxquelles contribuent les langues en présence, sur les résonances extrêmes de leurs conflits ressenties dans les profondeurs de l'être, de même que sur les possibilités d'enrichissement d'une langue par l'autre, de conquête et de reconquête des savoirs par la maîtrise des enjeux linguistiques.

L'œuvre romanesque, quant à elle, aura attendu en vain de naître:

> *Je songe à une interminable lettre, écrit-il à Janine Falcou-Rivoire, qui serait ce livre dont je rêve de temps à autre, où je*

raconterais ma vie comme un roman — qui ne pourrait être destinée qu'à une inconnue dont j'ignorerais toujours la forme, le visage, le regard et la voix. Cette lettre je ne l'écrirai jamais. C'est trop tard. Alors je parle de temps à autre des fragments à travers l'œuvre des autres[17].

Amrouche serait-il le précurseur inavoué de ces nouveaux textes maghrébins si fortement fragmentés, imposant l'inachèvement, l'ébauche et la fragmentation comme expression générique de la faille identitaire, comme remise en chantier des questions essentielles de l'histoire et de l'ontologie, pour l'accomplissement à-venir du génie africain?

Le songe d'une lettre interminable...

Le livre, ce roman du songe, se devait de rester un livre à-venir. Reprenons ce fragment de correspondance adressée à Janine Falcou-Rivoire: "Je songe à une interminable lettre qui serait ce livre dont je rêve de temps à autre, où je raconterais ma vie comme un roman — qui ne pourrait être destiné qu'à une inconnue dont j'ignorerais toujours la forme, le visage, le regard et la voix. Cette lettre je ne l'écrirai jamais. C'est trop tard. Alors je parle de temps à autre des fragments à travers l'œuvre des autres"

Retenons les termes par lesquels Amrouche signe son impossibilité romanesque. Termes qui trouvent leur origine dans *Cendres,* recueil dans lequel "Je" décide de s'effacer dans l'expérience mystique, d'éparpiller ses cendres pour rencontrer l'essentiel: "Toute image de nous est image de mort /(...)/Mais aussi toute mort est un gage de Vie".

Ainsi, la seule véritable création dans laquelle Amrouche se soit investi comme sujet est celle dans laquelle il énonce ce refus total d'exprimer pour soi et en soi le désir

---

[17]. Les références essentielles concernant l'oeuvre de Jean Amrouche se trouvent dans *Jean Amrouche, l'éternel Jugurtha,* (1906-1962), Archives de la Ville de Marseille, octobre-novembre 1985.

d'écrire. L'écriture est alors effacement, c'est-à-dire "désir d'écrire sur le désir impossible de s'écrire"[18].

Amrouche a ainsi donné des masses de textes écrits pour les autres à travers les autres. Textes inachevés, à portée multiple, qui s'éliminent tout en se construisant. Il a fallu attendre l'avènement de l'esthétique de la fragmentation pour que le lecteur comprenne que ces textes pour les autres à travers les autres, et même les entretiens radiophoniques, étaient en réalité écrits et dits, pour soi et à travers soi. Il s'agissait pour Amrouche, en formulation inconsciente, de se faire lire par un lecteur ou une "lectrice inconnue" qui rétablirait le fil narratif et le roman de sa vie.

Amrouche le mystique était prisonnier du Livre, ce quelque chose de sacral qui lui inspira cette lettre destinée à sa sœur Taous:

> *La nature du chant profond est de n'être pour aucun public, mais pour les Anges et pour Dieu seul. Si le public l'entend cela est donné par surcroît. La victime est choisie, elle est élue. Elle ne s'accomplit et triomphe — secrètement – que par l'acceptation, la manière dont elle dit sans le dire, de tout son esprit et de tout son cœur: Amen. Alors la victime est sauvée et elle sauve ce qui par elle et au-delà d'elle doit être sauvé*[19].

Ce fragment de lettre porte à la lecture le choix du lieu sacrificiel. Cependant ce lieu passe dans le secret des Anges, dont on sait maintenant que, contrairement à Dieu, ils sont porteurs du négatif inspirateur de tous les subterfuges qui font passer de la fiction de l'éternité à la fiction personnelle. Celle-ci "ne s'accomplit et triomphe — secrètement — que par l'acceptation, la manière dont elle dit, sans le dire, de tout son esprit, de tout son cœur: Amen".

Ainsi le lieu sacrificiel n'est qu'un simulacre qui, par l'entreprise an(ge)lique, dégagera la victime de la geôle du *pour-Dieu-seul...* L'ange serait une inconnue dont "je" ignorerait la forme, le visage, le regard et la voix, et qui

---

[18.] Voir à ce propos, O. Mannoni, *Clefs pour l'imaginaire*, Paris, Le Seuil, coll. Le champ freudien, 1969, p.105.
[19.] Cité par Jean Déjeux dans "La quête inapaisée : Jean Amrouche et Patrice de la Tour du Pin", *op. cit.* p. 15.

aurait à reconnaître cette étoile secrète "sanglotant au fond de la mémoire "

Amrouche vécut sa foi avec le sentiment profond que "sans l'aide de Dieu tout s'effrite" et que pour une présence totale de Dieu il faut tuer en soi la souveraineté de soi-même, l'ange de la démesure, autrement dit l'en(je) qui interroge le fantasme et lui donne forme et vie dans le roman.

Les textes offrent ainsi des énoncés qui, tout en exprimant l'effacement inconditionnel de soi en Dieu, condensent l'appel exprès à une lecture, qui déplacerait le texte ou le retournerait dans le sens d'une "vie racontée comme un roman" Rêve en sous-texte, irréalisable autrement que par l'entremise de l'autre ou des autres, ou de l'inconnue à ne jamais connaître. Cet appel se formule dans la brisure du fil qui noue le genre poétique mystique ou celui des interventions intempestives radiophoniques ou dans les injonctions formulées dans les correspondances et même dans le discours politique à travers le jeu des énoncés entachés de subjectivité.

Ainsi, *Prière pour être débarrassé de moi-même*, germinateur de *Cendres*, recrée en architecture verbale et dans la bi-isotopie mort/vie l'image obsédante de soi. Au-delà de l'épanchement religieux, cette image reflète une identité particulièrement forte, vécue dans une intériorité qui nie la position traumatique des poèmes mystiques:

> *L'angoisse est un lac de ténèbres*
> *Noir sur noir, j'y suis enchaîné*
> *Et mes bras ne peuvent briser*
> *les flots glacés du désespoir (Cendres, p. 61)*[20]

L'idée d'un combat inégal avec l'ange obscur met en perspective une présence dont le retrait n'est qu'un effet de texte. L'angoisse formulée en symptômes verbaux reconstruit le texte autrement, où le "pour-soi" n'est pas en perte mais en excès d'irradiation; le texte mystique est ainsi stratifié et dé-limité. La prise mystique se tourne en sur-prise subjective:

[20.] Tunis, Mirages, 1934.

> *Je dédie ce poème à la maison désertée, aux tombes ancestrales qui ne m'abriteront pas*
> *(...)*
> *Mais ma place*
> *Celle de votre enfant, malgré vous, malgré lui*
> *prisonnier de ses os rendus au schiste sec*
> *Mais ma place*
> *Celle de votre fils aux membres ligotés*
> *où, où est-elle ? (Cendres)*

Réjane Le Baut[21], qui cite ces vers, rapporte que quelques années plus tard "il ne se reconnaîtra plus dans ce jeune homme tourmenté", déplorant ses "épanchements d'adolescence" et son ton "trop facile, trop geignard" En réalité, il en est ainsi de toute sa poésie mystique.

Etoile secrète continue de s'écrire dans cette "pratique de l'angoisse" due à la perte de l'esprit d'enfance. "Deux remarques rapides s'imposent à propos de cette grande œuvre poétique publiée, écrit Réjane Le Baut: — Sa création fut un pénible exercice. Bénéfique cependant puisqu'il permit à Jean Amrouche à la fois de prendre conscience de ses difficultés créatrices et d'affirmer le sens religieux (chrétien) qu'il entendait dans sa poésie — Chemin faisant, il découvrit sa difficulté à peu près insurmontable à s'exprimer par écrit, la hantise de la page blanche qui l'habitera désormais, et dont ont été témoins nombre de ses familiers, à toutes les époques de sa vie"[22].

Lassitude, sentiment d'impuissance personnelle, ou impuissance réelle? Que peut l'exercice de la poésie mystique contre l'angoisse d'être ou de n'être pas ?

Intervient alors le désir de préservation du patrimoine. Amrouche "y est". Il découvre le pouvoir de la voix maternelle et la figure de Jugurtha, autrement dit la sienne propre: Jugurtha, c'est son personnage, celui de son roman à-venir. Il est l'aboutissement d'une chaîne de désirs signifiés en actes et en attributs, ceux de Jugurtha/Jean; présence

---

[21]. "Le périple secret de Jean Amrouche ou: de l'ambiguïté". colloque *L'Eternel Jugurtha". Op. cit.* p. 64.
[22]. *Ibidem.* p. 65.

arrangée, déplacée, en réflexion toute, séparant/réunissant les éléments de la fiction personnelle et de la fiction historique. L'identité relève alors de la distance aménagée entre le personnage contemplé en actions et en états et le personnage contemplant son livre-homme tel qu'il adviendra sous la plume de "l'inconnue". Les artifices par lesquels Amrouche sollicite la prise en charge du roman de sa propre vie relèvent de ces modalisations du discours qui tendent à rendre le personnage attachant par ses contradictions, ses nuances et son inachèvement. Jugurtha est en quête d'un auteur qui assurerait sa finitude et sa concrétude. L'essai relève entièrement de la ruse inconsciente d'un fantasme d'appropriation de l'écriture d'un autre ou d'une autre, où se voilerait son désir de raconter sa propre histoire. Tout se joue sur la double scène de la séduction: personnage mythique évoqué en lieu et place de soi, présence manifeste d'une absence amplifiée jusqu'à ce trouble qui fait fléchir le masque et laisse entrevoir la forme du "Je" se signant des vestiges de l'expérience mystique et de sa clôture. Expérience traumatique à vrai dire.

L'Eternel Jugurtha est un rêve dans le rêve, forme d'expression propre à la tradition orale. Il permet à l'ombre de se manifester sans dommage pour le récitant et pour l'auditeur. L'ombre, la parole de l'ombre, l'ange voilé du refoulement, intervient dans le récit, s'exprime, parle dans le rêve du rêve puis se retire en son mystère. L'ombre est alors le noyau qui, dans la redite ou la répétition du récit oral, transformera la genèse initiale, déplacera ou changera, ou subvertira des noyaux essentiels et mettra le récit premier en état d'excroissance et de transformation radicale: "Il faut voir dans cette insertion dans le rêve du rêve l'équivalent du souhait que le fait décrit comme rêvé ne se fût pas produit. En d'autres termes, si certains faits réels apparaissent dans le rêve comme rêvés, c'est qu'ils sont tout à fait réels et cela équivaut à une affirmation très énergique"[23].

Le rêve inséré d'Amrouche dans le rêve de Jugurtha est bien le rêve d'être parlé à travers l'autre comme Jugurtha

---

[23]. Freud, *L'Interprétation des rêves*, Paris, PUF, 1967, p. 291.

l'est à travers lui. Il faut dire que cette affirmation de soi dans l'Essai apparaît comme une cure bienfaisante contre le "traumatisme" mystique de *Cendres* et d'*Etoile secrète*. Contrairement à ce qui se passe chez les mystiques soufis, où l'anéantissement de soi dans le Grand Absent est en réalité une expérience d'enrichissement et d'épanouissement jusqu'à la confusion de soi avec l'Autre, avec la vérité, chez Amrouche, la position est celle d'un repli sur soi, d'un "enchaîné": "Replié sur moi-même Je cherche/le rayon primordial/comme une clef des songes" (*Cendres*, p. 34).

C'est sans doute cette contradiction au sein même de son expérience qui a conduit Amrouche à s'intéresser au soufisme, mystique et création, se demandant d'ailleurs pourquoi cette angoisse de la page blanche continuait de le travailler jusqu'à bloquer en lui toute écriture, alors que la mystique soufie fonctionne comme un détonateur de l'acte poétique. Ainsi, ses deux recueils de poèmes, d'une grande beauté, n'auront pas été, cependant, à la hauteur de l'expérience indivise de l'ex-il de toute la famille Amrouche. La position de retrait de *Cendres* et d'*Etoile secrète* était incompatible avec l'action militante entreprise avec la préservation et la traduction de *Chants berbères de Kabylie*.

Les effets de masque de *L'Eternel Jugurtha* se délieront encore davantage dans l'acte de traduction de la parole maternelle. La traduction noue une symbolique de la transmission où se réalise le "je" comme personnage de "passeur" et surtout de "sauveur". L'expérience du retour au patrimoine par la traduction, lui permet de se "débarrasser de ce moi" impuissant à écrire. Traduction qui réalise la reprise fictive de son O.rigine comme le suggère fortement ces quelques vers:

> *Je n'ai rien dit qui fut à moi*
> *Je n'ai rien dit qui fut de moi*
> *Ah ! dites-moi l'origine*
> *Des paroles qui chantent en moi*[24].

---

[24]. Cité par Mouloud Mammeri. "L'imaginaire éclaté de Jean Amrouche", colloque *l'Eternel Jugurtha, op. cit.* p. 160.

Se replaçant dans le lieu et le désir des clairchantants et retrouvant une sorte de pureté, Amrouche commence quelque chose de l'ordre de la fiction, qui, dans la traduction, lui ouvre l'isthme entre le texte original en kabyle et le texte en français. Dans cet entre-deux, il devrait se passer quelque chose après coup, qui stimulerait l'interprétation. Déchiffrer le patrimoine et *s'écrire* par l'entremise de la traduction. Traduction de soi dans l'origine. Traduction jubilatoire de l'origine à travers soi. C'est dans l'isthme qu'apparaît à Amrouche cette résistance de la voix à l'écrit. Ecrire serait une perte de plus pour la voix. L'écriture qui porte la traduction ne peut qu'enregistrer son éloignement. Ainsi, elle reste profondément dualiste, en tant que reconstitution déficiente de la voix maternelle et constitution d'un sujet qui s'en dessaisit pour accéder à autre chose.

Dès lors, l'écriture de la traduction, dans l'échange entre la voix et l'écrit, réalise une stratégie possible faisant émerger des substituts comme *traces,* qui insuffleront à l'écrit une irréductible singularité. Cependant pour Amrouche rien n'aura eu lieu que le lieu. La voix résiste à sa réduction. Et le travail itinérant de la trace, inauguré dans *Chants berbères de Kabylie*, reste enfermé dans l'expérience de la traduction, à l'état d'ombilic (Freud). Là, se pose pour Amrouche la question de la finalité de l'écrit dans le lieu de la rupture ombilicale: "L'homme dont la vie n'est pas séparée de la vie de la mère est naturellement poète, et l'enfance en lui se perpétue à travers les mues successives de l'organisme et de l'esprit"[25].

Nommer son attachement à la mère et à l'origine, c'est faire de l'écriture un souvenir d'enfance et non plus, comme dans les poèmes mystiques, une ascension vers le Grand-Autre. Du même coup, une telle nomination de l'acte d'écriture à partir de l'enfance estompe en soi cette hargne de l'écriture et inspire d'autres modes d'expression, dans lesquels la voix mènerait le jeu, se ferait entendre à

---

[25]. Cité par Nabile Farès, *Langue, culture et symbolisme*, essai d'anthropologie maghrébine, thèse pour le Doctorat d'état, Paris X, 1986, p. 189.

différents niveaux, se démultiplierait donc, et ferait de lui à la fois un auteur et un personnage.

Philippe Lejeune nous propose, dans son ouvrage *Je est un autre*, une écoute des entretiens littéraires radiophoniques enregistrés par Amrouche avec ces écrivains déjà confirmés qu'étaient André Gide, Claudel, Giono, etc: "Voix d'Amrouche sonore, éclatante, guindée, pompeuse, écrite, insoutenable. Ane chargé de reliques, braillant. Sa voix écrase tout autour de lui, coupe la communication, et glace aussi bien l'auditeur que l'écrivain interrogé. Il veut hausser le public au niveau de l'homme de génie; d'où un didactisme à la fois lourd et allusif, le contraire d'une vulgarisation intelligente qui mettrait l'homme de génie, ou de grand talent, au niveau du public, comme le fait Bernard Pivot, parfois"[26.] Lejeune exprime son agacement devant l'autorité de la voix qui cherche à se positionner.

En ce qui me concerne, j'ai entrevu dans l'entretien radiophonique une opération, fort intéressante, de transfert d'une parole comme forme de vie, celle de l'interviewer, lui-même poète se racontant, et celle de l'interviewé raconté et se racontant. Le titre de l'ouvrage, *Je est un autre*, emprunté à Rimbaud, promettait une écoute plus poussée de ce qui se trame et se tisse dans la transmission de la voix comme fiction et comme fantasme.

Lejeune tourne autour de cette question, la pressent mais la laisse informulée. Il repère le public qui "ne peut se reconnaître dans la question et se sent honteux d'ignorer tant de belles choses". Il déplore le "degré de spécialisation trop poussé, réservant une grande partie de ces entretiens à un public étroit, déjà averti, un public de lecteurs et non d'auditeurs". C'est dans ce lieu, repéré par Lejeune, que se formule précisément le symptôme amrouchien, celui qui conduit à l'angoisse du lieu vide de lecteurs potentiels. Lecteurs qu'Amrouche tente de se constituer par l'appropriation, pour ne pas dire le détournement, de l'écriture de l'autre.

[26.] Paris, Le Seuil, 1980, p. 132.

Pourtant, c'est de la volonté d'Amrouche qu'il est constamment question dans cette partie de l'analyse des entretiens radiophoniques: "Et Amrouche veut hausser l'homme de génie à son propre niveau, si je puis dire, en le mettant en demeure d'être génial devant le micro"... C'est l'écriture d'un Gide ou d'un Claudel qui est <u>mise en demeure d'accéder à la voix d'un Amrouche</u>[27].

L'effet de hiérarchisation dans un conflit de codes et de cultures est clairement énoncé par Lejeune mais non perçu en tant que tel. Tout le comportement radiophonique d'Amrouche est symptomatique de ce désir de détournement à son profit. Il est seul destinataire de la "lettre volée".

Les symptômes s'accumulent et se formulent sous la plume de Lejeune: Amrouche est l'examinateur qui fait passer à l'écrivain un examen, presque une soutenance de thèse, parfois il connaît son œuvre mieux que lui, "son examinateur qui est en même temps son avocat a peur qu'il ne soit pas à la hauteur. En parlant, Amrouche donne le 'la', lui indique la tenue de langage requise et l'incite à prendre la pose (comme un photographe 1900: tenez-vous bien, la postérité nous regarde)". L'auto-référence de la position d'Amrouche n'échappe pas à Lejeune: "Tenez-vous bien, la postérité nous regarde". Auto-référence et auto-réflexion: "comme un photographe 1900", au sens où en 1900 le photographe se couvrant d'un voile noir derrière son objectif est celui qui attire sur lui le regard, non l'objet photographié.

L'analyse de Lejeune continue ainsi de tourner autour du système auto-référentiel qui parle de lui-même, sans toutefois s'arrêter à ce qui se révèle tout en se dissimulant derrière le dispositif tonitruant et spectaculaire des émissions d'Amrouche: "*Dialogue*. Se déroule comme dans un livre: répliques cohérentes, sagement alternées. On a parfois l'impression que Gide et Amrouche ne se parlent pas, mais dictent tous deux à un secrétaire. Amrouche incarne tellement la postérité qu'il est difficile d'avoir un contact

---

[27]. Je souligne les termes qui me paraissent aller dans le sens de cette volonté d'Amrouche d'expérimenter ce qu'il a appris des pouvoirs de la voix dans sa traduction de *Chants berbères de Kabylie*, *op cit*.

personnel avec lui"(p. 132). Retenons dans ce dernier passage l'autonomie réelle d'Amrouche dictant à un secrétaire imaginaire et incarnant la postérité. Autonomie de deux actes conjugués qui élèvent Amrouche au statut double d'auteur et de personnage allégorique, que confirme Lejeune dans l'appréhension des voix "simples" ou "limpides" ou "tenues" ou "mélodieuses" face à la voix toute en "fanfares impérieuses" d'Amrouche: "C'est donc moins Gide par lui-même que Gide personnage d'Amrouche. De la part de quelqu'un qui était si avide de 'biais', si sensible aux problèmes de la présentation de soi, se désole Lejeune, cette soumission à un interviewer pontifiant déçoit"(p. 133).

Avant de passer à son autocritique et s'excuser des "jugements un peu rapides dictés par l'agacement — Amrouche est insupportable, Gide, Claudel et Mauriac radiophoniquement médiocres" Lejeune reconnaît pour conclure la compétence d'Amrouche, la qualité de son travail d'examen critique, son rôle de pionnier dans le domaine de la critique littéraire parlée, ajoutant qu'Amrouche "prend sa revanche dans le livre: *Les mémoires improvisés de Claudel* sont une remarquable somme d'histoire littéraire, et un codicille à l'œuvre même de Claudel. Mais l'obsession de l'œuvre aboutit souvent à contraindre l'auteur à rester dans le registre du langage critique, ou des souvenirs littéraires "

Amrouche aurait eu de la peine à atteindre ce qu'il visait lui-même. Que visait-il au juste? Susciter un autoportrait présent, actuel de l'auteur "en dehors de son écriture" et le déploiement d'une "création verbale" un "écho sonore du travail d'écriture", "satisfaire en somme, poursuit Lejeune entre parenthèses, la double demande mythologique de l'homme au naturel, et du style dans la voix". Quel homme? Quel style dans la voix? Amrouche n'aurait pas fait tout ce détour pour que la lettre volée s'égare en chemin, mais pour qu'elle parvienne à son destinataire, celui qui a produit le symptôme dans une relation hystérique à l'autre qu'il met au défi de produire du savoir à la hauteur de son propre génie. Trajet déroutant à vrai dire, où cet autre, soumis à la voix, apparaît comme coincé dans son écrit. La voix s'arroge le droit de complexifier le texte de l'autre, d'ajouter le plus, le codicille, nous dit Philippe Lejeune, en somme de signer ce plus sur le lit de mort du texte de l'autre. A écouter les divers enregistrements, on s'apercevrait qu'Amrouche utilise à l'infini des virtualité d'énonciation, qui frayent le passage aux multiples voix de son désir, celles-là même qui vont thésauriser pour lui les moindres miettes du discours de son interlocuteur. Le redoublement critique, en fertilisant l'*entretien*, produit cette matrice d'une "prosodie neuve" dont parle Mallarmé, d'un langage sur le langage, appelé nécessairement à se retirer et à reparaître de nouveau dans la "répétition" d'un nouvel entretien, comme dans l'esprit d'enfance, dans le commencement du plaisir et le plaisir du commencement du fragment à deux, entre la voix et l'écrit:

> *(...) Mes entretiens avec Gide, Claudel — demain Mauriac – ont été des expériences importantes. Je ne sais si j'ai été capable de jouer l'admirable partie que m'avait réservé la Providence. J'ai témoigné pour leur œuvre devant eux, pour nous tous. J'étais une voix collective. Rien de plus. Ma voix demeure cachée encore, inentendue. L'heure va sonner. Serait-ce mon heure ? Je ne sais. Je crois être autre chose que Rivière. Mais il va falloir sortir de l'ombre des maîtres·*

Pendant qu'Amrouche tentait de signer à tout prix un acte de fondation, amplifiant la voix et entassant les écrits, tentant cette sortie vitale de l'ombre des maîtres, Camus l'un de ces maîtres interviewés, tente de son côté, par un retour désespéré à Tipaza, lieu édénique de l'esprit d'enfance et d'adolescence, de se maintenir dans les limites du cercle d'une fondation utopique qui prend de plus en plus l'aspect des figures étranges de *L'Étranger*. La quête d'une position d'un sens ontologique devient pour Camus le seul véritable stimulant de l'écriture dans cette impasse historique qui était aussi celle d'Amrouche et du cercle des poètes-écrivains de leur époque, ainsi que le rapporte Jules Roy:

> *Alors hier, on m'a posé cette autre question: "Vous vous en êtes tiré comment, au moment de la guerre d'Algérie?" Ah, ce sont plutôt les événements qui nous ont tirés, je trouve, nous, dans*

l'état où nous étions, agrippés les uns aux autres, comme ces chats agrippés aux aigles dans les légendes arabes, et que les aigles emportent dans le ciel. Le chat voudrait bien quitter l'aigle, l'aigle voudrait bien se débarrasser du chat mais le chat a tellement peur de tomber qu'il ne lâche pas l'aigle, et c'est leur perte à tous. Comment on s'en est tiré, pendant la guerre d'Algérie, je vous demande un peu: mal, certainement, très mal.

A cette époque, pour moi, il y avait aussi Camus, à qui j'étais venu. Amrouche était un peu dans l'ombre à ce moment-là, effacé par cet astre qui s'était levé en 1945 avec sa célébrité, sa jeunesse, avec sa beauté, - et que voulez-vous, on n'a pas qu'un père – Camus aussi était un de mes pères et j'ai eu pour lui une amitié superbe, une amitié, ah ! je l'ai vraiment profondément aimé. C'était aussi un autocrate, comme Amrouche. Il ne pouvait supporter la contradiction, et qu'on ne soit pas du même avis que lui, et aussi que l'on ne l'admire pas. Dès qu'il sentait la moindre réticence, vous n'existiez plus. C'est comme ça qu'ils se sont quittés, Amrouche et lui; Amrouche avait dit un mot de trop un jour dans un dîner où on mangeait le couscous ensemble, à plusieurs. Camus était quelqu'un qui ne pardonnait pas. Du moins c'est ainsi que je l'ai vu. Je ne l'ai jamais vu pardonner. Peut-être me trompé-je, peut-être d'autres diront qu'il pardonnait, moi je l'ai vu ne pardonnant pas.

Amrouche et moi, nous sommes souvent brouillés! Moi, je sais que chez moi ça ne dure pas. Et si souvent raccommodés et embrassés dans les larmes. Camus, non. Ça ne marchait pas avec lui. Par son origine espagnole, par le sang de sa mère, il était du type matamore. (On entend alors des coups au plafond; Jules Roy enchaîne: "On m'approuve... ou on proteste, c'est lui qui proteste"— Rires). En tout cas, Camus vivant je n'aurais jamais osé prendre la parole sur l'Algérie. Une fois où cela m'était arrivé, je m'étais fait si durement rabrouer par lui que je me l'étais tenu pour dit et n'avais plus recommencé.

Si Camus avait vécu je n'aurais jamais écrit quoi que ce soit sur l'Algérie. Sa mort a été une catastrophe pour nous tous, et l'on peut admettre qu'il y a eu une époque Camus. Mais c'est triste et terrible de le dire, mais dans un sens, la disparition de Camus m'a délivré. Et en même temps c'est grâce à lui que j'ai pu et su dire ce que je disais. Sûrement dit des choses qu'il ne fallait pas dire, et sûrement fait des choses qu'il ne fallait pas faire, mais il n'était plus là pour m'en empêcher, et chose curieuse, à ce moment-là, faisant ce qu'il ne fallait pas faire et disant ce qu'il ne fallait pas dire, j'ai retrouvé Amrouche. Il est

Jean Amrouche

fort possible que la vérité sur l'Algérie, c'était Amrouche qui la détenait et pas Camus [28].

---

[28]. Extrait de l'hommage de Jules Roy à Jean Amrouche, colloque *L'Eternel Jugurtha"*, *op. cit.* p. 127.

Albert Camus

Récits ontologiques

> *Comme le galet verni par les marées j'étais poli par le vent, usé jusqu'à l'âme. J'étais un peu de cette force selon laquelle je flottais. Puis beaucoup, puis elle enfin, confondant les battements de mon sang et les grands coups sonores de ce cœur partout présent de la nature. Le vent me façonnait à l'image de l'ardente nudité qui m'entourait. Et sa fugitive étreinte me donnait pierre parmi les pierres, la solitude d'une colonne ou d'un olivier dans le ciel d'été.*
> (*Noces*, p. 25).

Ces énoncés, nombreux, qui tissent la toile thématique de l'œuvre de Camus multiplient les indices dans le sens d'une lecture de l'âme romantique des choses ou de la connivence, tout aussi romantique, entre l'homme et la nature. Les interprétations qui en découlent reflètent leurs propres hésitations et s'achèvent sur une attitude de gêne, faute d'avoir pu donner à la question le support théorique qu'elle nécessite.

La rencontre avec les textes contemporains engendre à tous les coups une situation herméneutique et, à des degrés divers, assujettit la lecture à la relation entre l'homme et le monde, entre le sujet et l'objet.

Bataille, Sartre, Ionesco, Beckett, Camus et toute la lignée des nouveaux romanciers ont donné une assise fictionnelle aux différentes orientations de la phénoménologie telles qu'énoncées par Hegel, Fichte, Husserl, Heidegger, Merleau-Ponty, et Sartre et Camus eux-mêmes.

Certes, la fiction n'a jamais atteint la complexité ni la cohésion du discours philosophique. Chacun a surtout tenté de faire œuvre d'art à partir de noyaux théoriques jugés pertinents. Entreprise à vrai dire périlleuse, qui oblige à isoler des concepts de leur cadre d'origine. Certains commentaires critiques suscités par les œuvres de Sartre et de Camus évoquent une inadéquation sensible entre les développements philosophiques et les fictions censées les illustrer[1].

L'expérience intérieure de Bataille, l'ouverture camusienne à la tendre indifférence du monde, la résistance optique dans les romans de Robbe-Grillet, l'entreprise de dragage et de fixation des lambeaux de la mémoire chez Butor, le simple-être-là des personnages de *En attendant Godot* trouvent une bonne part de leur sens dans le riche débat ravivé par les philosophes allemands, et prennent l'allure, tantôt d'une quête existentielle proche de *L'Etre et le Néant*, tantôt ontologique autour de la question de l'Etre, dont l'expression actuellement la plus accomplie est celle que nous a laissée Heidegger.

L'inéluctable distance

La distinction entre sujet et objet, leur différence inéluctable, leur rapport d'étrangeté affectent toute la problématique littéraire contemporaine par le fait même de la contribution de celle-ci à la réflexion philosophique moderne ouverte par Descartes, qui écrivait déjà: "Entre la conscience et sa réalité se creuse un véritable abîme de sens».

C'est à l'intérieur de cette réflexion que s'inscrit le dialogue interfictionnel Sartre/Camus/Robbe-Grillet. C'est au nom des concepts de la phénoménologie que s'interprète l'adresse de Sartre à Camus lui reprochant ses tentatives d'humanisation du monde, ses métaphores digestives qui expriment indifféremment la déglutition des choses par l'homme ou l'engluement de l'homme dans les choses.

Des lectures ont pu mettre au jour dans *Le Voyeur* un para-texte critique de *L'Etranger*[2], qui reprend l'essentiel du point de vue énoncé dans "Nature, humanisme et tragédie"[3]. Robbe-Grillet, reprenant la définition camusienne selon

---

[1]. Voir l'analyse de B.F. Stoltzhid intitulée "Camus et Robbe-Grillet: la connivence tragique de *L'Etranger* et du *Voyeur* " dans *Un nouveau roman, recherche et tradition*, Paris, Miniard, 1964.
[2]. "De Sartre à Robbe-Grillet", par Renato Barili, *ibidem*.
[3]. Paris, *Nouvelle Revue Française*, 1957.

laquelle l'absurde ne serait ni dans l'homme ni dans le monde, mais dans leur présence antinomique, dans leur rapport d'étrangeté, note que *L'Etranger,* loin d'illustrer cette thèse montre au contraire un personnage qui entretient avec le monde "une connivence obscure faite de rancune et de fascination" et que c'est cette connivence qui le conduit au crime. Les choses du monde environnant de Meursault, fortement anthropomorphisées, sont comme animées et même dotées d'intentionnalité; le soleil et ses cymbales, la mer et son souffle ardent, le sable éclatant, la plage vibrante de soleil, le couteau qui brille, la source entre les rochers, le revolver et le ventre poli de sa crosse, sont signifiés en actes comme dans une vision tragique, et se liguent pour générer l'acte criminel de Meursault. C'est ainsi que le rapport d'étrangeté au monde, support essentiel de la pensée de l'absurde, se trouve, selon Robbe-Grillet, totalement déviée par la logique interne du roman au profit d'une connivence avec la nature qui entraîne l'étrangeté aux autres hommes[4].

Sans doute Robbe-Grillet a-t-il tenté à plusieurs reprises de montrer que l'épreuve du rapport difficile entre la théorie et l'écriture n'est pas impossible à dépasser et qu'elle peut même contribuer à informer la fiction[5].

La Jalousie nous semble être un bon exemple de cette tentative d'accomplissement, par l'écriture et dans la fiction, de ces données phénoménologiques qui ont inspiré différemment Sartre et Camus et qui se rejoignent dans un programme perceptionniste commun.

Je tenterais, à partir d'une rapide incursion dans *La Jalousie,* de montrer l'exploitation de ce programme et les raisons de son altération dans *L'Etranger*[6]

L'organisation visuelle fait, dans *La Jalousie,* l'objet d'une indéniable ostentation ("monstration" diraient les perceptionnistes) et met au point une stratégie capable de miner d'avance tout effet de coïncidence entre sujet et objet.

---

[4]. *Ibidem.*
[5]. *Ibidem.*
[6]. Il s'agit bien entendu d'une "réussite" toute relative, qui reste dans les limites des exigences fictionnelles et poétiques, auxquelles le fond phénoménologique husserlien reste en partie soumis.

L'objet n'existe pas en dehors de ses limites phénoménologiques, ne renvoie qu'à lui-même dans son être-là "Robbe-Grillet, écrit Roland Barthes, ne permet jamais un débordement de l'optique par le viscéral, il coupe impitoyablement le visuel de ses relais"[7]. Les personnages interviennent dans un espace qu'ils découvrent dans son étrangeté. Dès l'incipit commence une leçon de re-initiation existentielle. Le regard se vide de son passé, se décrasse, fait peau neuve. Plus de pesanteur idéologique, plus de préjugés sociaux. Le regard assassine le mythe et l'émotion, renouvelle la vision en abolissant toute familiarité, redonne à l'homme toute sa jeunesse. Camus ne disait-il pas dans *Noces* qu'un homme jeune regarde le monde face à face, (qu)'il n'a pas eu le temps de polir l'idée de mort et de néant dont pourtant il a mâché l'horreur»? La fin d'une vie serait le retour à ce tête-à-tête, le reniement des idées reçues, et le recouvrement de "l'innocence et (de) la vérité qui luit dans le regard des hommes antiques en face de leur destin"[8].

Meursault serait-il alors dépourvu de jeunesse, lui qui, du fond de sa cellule, reconstruit pour nous l'atmosphère lamartinienne "retrouvant un à un tous les bruits familiers d'une ville (qu)'il aimait et d'une certaine heure où (il) se sentait content. Le cri des vendeurs de journaux dans l'air déjà détendu, les derniers oiseaux dans le square, l'appel des tramways dans les hauts tournants de la ville et cette rumeur du ciel avant que la nuit bascule sur le port», le tout recomposant pour lui "un itinéraire d'aveugle"[9].

Si, dans les romans de Robbe-Grillet, le regard inaugure d'entrée de jeu ce face à face de l'homme et du monde, dans l'expérience narrative Camusienne le regard est souvent en état de carence quant à sa fonction première qui est d'imposer la distance et l'étrangeté. C'est que les yeux résistent mal à la tentation puissante de saisir autre chose que ce qu'ils perçoivent, et le dur face à face avec le monde devra attendre, pour de nouveau avoir lieu, les derniers

---

[7]. *Essais critiques*, Paris, Le Seuil, Coll. Tel Quel, 1964.
[8]. *Noces*, Paris, Gallimard, Coll. Folio, p. 29.
[9]. *L'Etranger*, Alger, ENAG, 1988, p. 109

moments d'une existence. C'est probablement le cas de Meursault. Camus voulait-il montrer ce qu'il peut en coûter à un homme de se diluer dans son objet, de différer sans cesse cette nouvelle rencontre avec la vérité? *L'Etranger* est en effet l'histoire d'un homme qui a coïncidé avec le monde, jusqu'à s'y perdre[10].

En fait, pour mieux saisir la portée du sens phénoménologique de *L'Etranger*, il faut revenir à *Noces*. C'est dans cet essai que Camus, en exprimant cette tension perpétuelle entre la nécessité d'un regard de la distance lucide et froid et le désir viscéral de se fondre dans la nature, commence à forger le sens ontologique qui traverse son œuvre de part en part:

> *Bientôt, répandu au quatre coins du monde, oublieux, oublié de moi-même, je suis ce vent et dans le vent ces colonnes et cet arbre, ces dalles qui sentent chaud et ces montagnes pâles autour de la ville déserte. Et jamais je n'ai senti si avant, à la fois mon détachement de moi-même et ma présence au monde.* (p. 26).

C'est là une manière comme une autre d'exister, de "déployer les virtualités du verbe être, de tenir la place de ce verbe"[11]. Cette coïncidence avec les éléments de la nature, que le regard en état de carence n'a pu empêcher, constitue, pour le Camus de *Noces*, son mode-d'être-au monde, son "Dasein" selon le concept de Heidegger[12]. Les motifs caractéristiques de la pensée ontologique du philosophe allemand sont récurrents chez Camus. L'extrait de *Noces*, cité en exergue, nous en offre quelques-uns: l'oubli, le détachement de soi et la présence au monde.

Il s'agissait pour Heidegger d'interpréter ontologiquement l'existence humaine comme *Etre-au-monde* dans un système conceptuel où dominent le *Dasein*,

---

[10]. L'idée était déjà en germe dans *Noces* : "A force d'indifférence et d'insensibilité, il arrive qu'un visage rejoigne la grandeur minérale d'un paysage" *op. cit.* p. 56.
[11]. Cf. Martin Heidegger, *Les problèmes fondamentaux de la phénoménologie*, Paris, Gallimard, NRF, 1985.
[12]. *Idem.*

autrement dit *l'être-là*, autrement dit la *présence-au-monde*, l'*Etant* qui est le *mode-d'être-au-monde-du-Dasein* et l'*Oubli* qui est l'Oubli de la question de l'Etre, l'Oubli de l'inquiétude de la vérité de l'Etre lui-même[13]. La question de l'Etre devient en quelque sorte une question existentielle, et l'Etre serait en perpétuel retrait, caché, invisible, mais intelligible dans l'éclosion de l'Etant: "Il tiendrait à l'essence de l'Etre lui-même, nous dit Heidegger, qu'il reste impensé parce qu'il se retire".

Dans *L'Etranger*, ces motifs sont certes réorganisés par la fiction et n'obéissent pas de façon rigoureuse à l'exigence théorique du discours philosophique, mais il faut reconnaître que la logique de la progression en est respectée.

Le narrateur de *Noces* ne peut se comprendre qu'à partir du monde qui l'environne. Et il ne serait pas abusif de dire que c'est toute l'œuvre de Camus qui illustre ce commerce circonspect avec les choses prises dans un espace circulaire environnant plus ou moins vaste. "Le Dasein ne se trouve nulle part ailleurs que dans les choses elles-mêmes et justement dans celles qui, quotidiennement, l'entourent" écrit Heidegger.

Camus travaille à rendre évidente cette espèce de réfraction du sujet humain dans les choses qui l'entourent, à épuiser les possibles relationnels ontologiques, qui permettent cette auto-appréhension du Dasein. Ce projet se réalise normalement par réflexivité ou rétroversion au sens optique, en vue du dévoilement de soi-même, de la rencontre de l'Etre, non de son oubli. Il adhère, en outre pleinement à l'idée que l'Etre se projette dans le monde vers une «significabilité», mais que cette significabilité ferme l'être-au-monde à ses possibilités d'être authentique et occulte son rapport originel à l'Etre. En d'autres termes, le Dasein doit éviter la limite fusionnelle entre sujet et objet. La désidentification du sujet serait alors sans appel. Car ce mode-d'être-au-monde du Dasein dans ce rapport réflexif au monde est facticiel: "Auto compréhension effective véritable, mais impropre de soi" écrit Heidegger.

---

[13] *Idem.*

Meursault, par exemple, vit dans une telle proximité au monde qu'il s'interprète "ontiquement" à son image, dans l'oubli de soi:

> *J'ai souvent pensé alors que si l'on m'avait fait vivre dans un tronc d'arbre sec, sans autre occupation que de regarder la fleur du ciel au-dessus de ma tête, je m'y serais peu à peu habitué, j'aurais attendu des passages d'oiseaux ou des rencontres de nuages comme j'attendais ici les curieuses cravates de mon avocat et comme dans un autre monde je patientais jusqu'au samedi pour étreindre le corps de Marie.* (*L'Etranger*, p. 82).

La copule "comme" montre le degré d'indifférenciation horizontale atteint dans le procès d'identification objectif. Le sujet n'a plus d'objet et reste fermé à la vie intérieure et à la question de l'être. Sa vie, réduite à un parcours fini de lieux connus et de situations qui se répètent quotidiennement, en attendant le samedi et la rencontre avec Marie, ne révèle jamais rien d'inconnu, ne s'incarne que dans le familier. Très révélatrice de cette perte du Sujet dans le monde familier est cette précision peu commune avec laquelle se projettent dans son souvenir, en prison, les formes et les figures du mobilier de sa chambre. Mais, là encore, aucune allusion n'est faite à ce qui peut se dérober, à la part d'inconnu, inhérente à la relation entre deux étants; seule cette part est susceptible de dramatiser le Dasein en rétablissant la distance, et par là-même le conflit qui favorise l'émergence d'états intérieurs. Etats intérieurs dont Meursault a une vague conscience, une notion fugitive, mais ne s'y arrête pas, ne cherche aucunement à les faire entrer dans le champ de l'attention. Cette conscience s'exprime en termes de liens discursifs qui restent au ras de l'objet, n'autorisant aucune accession à un questionnement véritable de l'Etre:

> *A travers les lignes des cyprès qui menaient aux collines près du ciel, cette terre rousse et verte, les maisons rares et bien dessinées, je comprenais maman. Le soir dans ce pays était comme une trêve mélancolique.*

"Comprendre" pour Meursault, dans la première partie du roman, signifie repérer l'analogie entre le sujet et l'objet, prendre conscience de l'existence d'une étroite proximité, non de son sens. "Le mouvement qui assure le transfert de l'empirie vers le lieu intelligible"[14] ne se fait qu'à la fin du roman. Meursault utilisera alors à bon escient le verbe comprendre.

Avant leur prise de conscience, les personnages de Camus se contentent de jouir de leur présence-au-monde et communiquent avec ce monde sans chercher à en capter le sens ni la nature de cette communication. Seuls comptent l'ébranlement des sens et le plaisir immédiat. Souvenons-nous de cette séquence de la femme adultère, dans laquelle Jeanine s'accouple avec le désert, se perd dans le rythme tournoyant des étoiles, et immergée dans sa relation facticielle au monde, croit "retrouver ses racines" et "sentir de nouveau la sève de son corps". Corps-chose dans un environnement de choses, l'Etre se dissimule comme "projet ex-statique de la vérité" et ne peut plus retourner à son originarité:

> *J'admirais, j'admire ce lien qui au monde unit l'homme, ce double reflet dans lequel mon cœur peut intervenir et dicter son bonheur jusqu'à la limite précise où le monde peut alors l'achever ou le détruire.* (Noces, p. 70).

L'herméneutique du regard

L'espace chez Camus n'est jamais perçu objectivement mais toujours comme une détermination du Dasein, son horizon de révélation. La narration met en place un rapport à la quotidienneté, immédiat, ontique, qui autorise l'accession aux structures de la présence au monde des personnages. La problématique du regard qui la dynamise est à cet égard significative. Le regard en état de carence de Meursault ne lui permet pas de faire ressortir la part d'inconnu du monde,

---

[14]. *Idem.*

source de toutes les antinomies, donc de préserver le sujet de cette limite fusionnelle qui menace de l'entraîner à la déréliction.

"Nous voyons beaucoup et nous saisissons peu", nous dit Heidegger, et pour saisir ce qui est en jeu dans une situation que nous voyons pourtant clairement, il faut associer au regard l'écoute: "La pensée doit saisir du regard ce qui s'entend... La pensée est une saisie par l'ouïe qui saisit par le regard... Penser c'est entendre et voir"[15].

Regard "appréciatif" à l'extrême que celui de Meursault, non pas au sens optique à la Robbe-Grillet où l'appréciation se dit en termes de mesurages, d'orientation de situations, de focalisation, de perspectives, d'ombre et de lumière, sans véritable effet sur le sujet, mais au sens où le regard est le lieu d'une sensation, d'une humeur, et surtout le lieu d'une dilution subjective. Le regard de Meursault est un regard sensuel, qui se blesse, qui se fatigue, qui s'aveugle. Il lui arrive aussi de ricaner, de s'étonner, de se préoccuper, et même d'interpréter. L'indifférence de Meursault, intellectuelle aussi bien qu'affective, est donc toute relative, elle est à la mesure de "ses besoins physiques qui dérangent ses sentiments"; à moins que l'on veuille cautionner le tribunal qui l'a condamné.

Le regard est donc capable de tout, sauf de l'essentiel, c'est-à-dire de l'angoisse susceptible de le délivrer comme Sujet, pour son accession à la Vérité de l'Etre. Sa concentration est toujours insuffisante lorsqu'il s'agit de parvenir à susciter des mouvements intérieurs. Dans *L'Expérience intérieure*, Bataille développe l'idée que "C'est seulement dans une telle concentration que l'existence a le loisir d'apercevoir, sous forme d'éclat intérieur *ce qu'elle est*, le mouvement de communication douloureuse qu'elle est, qui ne va pas moins du dedans au dehors que de dehors en dedans"[16]. Pour Meursault, la concentration de lumière est source de douleur car l'attention soutenue, qui projette devant soi l'objet, annule le confort et le plaisir:

---

[15]. *Idem*
[16]. *L'Expérience intérieure*, Paris, Gallimard, 1954, p. 138.

Désir d'histoire et esthétique

> *J'ai été aveuglé par l'éclaboussement soudain de la lumière... L'éclat de la lumière sur les murs blancs me fatiguait... Toutes les courbes se dessinaient avec une pureté blessante pour les yeux... .*

Le Dasein reste ouvert à ses possibilités facticielles mais ne connaît pas ce flux vaporeux des mouvements intérieurs dont parle Bataille et l'œil chute et se perd dans l'espace, sans jamais récupérer sur la ligne d'horizon l'image de soi. L'œil regarde, voit, mais ne parvient pas à trouver la bonne distance, n'enregistre pas les mouvements d'oscillation entre le proche et le lointain. Les effets mécaniques d'ajustement de distance par réduction ou agrandissement sont amorcés, mais jamais menés à terme. L'œil renonce très vite à son activité constructrice où s'origine l'angoisse et par où l'être peut communiquer et sauvegarder dans la solitude sa propre singularité.

"A l'horizon, raconte Meursault, un petit vapeur est passé et j'en ai deviné la tache noire au bord de mon regard, parce que je n'avais pas cessé de regarder l'Arabe". Il ne serait pas abusif de dire que, dans cette perspective phénoménologique et suivant la logique du roman, c'est la carence de la fonction constructrice du regard qui a généré le crime. Dans *L'Etranger*, cette activité est littéralement refoulée lorsque apparaît, dans le champ de vision, un autre Dasein étranger au cadre familier, et que se profile la possibilité d'une relation intersubjective, dans laquelle chacun devrait se ménager un rapport à l'autre:

> *J'ai fait quelques pas vers la source, continue Meursault. L'Arabe n'a pas bougé. Malgré tout il était assez loin. Peut-être à cause des ombres sur son visage, il avait l'air de rire. J'ai attendu.*

Au moment où le regard aurait dû s'aiguiser et considérer avec acuité les variations de distance à son objet, il se satisfait d'un à peu près, se laisse envahir par les ombres et s'évanouit dans une sensation qui l'extrait à l'attention et altère la seule relation capable de le rendre à lui-même:

> *La brûlure du soleil gagnait mes joues et j'ai senti des gouttes de sueur s'amasser dans mes sourcils. C'était le même soleil que le jour où j'avais enterré maman et comme alors, le front surtout me faisait mal et toutes ses veines battaient ensemble sous la peau.*

La conquête de l'Etre authentique n'est possible que sur autrui, par transformation et non suppression.

Etre-au-monde et donc aussi Etre-avec-autrui..."La compréhension du monde, précise Heidegger, est essentiellement auto-compréhension, celle-ci implique à son tour compréhension de l'Etre-avec-autrui".

Les personnes qui vivent dans le monde familier de Meursault, pas plus que les objets, ne sont soumis à l'effet de distance; le narrateur tisse entre eux et l'espace une relation d'analogie et élabore un processus d'égale apparition de tous. Pas vraiment hiérarchisés dans l'espace qu'ils consomment, les sujets sont vite convertis en "objets" dans un programme de nivellement de l'échange et de la communication; pas de relief donc, et encore moins de nuance. Mais, paradoxalement, seuls les "Arabes" se détachent de cette uniformité objective, et s'imposent à la manière d'une condensation figurale de l'altérité, par quoi a lieu, selon la modalité du "comme si", l'inversion Sujet/Objet:

> *Ils nous regardaient en silence, mais à leur manière, ni plus ni moins que si nous étions des pierres ou des arbres morts.*

Au lieu d'une rétroversion/réflexion attendue, c'est une inversion qui se produit. En somme Meursault "choisit" la dilution dans le monde objectif au lieu de l'auto-appropriation, à partir de l'identification à cet autre sujet qu'est l'Arabe.

Le "voir comme" attribué à l'Autre décoince la réflexion. En reconnaissant à l'Arabe "le talent intuitif de voir comme". (Ricœur), Meursault le reconnaît, en même temps, comme Sujet; et c'est le regard de ce sujet qui lui renvoie l'image de sa propre dilution dans les choses.

La charnière syntaxique "comme si" confirme, une fois de plus, le mouvement de déréliction amorcé dès l'incipit avec la proclamation de la faillite du sens: "Cela ne veut rien dire".

Vers une expérience intérieure

La nécessité d'un regard autre, énoncé dans *Noces*, trouve malgré tout un écho dans *L'Etranger*. Meursault suivra son itinéraire d'aveugle jusqu'à la limite fusionnelle où se produit la catastrophe de l'Etant. Elle a lieu sur "la plage vibrante de soleil" au moment où les modalités du "regarder" et du "voir", coupées de leurs relais avec la conscience, sont brusquement annulées, découvrant un organe inconsistant, entièrement livré à l'agression d'un soleil infiniment spiritualisé. Ce qui n'était qu'un horizon de révélation, s'enfle, s'anime et s'empare totalement de l'Etant humain:

> *Cette épée brûlante, dit le narrateur, rongeait mes cils et flambait mes yeux douloureux*

Lorsque le coup part et atteint l'Arabe, il se produit comme un éclair de conscience, non point moral mais phénoménologique:

> *J'ai secoué la sueur et le soleil. J'ai compris que j'avais détruit l'équilibre du jour, le silence exceptionnel d'une plage où j'avais été heureux.*

La répétition gratuite, par quatre fois, du coup de revolver sur un corps inerte est une question en retour, l'écho d'un questionnement, d'un retournement, comme si la répétition pouvait être, tout en même temps, question et réponse. Un retournement qui assure à Meursault une régression vers un point plus originel, le moment où l'on perçoit nettement l'abîme inéluctable qui sépare l'homme du monde. Selon Heidegger, "la répétition du possible n'est ni une restitution du 'passé' ni un renvoi du 'présent' au 'dépassé'... La répétition répond bien plutôt à la possibilité de l'existence qui a été là.

Après avoir raté sa rencontre avec l'Autre et donc avec soi, Meursault, séparé à tout jamais de son monde, fait dans sa cellule l'apprentissage de l'angoisse. Le Dasein est brusquement placé devant lui-même dans sa solitude et sa déchéance. On se souvient alors de ces mots de Bataille: "Quand je sollicite doucement au cœur même de l'angoisse, une étrange absurdité, un œil s'ouvre au sommet au milieu de mon crâne" (*L'Expérience intérieure*, p. 92).

Ce vide ontologique dans lequel la conscience se recentre, Meursault l'expérimente jusqu'au bout:

> *Maintenant c'était fini et dans tout les cas je n'avais rien vu surgir de cette sueur de pierre.*

L'inscription de "rien" en élément textuel est porteuse d'une décision résolue "par laquelle le Dasein n'assume sa déréliction, ne se re-prend de sa déchéance qu'en s'anticipant comme fondement de négativité c'est-à-dire comme possibilité dernière sa propre mort "[17].

Etre de façon authentique chez Camus n'est donc possible que dans une situation de condamné à mort par un retour de son être-à-venir sur son être-passé:

> *Du fond de mon avenir, pendant toute cette vie absurde que j'avais menée, un souffle obscur remontait vers moi à travers des années qui n'étaient pas venues et ce souffle égalisait sur son passage tout ce qu'on me proposait.*

C'est, à mon sens, l'intensité du mouvement extatique de la temporalité, qui fait aux yeux de Camus tout l'intérêt de l'expérience du condamné à mort. Celle-ci s'oppose au "suicide philosophique" des existentialistes qui est une forme d'évasion, de fuite menant fatalement à la mort de la conscience. L'angoisse du condamné à mort, dans la pensée de Camus, aboutit à la projection objective de soi-même

---

[17]. Heidegger, *op. cit.*

comme auto-appropriation et à l'Etre comme notion objectivable.

Remarquons que la quête de l'image de soi et le besoin d'un regard sur soi ne s'explicitent que dans la deuxième partie du roman:

> *J'ai eu l'impression bizarre d'être regardé par moi... Il est toujours intéressant d'entendre parler de soi... Je peux dire qu'on a beaucoup parlé de moi...*

Les morts conscientes

L'analytique existentielle de Heidegger met en évidence le fait qu'en arrivant au monde, le Dasein est déjà comme projet de possibilités finies, de possibilités qu'il n'a pas élues. En allant vers sa mort, il va vers "sa possibilité ultime et indépassable".

C'est en ce lieu de croisement avec l'itinéraire de Heidegger que Camus greffe ses notions de l'Absurde et de la Révolte:

> *Que m'importaient la mort des autres, l'amour d'une mère, que m'importaient son Dieu, les vides qu'on n'a pas choisis, les destins qu'on n'a pas élus* (L'Etranger, p. 126).

Au seuil de la mort, l'angoisse camusienne naît de la perte des possibilités désirées plus que de la perte de ce que l'on est ou de ce que l'on a.

La fin de *L'Etranger* est à cet effet significative. Elle amorce, au moment où tout s'achève, un processus de dérive du sens qui joue sur la confusion bisémique de "monde" et d'"indifférence", et invite à toute relire.

Meursault, vers la fin, évoque deux mondes, un premier vers lequel "les sirènes annoncent des départs", celui qui "était-là", dont il a été question tout au long du récit avec en relief la mer, le soleil, Marie et la vie de tous les jours au bureau, à la maison, dans la rue, et qui lui était "maintenant à jamais indifférent ...", et l'autre "à la tendre indifférence duquel (il) s'ouvrait pour la première fois ". Comment interpréter ces deux occurrences? Le premier monde est, de toute évidence, celui du Dasein et de son Etant. Le second est son Autre, celui de l'Autre de l'Etant, autrement dit, le néant comme non Etant, selon l'interprétation de Heidegger. "L'ouverture" à l'excipit signifie, dans la terminologie du philosophe allemand, ouverture originaire, ouverture de la révélation de l'Etre, transcendance et émergence dans la vérité, par quoi se réalise "l'éclosion de la différence ontologique», celle de l'Etre dans sa différence avec l'Etant.

Cette éclosion se manifeste dans le texte de *L'Etranger* par le caractère extatique du temps. Le "maintenant" à caractère extatique dans la phrase — *(ce monde) m'était maintenant à jamais indifférent* - a un caractère de passage; il effectue le transport de l'avant à l'après et oriente sur quelque chose dans l'attente de quoi se trouve le sujet. Il ne se départit cependant pas de sa fonction de présentification. L'imminence de la mort dans la situation du condamné ouvre l'horizon de l'attente de l'ultime et indépassable possibilité, celle de l'expérience du Néant. Le Dasein, comme avenir, est extasié en direction de son pouvoir être. "C'est à l'aide de ce caractère extatique, écrit Heidegger, que nous interprétons l'existence qui, dans une perspective ontologique, est l'unité originaire de l'être-hors-de-soi advenant à soi-même, faisant retour à soi et présentifiant".

Le temps n'est qu'à la condition que le sujet existe; il est lié au concept de monde. Le temps est toujours un temps pour..., un temps de.... Ce qui nous intéresse, c'est sa charge de "significabilité". Celle-ci dans le cas de *L'Etranger* a comme limite le jour de l'exécution:

> *Pour que tout soit consommé, pour que je me sente moins seul, il me restait à souhaiter qu'il y ait beaucoup de spectateurs le jour de mon exécution et qu'ils m'accueillent avec des cris de haine.*

On comprend mal l'intrusion de l'imparfait dans ce dernier énoncé où domine le présent du subjonctif. Le "maintenant" ex-statique, qui assurait le passage d'un monde de l'existence vers le Néant, aurait dû être suivi d'un présent limitatif, d'un "maintenant" qui marque la fin d'une parole avec la fin d'un être-au-monde, la fin d'un être-dans-le-temps avec la fin d'un récit. D'autant que la narration à la première personne adopte la progression d'un journal. Les premiers chapitres de la première partie font coïncider temps du récit et temps du discours:

> Chapitre I: Aujourd'hui maman est morte...
> Chapitre II: C'est aujourd'hui samedi...
> Chapitre III: Aujourd'hui j'ai beaucoup travaillé...
> Chapitre IV: Hier c'était samedi...
> Chapitre V: Journée du dimanche...
> Chapitre VI: Le dimanche j'ai eu...

Ce procédé d'énonciation accentue le caractère auto-référentiel du discours dans sa proposition assertive et dans sa visée de l'interlocuteur.

Le décalage intervient au chapitre IV avec une dominante accordée aux sommaires et aux ellipses. Les quatre premiers chapitres de la deuxième partie sont écrits sur le mode de "l'avoir été". Au chapitre V, c'est de nouveau le présent — Je n'ai rien à lui dire - puis un futur sur le mode de l'anticipation - Je le verrai bien assez tôt -.

Le présent, qui est intervenu à de nombreux moments du récit pour délimiter un "horizon de l'aujourd'hui" dans sa double relation à l'hier et au demain, manque à sa fonction ultime, celle limitative du Dasein. A moins que précisément cette limite n'ait été renvoyée à "l'horizon de l'antériorité" et que la formule *"pour la première fois"*, dans ses deux occurrences en dernière page, vise thématiquement le début d'une expérience intérieure, celle de l'angoisse et du Néant, auquel cas la mort attendue est celle, simulée, de l'Etre-au-monde, et l'exécution pro-jetée a déjà, virtuellement, eu lieu. Le récit final serait le fait ex-statique de l'Etre-hors-de-soi. C'est, sans doute, ce que Camus appelle dans *Noces* "une mort consciente":

> *Je veux porter ma lucidité jusqu'au bout et regarder ma fin avec toute la profusion de ma jalousie et de mon horreur...*

> *Créer des morts conscientes (c'est) entrer sans joie dans l'accomplissement, conscient des images exaltantes d'un monde à jamais perdu.* (p. 2).

L'Etranger est à ce titre le récit d'une expérience ontologique:

> *Il faut multiplier avec passion ces expériences, conseille Camus, car le présent et la succession des présents devant une âme sans cesse consciente, c'est l'idéal de l'homme absurde* [18].

Articulation métaphorique

Entrer plus avant dans la mouvance de la question de l'Etre, c'est manipuler le concept d'analogie avec toutes les problématiques du champ auquel il s'applique. L'interprétation ontologique s'active autour des transports de sens du sensible/visible vers l'invisible (ici le monde objectif de Meursault comme détermination de son Dasein).

Dans la relation ontologique, le regard et l'écoute ne doivent pas s'arrêter à la simple perception par les sens, comme le propose Robbe-Grillet, mais permettre l'éveil à la vision la plus large et la plus profonde possible. La multiplication des images poétiques dans *Noces* ne visent pas d'autre effet que cet éveil comme une sorte de retour à "l'origine de l'Etre parlant":

> *Comment ne pas s'identifier à ce dialogue de la pierre et de la chair à la mesure du soleil et des saisons.* (*Noces*, p. 27).

Cette tentation poétique de l'identification à la nature ne vaut que par les développements métaphoriques qu'elle implique et les rapports d'inter-signification qu'elle opère dans les diverses catégories et, par voie de conséquence, dans les divers discours.

---

[18] Cf. "Le mythe de Sisyphe", *Les Essais XII*, Paris, Gallimard, 1942, p. 40.

"C'est à cause du soleil" avait dit Meursault pour expliquer son crime. Et l'on a ri. Le lecteur pas plus que le tribunal ne fait volontiers ce transfert métaphorique du sensible au figuré et de la Nature à l'Histoire. "Le Soleil, écrit Ricœur, est un exemple qui simplement illustre. Précisément, il est le plus illustre, l'illustration par excellence, le lustre le plus naturel qui soit". Il ajoute citant Derrida: "Chaque fois qu'il y a une métaphore, il y a sans doute un soleil quelque part, mais chaque fois qu'il y a un soleil, la métaphore a déjà commencé"[19]. Et avec elle, celles de l'œil, du regard, de la lumière, de la mer, du ciel et de la mort.

Toute cette tension provoquée par la lecture de *L'Etranger* tient au phénomène de relève signifiante du sensible par l'intelligible selon qu'il s'opère ou non. Relève à laquelle invite le texte, presque à son insu. Meursault parle souvent de "compréhension". Il nous dit au début du roman:

> *A travers les lignes de cyprès qui menaient aux collines près du ciel, je comprenais maman* ".

A la fin, il reprend:

> *Pour la première fois depuis longtemps, j'ai pensé à maman. Il m'a semblé que je comprenais pourquoi, à la fin d'une vie elle avait pris un fiancé. Pourquoi elle avait joué à tout recommencer.*

L'itinéraire ontologique qui mène de l'acte de compréhension au début du roman à celui de sa fin passe précisément par cette relève signifiante du sensible par l'intelligible. La première compréhension s'arrête à l'image du rapprochement entre la mère et le paysage. On sait que Meursault "métaphorise bien" qu'il "a le coup d'œil pour le semblable"[20]. Il s'agit d'un rapprochement intuitif, c'est-à-dire, dans ce cas précis, de l'ouverture d'un processus métaphorique qui s'articule sur le discours ontologique et qui

---

[19]. *De L'Interprétation*, Paris, Le Seuil, 1965.
[20]. Expressions de Paul Ricoeur, *Idem*.

se ferme, après avoir passé les relais que l'on sait, avec la conceptualisation de l'aperception initiale: "Je comprenais pourquoi...". Le texte reste muet sur le sens de ce "pourquoi".

L'étude de l'ouverture et de la fermeture du roman, avec la répétition de motifs essentiels, la mort et le soir comme "trêve mélancolique», apporte un gain de signification. La narration est une récupération de parcours qui exige la reconsidération des métaphores clés du roman: le soleil, la mer, la lumière, la renaissance et la mort au début et à la fin. "Le coup de Maître, dit Ricœur, c'est d'entrer dans le métaphorique non par la porte de la naissance mais... par la porte de la mort". Les métaphores relevées sont précisément des métaphores mortes, c'est-à-dire des métaphores archaïques, usées, mais d'autant plus efficaces qu'elles travaillent à l'insu de l'auteur qui, à en croire la critique, ne visait que le primat de dénomination. Alors que, compte tenu de la connexion entre le contenu ontologique du roman et le discours spéculatif qui conduit Meursault de l'appréhension et de l'illustration par l'image à l'intellection, une nouvelle pertinence sémantique est instaurée par l'articulation des métaphores mortes au contexte historique et politique ouvert par le meurtre de "l'Arabe". Et s'il existe dans l'œuvre, comme on l'a souvent prétendu, un refoulé idéologique, sa vraie nature est à chercher dans le principe vivifiant des métaphores usées, qui, me semble-t-il, prend son élan dans *Noces*, lieu où le Sujet, déjà coincé dans l'étau métaphorique de la mer et du soleil, se donne à penser dans une attitude tensionnelle entre l'expérience d'appartenance à... et la nécessité de distanciation:

> *J'ai ainsi avec l'Algérie une longue liaison qui sans doute n'en finira jamais, et qui m'empêche d'être tout à fait clairvoyant à son égard. Simplement à force d'application, on peut arriver à distinguer, dans l'abstrait en quelque sorte, le détail de ce qu'on aime dans qui on aime. C'est cet exercice scolaire que je puis tenter ici en ce qui concerne l'Algérie.*
> *Et d'abord la jeunesse y est belle. Les Arabes, naturellement, et puis les autres.* (Noces, p. 127)

Mon propos n'est pas, pour l'instant, de déployer les esquisses sémantiques de l'énonciation métaphorique, mais de me rapprocher de cette perspective dans laquelle les instances de signification gagneraient à ce jeu d'articulation entre contenu ontologique implicite et mode d'implication des discours poétique et spéculatif. Un jeu qui amènerait à se demander, par exemple, qui se cache derrière la mère (métropolitaine?) qu'on a enterrée dans l'indifférence au début du roman, derrière la mer/mère Méditerranée, derrière le soleil tyrannique érigé en sujet (esprit envahissant de la colonisation?). Le jeu d'aiguillage qui régit le texte ferait alors mieux ressortir la relation entre ces deux morts qui ponctuent le texte à l'initiale et à la finale ainsi que celle de cette trêve mélancolique associée à la disparition du soleil et dont la répétition clôture et dédouble dans le même temps le texte, lui assurant une échappée certaine. Peut-être alors verrons-nous différemment l'espace de figuration de l'action conflictuelle incarnée, en fait, entre l'Arabe et le soleil qui, dans la scène du meurtre, sont les deux seuls véritables sujets.

L'effet de reconnaissance du soleil comme élément central de la mythique coloniale restitue la scène du meurtre à la dimension de l'histoire de toute une société. Le sens politique de ce scénario est de déployer sur l'imaginaire (la lame du couteau présentée au soleil atteint Meursault en plein front...), un affrontement dont le soleil, incarnant l'esprit de la colonisation (et dans lequel Meursault est complètement dilué), est le seul responsable. C'est le même soleil qui impose son action pesante et agressive à l'enterrement de la mère et le jour du meurtre de l'Arabe. Il disparaît complètement dès sa "mise en accusation" au tribunal (j'ai dit que c'était à cause du soleil...):

> *Ce qui m'intéresse en ce moment, c'est d'échapper à la mécanique, de savoir si l'inévitable peut avoir une issue. On m'a changé de cellule. De celle-ci, lorsque je suis allongé, je vois le ciel et je ne vois que lui. Toutes mes journées se passent à regarder sur son visage le déclin des couleurs qui conduit le jour à la nuit.*

La vision politique se répand en œuvre dans la rupture de l'équilibre facticiel imposé par le soleil. Ce qui semblait inébranlable sous son emprise se mue en théâtre, mimant une justice et un verdict qui travaillent à rendre évidente l'étrangeté du personnage, et son absence de parole et son refus de se défendre comme une trahison du "rationnel" colonial. Aussi Meursault a-t-il été condamné pour "avoir enterré sa mère avec un cœur de pierre", mais aussi, peut-être, pour avoir impliqué "le soleil".

La fiction métaphorique vise la rencontre de ce qui aura été saisi de "l'inévitable", un lieu ou un temps vides de soleil, quelque chose comme "une trêve mélancolique", comme un soir ou "une nuit chargée de signes et d'étoiles".

C'est sans doute là le fait d'une cohérence avec laquelle le texte tisse la métaphore historique sur fond de quête ontologique, faute d'initiative pour un programme réaliste d'affirmation de ce qui est "inévitable": la déliquescence du fait colonial (*j'ai secoué la sueur et le soleil...*) avec la déchéance du Dasein qui s'y inscrit.

Comment, dans ce mode d'articulation ontologique et historique, ne pas prendre en considération la forte expressivité de la fiction métaphorique, lorsque l'on découvre dans une relation dialogique, les mêmes processus à l'œuvre dans le texte katébien, mais qui fonctionnent comme répliques et retournements des thèmes camusiens. Dans l'un comme dans l'autre texte, le même désir insatiable de présence pleine et immédiate, les mêmes conflits entre les zones d'ombre et de lumière, mais avec cela en plus que chez Kateb, et là est toute la différence, la métaphore explose, emprunte, en fragments épars, les chemins du risque et de la guerre; le texte katébien, s'installant dans les marges produites par le texte camusien, se constitue en lieu où s'annonce "la discontinuité dans laquelle quelque chose se manifeste comme une vacillation" (Lacan, *Séminaire XI*). Discontinuité tout à la fois inaugurale et absolue dans le champ de la littérature algérienne. Discontinuité relevant de l'inquiétante étrangeté, excédant et fragmentant toute vision

Désir d'histoire et esthétique

préconstruite de l'Histoire au profit du présent, temps plein de la crise subjective.

L'édifice métaphorique katébien

> *Cet édifice nous sollicite. Car pour métaphorique qu'il soit, il est bien fait pour nous rappeler ce qui distingue l'architecture du bâtiment: soit une puissance logique qui ordonne l'architecture au-delà de ce que le bâtiment supporte de possible utilisation. Aussi bien nul bâtiment, sauf à se réduire à la baraque, ne peut-il se passer de cet ordre qui l'apparente au discours. Cette logique ne s'harmonise à l'efficacité qu'à la dominer et leur discord n'est pas dans l'art de la construction un fait seulement éventuel.* (Lacan *Ecrits*)

C'est bien à l'architecture de l'édifice métaphorique katébien que nous devons ces moments d'émotion intense, difficilement imaginables avant nos premières lectures de *Nedjma*.

Le texte de Kateb n'est pas un objet esthétique qui se déguste en toute sérénité comme une synthèse d'expériences extérieures à nous. La violence avec laquelle il nous sollicite n'a d'égale que celle qui a incorporé au matériau langagier la blessure indicible d'une histoire subjective. Lire *Nedjma*, c'est vivre la vie d'un "je" dépecé à la recherche d'un lieu vide, pour une nouvelle situation d'énonciation. L'écriture spasmique, qui règle les allers-retours en saccades construit, bâtit avec des loques, des "morceaux de jarre cassée; insignifiants, ruines détachées d'une architecture millénaire" (p. 171)[1].

Les ruptures continuelles dans la narration correspondent à des pistes qui se perdent, à des questions qui s'amorcent mais n'aboutissent pas; l'histoire, dans ses multiples reprises et ses ratures, s'efface et recommence; elle est comme bloquée dans une position inaugurale qui met en évidence sa fonction de repère, de fixation sur un événement, celui de la blessure due à un choc perturbateur. Tout se passe comme si son déploiement butait à chaque fois contre un mur qui la rejetterait d'un bond vers son initiale:

---

[1]. Les numéros de pages renvoient à l'édition du Seuil, 1956.

> *Mère le mur est haut !*
> *me voilà dans une ville en ruine ce printemps*
> *mère le mur est haut !* (p. 41-42)

"Les premiers mots disent tout", écrit Blanchot[2]. Ceux de *Nedjma* disent, d'une certaine manière, comment l'histoire, avec le personnage, "s'échappe de sa cellule" pour "être repris(e) bientôt". Nedjma s'ouvre et se referme sur les mêmes mots. Toutes les histoires qui courent dans le roman butent de la même façon contre la même impasse, celle de Lakhdar comme celle de Mourad, celle de Mustapha comme celle de Rachid, l'histoire de Keblout comme celle de Nedjma, comme celle de l'Algérie. Toutes sont renvoyées à ce blanc inaugural d'où jaillissent pourtant des souvenirs d'enfance, qui les tiennent prisonnières.

Le sujet de l'écriture, prétextant l'oubli, arrête son récit à peine entamé pour aller chercher, dans un *avant* probable qui prend la figure "d'oubliettes de cristal", un *(je) ne sais quoi qui (manque)* à ce récit. Et d'anamnèse en anamnèse, et voulant effacer les amorces ratées de son récit, le sujet se laisse déposséder de la plénitude qu'il tentait de restaurer, celle d'avant le choc perturbateur.

Les objets manquants se multiplient, creusant à chaque fois un peu plus l'intervalle qui sépare les fragments, "morceaux de jarre cassée", de leur origine, "l'architecture millénaire". Le récit se brise dans l'entre-deux et ne conclut jamais. La pseudo-circularité de *Nedjma* est un cercle vicieux:

> *Le cercle n'était qu'une promenade à contre cœur qui avait failli le perdre, dont il revenait à tâtons, pas seulement lui l'adolescent retournant au bercail, non, son fantôme voué à cette impitoyable démarche d'aveugle butant sur le fabuleux passé, le point du jour, la prime enfance vers laquelle il demeurait prostré... il se souvenait, d'avoir adopté la sombre vivacité d'un mur de terre sèche qu'il enlaçait, à qui furent adressés ces monologues d'orphelin. Le mur faisait partie de l'impasse... le mur était là* (p. 108).

---

[2]. *L'Attente, l'oubli*, Paris, Gallimard, 1962.

Ainsi le serpent, dont on voit la queue se ranger bien sagement sous la tête, a un corps fissuré, distordu, coupé en morceaux du fait même de la dénomination fragmentée du signifiant Keblout.

L'édifice ainsi conçu, architecture métaphorique en trompe-l'œil, en exhibant la figure du serpent, sa force plastique et poétisante, enivre et torture en même temps. Il fascine, tient prisonnier de son énigme qu'il voudrait éternelle, celle du véritable lieu de sa blessure, celle de la "parole vraie", et dont les symptômes miroitent dans une cryptographie qui s'ingénie à cacher ses chiffres. A moins que ce serpent soit un phallus... Auquel cas, il serait comme l'a montré Lacan "le signifiant de la perte que le sujet subit par le morcellement du signifiant, et nulle part la notion de contre-partie où un objet est entré dans la subordination du désir à la dialectique symbolique, n'apparaît de façon plus décisive"[3].

La dénomination fragmentée

Les métaphores de la fragmentation pullulent dans le texte. Elles provoquent par moments une sorte de parole excessive destinée à combler un vide mais se terminent en véritable hémorragie verbale, qui épuise le récit alors qu'il vient à peine d'entamer l'histoire. C'est très net dans les nombreuses descriptions qui ponctuent le texte, pratiquent le morcellement à outrance de l'objet décrit, le déréalisent et le transforment en écran fantasmatique pour un jeu de dévoilement et de retrait partiellement ou entièrement inconscient. C'est dans l'enchevêtrement métaphorique des passages descriptifs que se raconte la véritable histoire (descriptions de la villa Nedjma et de la gare de Bône).

Constitutive du fonctionnement du récit, la métaphore de l'express Constantine-Bône, dans un perpétuel va-et-vient

---

[3]. Cf « A la mémoire d'Ernest Jones : sur la théorie du symbolisme », Revue de *Psychanalyse* n° 5, p.5.

entre les deux villes, celle de la naissance et celle de la perte, participe à la rature du texte et à son recommencement. C'est dans ce train que le signifiant voilé "Nedjma", lui aussi fragmenté, voyage mystérieusement à travers l'histoire et son oubli, sous la garde vigilante d'un autre signifiant tout aussi fragmenté, en attendant le retour à l'origine où ils fusionneront dans un Signifiant unique le "Nadhor".

Si la fragmentation et les syncopes de sens ont quelque chose à voir avec le "travail obscur de la pulsion de mort" dont parle Freud, la tentative de restauration signifiante se lit dans les métaphores à forte condensation érotique. Le discours amoureux katébien, dans sa forme charnelle, tente de neutraliser les failles et de restaurer la communication en renouant avec des codes universels lisibles par tous.

La fragmentation du texte katébien ne cherche pas à nier l'idée d'unité qui préexiste à sa praxis de démembrement, bien au contraire. La scène fantasmatique qui s'ouvre dans les descriptions exubérantes n'est pas le fait exclusif d'une ingénieuse rhétorique en quête de performance poétique. Le murmure incontrôlé des pulsions y est fortement perceptible. Les syncopes ne ressemblent en rien à ces artifices quelque peu maniéristes qui caractérisent certaines écritures modernes et préparent la scène pour un jeu agressif et impatient de Signifiants autonomes, revenus des sentiers saturés de "l'éternel colportage" (Mallarmé). Curieusement, c'est en voulant colmater les brèches que le discours produit l'ellipse. C'est qu'après chaque retour en arrière pour combler le manque, le sujet se rend compte que l'objet récupéré n'est pas le bon. D'où ces moments enchevêtrés dus à l'accumulation lexicale, à la manipulation baroque des figures d'analogies, à l'amoncellement des associations surprenantes de verbes et d'adjectifs, qui correspondent à l'invasion des "faux objets manquants" et qui sous leur entassement ensevelissent, comme autant de résistances, le lieu de "la parole vraie".

Si la métaphore de l'express Constantine-Bône dit l'enfermement du sujet entre deux limites indépassables, ainsi que l'effet de ressassement qui s'ensuit et qui conduit le sujet à l'inévitable aphasie que l'on sait, celle du couteau et de ses déplacements, nombreux et pour le moins étranges, nous éclaire quelque peu sur la nature de ces vides laissés par un sujet manquant à l'appel et sans doute travaillé par un puissant sentiment de culpabilité.

Ce signifiant qui coupe apparaît plus de douze fois sur trois pages successives au début du roman. L'apparition de l'objet qu'il désigne provoque une véritable hystérie diégétique. A partir de là, commencent les pérégrinations du couteau, un peu comme dans "la lettre volée" d'Edgar Poe. N'appartenant à personne, mais réclamé de tous, le couteau, vendu, racheté, perdu puis retrouvé, est associé tour à tour, dans une relation narcissique, à tous les substituts du sujet et reste en fin de compte suspendu dans une ambiguïté totale entre la victime et son bourreau.

L'itinéraire perturbé et ambigu de ce signifiant reprend en page 40, puis s'estompe, et réapparaît de nouveau en plusieurs endroits du texte pour ressasser toujours la même question: à qui appartient le couteau qui a blessé Mourad? A Mourad lui-même, ou à l'autre? Mourad a-t-il tenté de se suicider ou l'a-t-on blessé? En fait, la question est: qui est coupable, ou mieux encore: suis-je coupable?

Nous pouvons voir que, dans sa traversée, le signifiant *cout/eau* (rupture + métaphore aquatique génératrice du terre-plein maternel) excède le mouvement adopté du discours dans lequel la lecture a commencé à s'installer. Son vouloir dire produit alors une chute, transperce la trame et promeut un espace complètement désamarré, où se formule à partir de l'autre scène le sentiment de culpabilité.

> *Des lignes profondes, parallèles ainsi que des rails intérieurs, absorbés dans un séisme, sur le front haut et large, dont la blancheur boit les rides, comme un palimpseste boit les signes anciens.*

La description inaugurée par un thème printanier — *prémices de fraîcheur* —, renvoyant à l'enfance du narrateur, est suivie par la figure de *la cécité parcourue d'ocre et de bleu outre-mer*. L'écriture met en place un système transpositif qui détourne le regard incestueux. L'opacité et le détour travaillés par les passages descriptifs, et leurs métaphores de distorsion et de masque, se répètent dans une chaîne de figures jusqu'au moment où le refoulé fait mine de jaillir en étincelles mnésiques, qui ne sont en fait au départ que des simulacres, des *oubliettes de cristal*.

Mais l'hémorragie verbale qui s'ensuit découvre progressivement, en affaiblissant les résistances, une force mêlée d'attraction et de répulsion:

> *La voie qui fait coude vers la mer, longeant la Seybouse à son embouchure coupant la route fusant en jet de pavé scintillant grain par grain, dans le terne avenir de la ville décomposée en îles architecturales, en oubliettes de cristal, en minarets d'acier repliés au cœur des navires...* (p. 69).

L'accumulation baroque se poursuit dans l'exhibition d'éléments réflexifs se désignant tantôt comme des *vitrines royales de costumes irréalisables de quelques siècles futurs*, tantôt comme des *squares sévères dont semblent absents les hommes, les faiseurs de routes et de trains, entreurs de très loin dans la tranquille rapidité du convoi...* (p. 69).

La description, dans son enchevêtrement, glisse vers la déréalisation de tous les éléments du décor. Le lieu, devenu étrange, déborde les limites de son objectif, comme dans un itinéraire d'aveugle *parcouru d'ocre et de bleu outre-mer*(e). Les images emportent, dans leur déferlement, les limites de la désignation ayant pour objet le référent *gare de Bône*, pour laisser place à un théâtre dionysiaque:

> *La grâce poussive de la machine à bout d'énergie, rampant et se tordant au pied de la cité toujours fuyante en sa lascivité, tardant à se pâmer, prise aux cheveux et confondue dans l'ascension solaire, pour accueillir de haut ces effusions de locomotive; les wagons lâchent des passagers: autant de bestioles indécises, vite rendues à leur qui-vive somnolent; nul ne lève la tête devant le Dieu des païens parvenu à son quotidien pouvoir: midi, réflexion d'Africa en peine de son ombre, inapprochable nudité de continent mangeur d'empires, plaine gorgée de vin et de tabac; midi endort autant qu'un temple submerge le voyageur; midi ! ajoute l'horloge sacerdotale, et l'heure semble ralentie avec la machine sous la ventilation des palmes, et le train vide perd ses charmes, tyran abandonné.* (p.69)

L'érotisme bouillonnant de la scène, exacerbé par l'interdit, s'enclenche avec l'image de la mer et se déploie dans la focalisation de la ville, exigeante et nue, qui laisse tout mouvement se briser en elle, comme à ses pieds s'amadoue la mer. C'est alors que surgit "le jeune homme", directement de l'espace jubilatoire où s'est consumé l'acte d'amour et où continuent de se faire entendre des "trépignements de chevaux et d'hommes inoccupés". Mais le regard inquisiteur de la loi est toujours là prêt à atiser le sentiment de culpabilité:

> Des observateurs ont déjà vu que le jeune homme en sautant du wagon, a fait tomber sur le quai ce couteau d'une taille intolérable pour la Loi, a rapidement ramassé l'arme prohibée, puis dans sa confusion, l'a entouré de son cahier au lieu de le remettre en poche.
> Le soir même, on évoque à Bône le voyageur **vêtu comme un fou** (p. 70).

L'apparition du couteau ne manque pas de faire émerger en texte son corollaire-signifiant sur la scène analytique: la folie. Couteau et folie sont entraînés dans le même mouvement dialectique autour de l'objet phallique projeté au début dans *les minarets d'acier*, puis dans *le défilé métallique* des rails et enfin dans les multiples contorsions paganiques de la description à partir de *midi, réflexion d'Africa*.

L'idée que le Signifiant Nedjma était fragmenté et qu'il était probablement la motivation essentielle de ces chutes qui jalonnent le texte, s'est toujours imposé à moi comme une évidence. Ses collusions fréquentes avec d'autres Signifiants notamment *Keblout, Nègre, Nadhor* et *couteau*, derrière les mirages sémantiques qu'ils font et défont, orientent la lecture vers une nécessité nouvelle, et toujours au-delà des effets de signifié, vers le lieu d'une suspension d'un "je" coupé de lui-même et de ses assises. Ce je orphelin s'installe dans les signifiants qui, tout en le citant et le récitant, le maintiennent en retrait à l'intérieur même du procès de signification géré par le principe métaphorique de la chaîne de signifiants: *Le masque de cruauté que Nedjma compose à qui ne tombe pas dans son jeu*

Au-delà de la figure du sphinx qui exerce sa cruauté sur l'échec devant l'énigme, c'est l'effet anagrammatique de Nedjma que l'énoncé fait retentir, tout en laissant fuser le jet séminal du désir et de ses entraves. Il s'agit donc pour le lecteur d'accorder une attention au "je" de Nedjma, celui qui s'insinue dans le signifiant et travaille dans l'entre-texte, rendant, par sa forte marginalisation au sein même de l'énoncé, tout sens caduc et l'énigme toujours cruellement présente. En effet, une espèce de cruauté répressive s'abat sur quiconque colle platement au sémantique:

> *Contenant sa faim, l'homme décroche le luth, il tente de s'associer au spleen conjugal. Nedjma, s'enfuit au salon, les sourcils froncés, le musicien sent fondre son talent dans la solitude: il raccroche le luth, le calme de Kamel ne fait que l'affubler du masque de cruauté que Nedjma compose à ceux qui ne tombent pas dans son jeu* (p. 68).

Les signifiants fragmentés de *Nedjma*

La piste de lecture que je propose est une écoute des contenus nouveaux dans ce qu'on appelle "les silences du discours". Celle-ci est possible grace à une amplification de la texture sonore et à un jeu de décomposition, qui permettent de voir comment les morceaux de signifiants, en se propageant, racontent l'histoire de la blessure ombilicale katébienne, horizon de questions à travers le rapt de la mère par la folie.

Nedjma
N/ DJ/ MA

ne je ma
négation -sujet-mère

La négation est prise ici comme "néant", c'est-à-dire comme "non-étant" du lien entre le sujet et sa mère. Le signifiant *Nedjma* devient simulacre de la blessure ombilicale.

Le Nègre
NE/ G/ RE

ne je er
négatif sujet er-

Dans ce signifiant, nous avons une altération primaire, lisible dans l'inversion de "mère" par le négatif: ne - er= ner, autrement dit non-mère qui exprime le rapt de la mère par la folie

L'altération secondaire se produit dans *Nadhor*:

NA/ DH/ OR

ne dh or
terme négatif-sujet-er-
(je de l'enfant)

L'association du premier et du dernier terme donne «nor», c'est-à-dire l'altération de «ner». De Nedjma à Nadhor les altérations de la dernière syllabe (ma - < re/er - > or) sont le fait du terme négatif qui redouble le désir entravé, dispersé par le choc perturbateur et dont on peut voir les retentissements métaphoriques dans les nombreuses descriptions, particulièrement exubérantes, qui donnent au texte son caractère mouvementé.

Le Nègre est, on le sait, le gardien vigilant de Nedjma; le "Je" s'y insinue et y rejoint la mère dans le lieu d'une fondamentale a-socialité. La folie libère des liens sociaux fondés sur l'interdit et abolit la relation incestueuse. Nedjma et le Nègre rejoignent le Nadhor originel (origine/giron), lieu pur, hors de tous lieux, et résistance ultime. La négativité, inscrite dans les trois signifiants, conduit le sujet vers la sursublimation (Lacan) du choc devenu "éternellement présent"[4].

L'important pour l'instant est de voir comment s'implique, dans ces trois signifiants, le travail pulvérisateur de Keblout. Kateb nous explique en page 124, que c'était sans doute un nom turc qui signifiait corde cassée. Il nous invite ainsi à un jeu de traduction d'une langue à l'autre et nous conduit au signifiant arabe *Hbel* qui, dans sa transcription française, correspond à deux facettes phoniques différentes: *hbel* = corde = folie.

La corde cassée de Keblout a quelque chose à voir avec le lieu scriptural de la folie. A la faveur de cette opération anagrammatique se mettent à pied d'œuvre, dans le processus signifiant, les phénomènes d'altération et de refoulement. Dans l'explication de Keblout, l'autre face du signifiant est tout simplement occultée par le narrateur, de même sont occultés ses possibles prolongements anagrammatiques, notamment dans l'altération même de la dernière syllabe, qui est le signifiant de la rupture (out = cassée):

Corde < – *Kebl/out* – > cassée (en turc, selon le narrateur)
Folie < – *Hbel/et* – > elle est devenue folle (en arabe)

Les associations homophoniques *out/et* des deux dernières syllabes recomposent l'espace du signifiant autour de la rupture et le font passer du statut de substantif à celui de verbe, et nous avons *heblet*, qui, en arabe dialectal, veut dire exactement: "elle est devenue folle". Il s'agit de voir que le jeu des homophonies, condensées en surimpressions, installe certes l'indécision en redoublant le texte lui-même, mais indique, au sens freudien, ce qui se rapporte au travail inconscient et se retire dans les espaces obscurs de l'étrangeté.

C'est certes là une composition minimale de la batterie des signifiants "mais elle suffit, comme l'écrit Lacan, à

---

[4]. *Idem*, p.12

instituer dans la chaîne signifiante une duplicité qui recouvre la réduplication du sujet et c'est dans le redoublement du sujet de la parole que l'inconscient comme tel trouve à s'articuler, à savoir dans un rapport qui ne s'aperçoit qu'à être perçu comme aussi stupide qu'une cryptographie qui n'aurait pas de chiffre"[5].

La réduplication du sujet dans la chaîne signifiante *Nedjma* - > *Nègre* - > *Nadhor* -> *Keblout*, et la mise en œuvre du discours métaphorique qui la soutient tout en la masquant, ne sont pas les seuls points d'ombilication du sujet. L'analyse nous a montré l'importance des éléments érotiques qui pullulent dans le texte, ainsi que les jeux des allitérations en **r** et en **m** combinées toujours aux mêmes assonances en **o** et en **a**. Ces éléments donnent, dans une successivité extrêmement rapprochée, la répétition des sons: **om, ma, er, or**, libérés par la fragmentation de la chaîne *Nedjma* -> *Nègre* - > *Nadhor,* qui sonorisent les figures de barrage et de camouflage, autrement dit, les métaphores du refoulement.

Nedjma ne cesse de ressasser à tous les niveaux du texte et de ses discours, et sous des formes en apparence aussi déroutantes les unes que les autres, le choc indicible provoqué par le mur, soudainement surgi entre le poète et sa mère.

Nedjma est une oeuvre fragmentaire et cependant totale, parce qu'elle se concentre autour de la figure œdipienne comme fondatrice de l'érotique katébienne. Les fragments ne peuvent être qu'à la recherche de leur source, de leur racine: le "Je" unaire, centre unique d'énonciation, prisonnier de la fragmentation du terre-plein maternel. Le livre n'est donc pas errance, mais régression vers la matrice originaire, celle d'avant le choc perturbateur. Celui-ci, d'abord mur et impasse, devient temps suspendu, sublimé dans l'instant poétique, perpétuellement présent. C'est ce temps qui, lié à l'inversion du processus comme mécanisme de défense, substitue à la scène du drame celle, incantatoire et magique, du fantasme libérateur et restaurateur de la

---

[5]. *Idem*, p. 14.

continuité dans "L'invivable consomption du zénith"; et cela, par delà le délire incestueux et le sentiment de culpabilité, ranimé par le discours social maghrébin sur la folie.

Les je(ux) de Nedjma

Le détour par la psychanalyse permet d'interroger la dimension érotique des tropes investies par certains contenus psychiques.

> *L'apparition s'étire, en vacillant... Et si la cliente rentrée chez elle, débarrassée de son voile était devenue cette apparition... Ni lui ni elle ne savent qui ils sont; cette distante rencontre a la vanité d'un défi* (p. 64).

Car c'est bien de cela qu'il s'agit, d'un défi. Celui de faire voyager, tout au long du livre, la mère, le fils et leur blessure, dans l'ombre gigantesque du signifiant Nedjma. Le livre, c'est d'abord "La villa Nedjma" autrement dit: Vit-là-Nedjma, le livre comme lieu d'activité du signifiant Nedjma.

Il faut ajouter à cela que cette description de la ville de Nedjma est encadrée à l'incipit et à l'excipit par deux énoncés en italique, qui se font écho de façon énigmatique. Dans le premier, il est question de "cagoulardes" de Beauséjour, "quartier tranquille et décevant" que Mustapha jure de ne plus suivre. Dans le second, après quelques points de suspension, on peut lire toujours en italique:

> *Toutes ces villas [vies-là], tous ces palais ratés qui portent des noms de femmes ...*

La description commence à la ligne. L'énoncé qui la ferme est celui d'une pensée de Mustapha, qui s'articule sans aucun signe jonctif au texte de la description: "pays de mendiants et de viveurs, patrie des envahisseurs de tout acabit [...] pays de cagoulardes et de femmes fatales..." (p. 66). Phrase qui se détache, en italique, comme une réflexion intérieure. Cette page où se déploie la description de la villa-

Nedjma est décisive pour l'élan métaphorique qui emporte le sujet vers des horizons insoupçonnés du sens, s'étonnant lui-même, à chaque fois, de "l'invivable consomption du zénith" qu'il déclenche.

Dans le décor baroque, puissamment hérissé, de la description, se mettent en place des barrières contre la broussaille des contradictions qui assaillent le sujet et qui vont se répandre dans la totalité du texte. La villa Nedjma surmonte un patio de maison hantée, "on s'y suicida en famille avant la guerre», poursuit le texte entre parenthèses, exprimant avec clarté l'idée d'effondrement des liens familiaux, ainsi que le sentiment de culpabilité compris dans "suicide», et son caractère obsessionnel que marque le signifiant "hantée". A partir de là, se métaphorise le refoulement dans les figures de barrages et de camouflages, sonorisées par les allitérations en **m** et en **r** et les assonances alternées en **a** et en **o**; ce qui donne, dans une successivité extrêmement rapprochée la répétition des sons **om, ma, er, or**. Assonances et allitérations sont libérées par la chaîne des signifiants moteurs de l'œuvre, *Nedjma, Nègre, Nadhor*, fragmentés par le signifiant *keblout* dont le texte nous dit, ne l'oublions pas, qu'il signifie "corde tranchée". Cette combinaison d'assonances et d'allitérations se repère pour la première fois dans la description de Nedjma enfant: "Très brune, presque noire, chair en barre, nerfs tendus, solidement charpentée, de taille étroite... "[6].

---

[6]. Retenons ces éléments essentiels de la biographie de Kateb : « Le jeune homme s'initie à la poésie et au théâtre grâce à sa mère : 'Elle était à elle seule un théâtre'(cf. fin du *Polygone étoilé*). Le 8 mai 1945 le trouve au lycée de Sétif. Il participe aux manifestations. L'expérience de la prison sera déterminante pour sa carrière d'écrivain. Sa mère le croyant fusillé devient folle; elle sera internée durant de longues années à l'hôpital psychiatrique de Blida. Renvoyé du collège, c'est le début d'une longue errance à travers le monde, mais aussi le début de la création » (cf. "Kateb Yacine", par M.I. Abdoun, *Classiques du Maghreb*, Alger,OPU, 1987). L'on se souvient, par ailleurs, de l'énoncé suivant, à l'ouverture de *Nedjma* :
Mère le mur est haut
me voilà dans une ville en
ruines ce printemps...
me voilà dans les murs de Lambèse.
Cet énoncé nous offre là les deux facettes du symbole, l'une référentielle tournée vers l'histoire, l'autre celle du refoulé, le désir de la mère lisible dans les

> *Les résidences qui barrent la route aux tramways... Le talus en pente douce couverte d'orties... L'épanouissement hérissé de figues de barbarie, de l'aubépine, ou de l'airelle... Tout le bourdonnement de midi concentrant le feu, n'altère l'ombre touffue ni de ses irrésistibles succions, ni de son errance acharnée d'incendie en quête d'air... Au sommet des talus se dressent des marches de roc émergeant de la broussaille que les bivouacs des vagabonds et des nomades ont tondue, calcinée, réduite à l'état de remblai, sans venir à bout des jujubiers et des cèdres penchés en arrière, coureurs éblouis à bout d'espace et de lumière en un sprint vertical, le tronc dégagé des branches tendues vers le sol, en l'épanouissement hérissé de figues de Barbarie.*

Incarnation fantasmatique, cette description dense, complexe, d'une combinatoire extensive due à l'accumulation lexicale et à l'utilisation fort suggestive des associations de verbes et d'adjectifs est d'une étrange force de figurabilité. Elle indexe, dans une pratique extensive de dévoilement et de retrait des contenus psychiques, l'état de crise du sujet comme, pour ne citer que ces deux exemples, l'image des "murs écaillés qui ont des trous d'épaves», ou celle du "jardinet inculte". L'image du père meurtri par la déflagration familiale se profile derrière celle du vieux chat qui vient autour de la villa Nedjma "boiter les cent pas, pensif et calamiteux, fixant diaboliquement une toile d'araignée suspendue à sa moustache". "Cet orgueil de félin, s'interroge le narrateur, donne-t-il l'illusion d'être encagé en plein maquis par les démons de la canicule".

La description va jusqu'au bout dans l'identification subreptice par voie métaphorique du roman familial: "Les enfants sans souliers n'arrêtent pas de botter leur ballon percé... Paradoxe d'enfants, solennelle sauvagerie ! "

Cet énoncé apparaît comme le pointage d'un élément surdéterminé renvoyant à l'effet "culpabilité", doublement et paradoxalement ressenti. D'une part, l'effet impliqué dans la responsabilité du sujet dans la folie de la mère, d'autre part, celui qui se reflète dans le doute d'une trahison

---

assonances, les allitérations (am et oum, me), et dans le paradigme de présentification : *mère... me voilà... me voilà*, dans lequel le sujet rencontre l'image unaire de la mère et retrouve le flux œdipien.

supposée de la mère dans cet univers qui n'appartient qu'à elle, celui d'une fondamentale a-socialité. Il faut rappeler que, dans l'imagerie populaire, la folie est souvent confondue avec possession et suspectée de double libidinal. Elle est toujours un rapt par les djinns de sexe masculin lorsqu'il s'agit de femmes et inversement. Elle est supposée être le lieu d'une sexualité débridée. En plus clair, le sujet serait coupable de la folie de la mère, coupable aussi de l'accabler de ses doutes quant à sa fidélité à sa famille. Si le premier apparaît comme profondément justifié, le second lui apparaît comme "paradoxalement" sauvage et comique, parce qu'injustifié et pourtant puissamment obsessionnel. D'où la nécessité pulsionnelle de faire absorber l'un par l'autre. La scène du cycliste dérapant sur la route est très éloquente à ce propos:

> *Un cycliste dérape et se relève, ravi de la distraction des joueurs en herbe; du moment qu'ils jouent, ils ne songeront pas à se moquer du cycliste écorché; mais le ballon pouffe en dévalant le talus, et c'est l'objet qui consomme tout le comique de la chute ...* (p. 66).

La nécessité de réguler l'obsession de la culpabilité est claire dans la mention de l'objet qui consume tout le comique (autrement dit le tragique) de la chute. Le procédé consiste à négativiser, à neutraliser la situation par son contraire. Le texte dit cela, mais dit aussi que la culpabilité vis-à-vis de la folie de la mère est celle de l'enfant à la fois innocent et cruel; l'autre celle d'un adolescent adulte honteux de "son dérapage" et de "sa chute", mais écorché tout de même par les visions libidinales et détestables qui l'obsèdent. C'est ce qui peut expliquer sans doute l'ambivalence du personnage de Nedjma, à la fois pure et souillée, victime et bourreau, ingénue et cruelle. L'ambivalence qui relève du rapport à la mère, régenté tout à la fois par le désordre de l'échange à travers la folie et le discours social maghrébin sur la folie[7], devenu lui-même

---

[7]. Ce discours traverse l'œuvre de part en part, sous forme de fragments rapportés par des personnages. Le personnage de la folle se confond avec celui de la femme publique : « Un jour, leur mère les a surpris avec une folle qu'on ne

discours de la folie. Questionné sur l'énigme de Nedjma, Kateb répond inlassablement: Nedjma c'est l'Algérie... On peut gloser indéfiniment sur l'ambiguïté entretenue délibérément autour du personnage, non seulement dans les œuvres mais aussi dans les conférences, interviews et conversations.

Au cours d'une conférence à l'université d'Alger en 1967, Kateb s'exprime ainsi:

> *Ce qui m'a conduit à écrire, c'est la découverte d'un pays qui est l'Algérie et que nous ne connaissons pas encore bien.*
> *Second choc: je suis tombé amoureux de Nedjma. Nedjma n'est pas une création de l'esprit: c'est une femme qui a bel et bien existé. Il s'agissait d'un amour impossible. C'est une femme qui était déjà mariée. Il n'y avait pas de problème ou plutôt il y avait un très grand problème. Et ce problème ne pouvait pas être résolu; et par conséquent, il y a eu rupture. Voilà les deux fils conducteurs de Nedjma.*

Remarquons d'une part, qu'à aucun moment de l'énoncé il n'a été question de "premier choc». La formule est tombée en syncope, entraînant avec elle son objet. Elle réapparaît masquée par la formule "second choc", motivé par l'amour de Nedjma.

D'autre part, l'hésitation à déclarer si l'amour de Nedjma était ou n'était pas problématique est très significative. La formule "c'est une femme qui était déjà mariée", il fallait sans doute entendre ce qui suit:

-**Première proposition**, non problématique: Nedjma (la cousine) était mariée. Il n'y avait pas de problème. Cela ne le gênait point puisqu'il devait affirmer quelques minutes après que lorsqu'il quittait ses camarades pour la retrouver, il se sentait coupable vis-à-vis de ses camarades dans le cadre strict de l'amitié et du combat.

-**Deuxième proposition**, problématique: cette femme était ma mère

---

pouvait déloger du quartier. Pas si folle que ça. C'était sa manière d'éviter les maquereaux. J'en connais qui ont travaillé pour elle... Mais la mère a tout fait pour qu'ils oublient la folle... Rien à faire... La mère a compris le jeu de la folle. Elle a vu ses deux enfants subjugués... » (p. 164)

Kateb nous fait part ensuite du conflit entre l'amour de Nedjma et l'amitié des camarades comme d'un grave débat; il s'épanche longuement sur son sentiment de culpabilité vis-à-vis de l'une comme des autres (les quatre personnages du roman, qu'il considère comme un seul) et qui accompagne l'impression continuelle de trahison. Mais revenons au texte de *Nedjma*:

> *La Seybouse miraculeusement engrossée s'y délivre en averses intempestives de fleuve à l'agonie vomi par les rivages ingrats qu'il a nourris.*

La figure est ici très forte: l'engrossement de la mère-Seybouse "hors nature", possible dans son univers a-social et imaginaire, et vomi par le fils ingrat qu'elle a nourri; figure suivie par une autre tout aussi éloquente et charriant les mêmes allitérations et les mêmes assonances que la villa Nedjma:

> *Extatique, d'un seul et vaste remous, la mer assombrie mord insensiblement le fleuve, agonisant jaloux de ses sources, liquéfié dans son lit capable à jamais de cet ondoiement désespéré qui signifie la passion d'un pays avare d'eau...*

L'extension de l'isotopie libidinale prépare la scène pour un retour en force du refoulé; il s'inscrit ici sur le mode du dévoilement, puisqu'il en fournit à l'analyste des indices sérieux: "Un pays avare d'eau en qui la rencontre de Seybouse et de la Méditerranée tient du mirage".

La Seybouse, mère nourricière de l'Est algérien, et la mer Méditerranée se rencontrent dans "mirage" qui anagrammise "image" et "mère". La scène fantasmatique de la double vie conflictuelle de la mère tient de la matérialisation visuelle et plastique de la parole du refoulé. Les éléments de son discours s'organisent sans ambiguïté et avec une logique surprenante, soutenue par des effets répétitifs des mêmes assonances, combinées aux mêmes allitérations, et par les échos des figures de rhétorique particulièrement insistants:

> *L'averse surgit en trombes, dégénère éternuement avorté; les constellations se noient d'une nuit à l'autre dans les embruns subtilisées ainsi que des escadrilles au camouflage vaporeux, porte-avions, tirant des flots bouleversés quelque essence de planète, en dépit des crépitements belliqueux du ressac, l'orage rassemble ses forces avec l'imprévisible fracas d'un char tombé de gouffre en gouffre; fantôme cramoisi effilochant au vent d'ouest son hamac, traîne un soleil grimé, calumet sans ardeur s'éteignant dans la boue d'une mer lamentablement vautrée, mère de mauvaise vie et de sang-froid qui répand dans la ville un air maléfice et de torpeur fait de toute la haine de la nature pour le moindre geste et la moindre pensée...*

Atmosphère de guerre et d'amour sur fond lexical d'eau et de feu, remise en jeu d'un fantasme de copulation entre des bords contradictoires d'agressivité et de torpeur, de naturel et d'intenable, le texte ressasse encore et toujours la même fable dans ce qu'elle a d'inénarrable.

Le théâtre et son double

Les figures portent en elles une force de déformation d'une "omniprésente transférence" (Lacan), mais ne parviennent pas à camoufler tout à fait la réalité d'une obsession qui s'impose à l'intérieur même de cette description infiniment dramatisée jusqu'à lâcher comme par inadvertance son mot de la fin: "mer lamentablement vautrée, mère de mauvaise vie".

Curieusement, ce procédé de camouflage vaporeux est formulé par le texte lui-même, faisant jouer des métaphores qui par alternance dissimulent et dévoilent le drame refoulé: "Les constellations se noient d'une nuit à l'autre dans les embruns, subtilisées ainsi que des escadrilles au camouflage vaporeux". Ces métaphores portent l'effort de faire accéder la chose refoulée au niveau du préconscient: "Mer lamentablement vautrée" devient "Mère de mauvaise vie".

Réseau très dense de filières associatives, répercutées toujours par les mêmes assonances et les mêmes allitérations, le texte met en place de façon saisissante le chiffre singulier de l'inconscient katébien. C'est dans cette description intempestive de la tourmente et du désespoir de l'adolescent, "de gouffre en gouffre" et de "fantôme cramoisi" en "mère de mauvaise vie et de sang froid" que surgit Nedjma "étoffe et chair fraîchement lavées... nue dans sa robe ... Elle secoue son écrasante chevelure fauve, ouvre et referme la fenêtre; on dirait qu'elle cherche inlassablement à chasser l'atmosphère, ou tout au moins à la faire circuler par ses mouvements".

Quelle atmosphère? Celle évidemment, assombrie et dégénérée du décor de la villa Nedjma dans lequel le texte vient de nous plonger. Le projet (inconscient évidemment) est de délivrer le sujet de l'escadrille des mauvaises pensées qui l'assaillent. Les mouvements de Nedjma tentent de purifier l'atmosphère et de rétablir une sorte de pureté originelle, celle d'avant le choc perturbateur:

> *Les mouches blotties se laissent assommer ou feignent la mort à chaque déplacement d'air; Nedjma s'en prend ensuite à un moustique, avec un mouchoir dont elle s'évente en même temps*

Mouches, moustiques, araignées et leur (é)toile renforcent le fantasme de culpabilité de façon quasi-hallucinatoire. Les insectes imposent leur aspect agressif et répulsif. Les gestes et les mouvements qui les chassent permettent à des parties privilégiées du corps de se découvrir sur une scène analogue à la scène primitive: Nedjma nue dans sa robe, secouant son écrasante chevelure fauve, ouvrant et refermant la fenêtre; "elle s'assoit à même le carrelage"... "Ses seins se dressent, elle se tourne, se retourne, les jambes repliées le long du mur et donne la folle impression de dormir sur ses seins".

Le regard incestueux se munit d'objectifs transparents: la robe de Nedjma comme "surcroît de nudité», l'espace frais et transparent de la vitre, le contact du corps nu avec le carrelage, accentuent la sensualité de la scène. L'instance punitive elle-même est mise provisoirement en veilleuse: "les mouches blotties se laissent assommer ou feignent la mort".

Souvenons-nous de ce poème incrusté dans le roman en page 54:

Désir d'histoire et esthétique

> *J'ai trouvé l'Algérie irascible. Sa respiration...*
> *La respiration de l'Algérie suffisait.*
> *Suffisait à chasser les mouches.*
> *Puis l'Algérie elle-même est devenue...*
> *Traîtreusement une mouche*

Où qu'ils se manifestent, les insectes charrient tout à la fois l'amour, la trahison et la culpabilité, comme cette araignée croquée de façon saisissante:

> *Grosse, grise, terriblement âgée, poussiéreuse et branlante, qui danse sur la poitrine de Rachid, dans sa cellule de prison, avec la pudique diligence d'une femme en mal d'amour*

Mais, à la faveur de leur apparition comme signifiants reproducteurs de la scène primitive, s'instaure la confusion entre l'histoire collective de l'Algérie et l'histoire personnelle du sujet:

> *Moi j'étais étudiant. Moi j'étais une puce*
> *Une puce sentimentale ... Les fleurs des peupliers...*
> *les fleurs des peupliers éclataient en bourre soyeuse*
> *Moi j'étais en guerre. Je divertissais le paysan.*
> *Je voulais qu'il oublie sa faim. Je faisais le fou.*
> *Je faisais le fou devant mon père le paysan. Je bombardais la lune dans la rivière*

La figure de la puce est ici liée à l'angoisse d'une indiscrétion oculaire qui s'insinue sur la scène de l'interdit. Tout le matériel de la scène érotique est soigneusement redistribué sur la scène historique. Le miroir-écran de la métaphore fait se réfléchir entre elles les deux scènes. La scène érotique avec "ses fleurs des peupliers éclataient en bourre soyeuse...", la révolte du "je" dans "j'étais en guerre...", la castration/exclusion du père par diversion dans "je faisais le fou devant mon père le paysan...". L'occupation de la scène et la possession de la mère dans "je bombardais la lune dans la rivière". La scène historique est occupée par l'étudiant et le paysan, qui, dans les allusions à la vie d'Abdelkader et au motif de la guerre, s'inscrivent en continuité dans la syntagmatique politique formulée. Les éléments des deux scènes apparaissent dans un ordre intercalaire, qui laisse entrevoir momentanément le mirage d'un lieu pur, vide de crise, un peu comme ces "prémices de fraîcheur", fusant çà et là dans le texte pour congédier l'impur; ou encore cette "cécité parcourue d'ocre et de bleu outre-mer clapotant, qui endort le voyageur debout face au défilé métallique et grouillant de l'avant-port".

Il ne serait pas abusif de dire que les nombreux fragments descriptifs emprunts de sensualité et où une sorte d'hémorragie verbale fait que les images débordent à coup sûr les limites du texte pour accéder au relief d'une scène théâtrale, sont en fait les lieux de l'innommable. Ils sont, et surtout lorsque le rythme s'affole et que la parole s'anime d'une vie excessive, les lieux où le sujet ose "l'inosable": étreindre la mère en croyant étreindre Nedjma, d'où cette salutaire confusion à travers la figure du "sosie prolifique" que construit pour nous la paraphrase philosophante du carnet de Mustapha, entre la fausse Nedjma et la vraie Nedjma, entre la forme et son contenu, entre présence et absence, "rampant à la découverte des lignes" et "assumant l'erreur et le risque".

Dans *Nedjma*, le temps présent n'est pas, comme on l'a souvent cru, jubilatoire, mais il permet la souvenance de ce qui le fut avant. Le présent katébien, limitatif, inaugure une consomption particulière du bonheur passé, dont la présentification correspond à une théâtralisation au sens où l'entend Artaud. *Nedjma* est une sorte de "théâtre total" qui développe le langage d'une mise en scène, auquel s'ajoute "l'efficacité intellectuelle de la parole articulée" (Artaud)[8]. Efficacité intellectuelle qui mise sur des formes objectives: formes, bruits, gestes. Il n'est pas étonnant que l'aphasie s'exprime chez Kateb par une dévaluation progressive du texte écrit au profit d'un langage spécifique au théâtre, en somme par un retour à la vocation sacrée des origines. Nedjma, comme dans le théâtre de la cruauté, est une émanation perpétuelle; elle exprime des vérités secrètes, et tente, par sa plasticité, sa sensualité, et par cette "espèce de

---

[8]. *Le théâtre et son double, Oeuvres complètes*, tome IV, Paris, Gallimard, 1964.

massage très subtil et très long" (Artaud)[9] qui charment le lecteur, de faire venir au jour cette part de vérité enfouie.

Ainsi, dans bon nombre de scènes, le lecteur se trouve au cœur du spectacle. Sollicité d'abord par "des moyens grossiers qui retiennent au début son attention" (Artaud)[10], il est pris progressivement par les effets de la qualité vibratoire du texte, l'ondulation des allers-retours des jeux sensuels de Nedjma et de son texte, puis par les jeux d'ombre et de lumière. C'est cette force, cette influence suggestive des dispositions sensuelles liées à la lumière que Kateb expérimente dans ses romans pour son théâtre à venir. On n'oubliera pas, bien sûr, le dynamisme de l'action, la communication établie à l'insu sans doute du poète, avec les forces pures de l'inconscient qui font naître, dans l'inconscient du lecteur et du spectateur, des images énergiques; et comme dans le théâtre de la cruauté, Nedjma est traversée par une action violente liée au sang, qui soutient la violence de la pensée en lui insufflant le rythme sanguin pulsionnel:

"Quelle histoire pour un insecte" s'écrie Petit Joe; "l'inceste est notre lien depuis l'exil du premier ancêtre; le même sang nous porte irrésistiblement vers l'embouchure du fleuve passionnel" répond plus loin le carnet de Mustapha.

Le signifiant Nedjma, à travers les effets éblouissants de l'écriture, prend en charge et sauvegarde, en lui-même et tout à la fois, la pureté de la mère et ce qui la trouble. Il n'y a pas de dilution du trouble dans le pur. Il ne fait pas non plus renaître une mère mythique lavée de toute souillure. En fait, il n'y arrive pas. L'écriture elle-même est incapable de cette performance, de l'illusoire compensation. Le lecteur peut être séduit justement par ce conflit qui s'efface pour se reproduire sous une autre figure.

Le texte semble insister sur la nécessité de négocier, derrière une figure, une autre figure. La scénographie des doubles, réels et factices, remet en jeu les sens que la linéarité met en place. Elle fait partie du mouvement de

---

[9]. *Idem.*
[10]. *Idem.*

rature que l'écriture a adopté en son début comme brouiller les pistes et désigner ce qui véritablement se trouve au fond de l'énigme. Cette vérité, la seule, ne peut se projeter hors de l'énigme que dans une autre énigme, celle qui ne cesse de s'exhiber comme énigme: Nedjma, signifiant qui tantôt éclate pour découvrir, de métaphore en métaphore, ce qui se trame en lui, tantôt se regroupe pour le dissimuler.

Toute la séduction de l'écriture katébienne vient de la négociation de la même énigme, sous des formes à chaque fois différentes qui trompent le lecteur, l'entraînent dans une manoeuvre complexe, le tiraillent entre le texte et son hors-texte, et tentent dans le même temps de restaurer la continuité disparue.

Dans sa stratégie du travestissement, Kateb exhibe comme un masque de cruauté la figure même de Nedjma. Cruauté de l'écriture qui, en fait, au lieu de restaurer la continuité, se bloque sur la blessure, grande ouverte et sanguinolente:

> *Mère, je me déshumanise et me transforme en Lazaret, en abattoir ! Que faire et de qui te venger ? C'est l'idée du sang qui me pousse au vin*

L'impuissance de l'écriture à produire la plénitude du soi s'impose finalement au sujet comme une évidence; elle accepte alors de n'être que parole-blessure se projetant dans Nedjma comme lieu de l'autre et non plus comme celui du même. Cette parole-blessure finit par créer un monde à son insu, dans l'intervalle infiniment petit qui sépare deux corps incompatibles et pourtant étreints à mort, comme dans "le sursaut du centaure, le sanglot de la sirène" de l'intenable express Constantine-Bône, inévitablement englouti dans l'intraitable réseau métaphorique.

Les jeux de renvois d'une métaphore à l'autre enracine tout en jouant à déraciner. L'énigme germinale et séminale se chiffre aussi dans la description surexcitée de la gare de Bône "assiégée" comme chaque jour, et qui à travers les "grandes portes vitrées", donne à lire ses allusions multiples à ce qui la fonde, le lieu obscur et irréductible de la blessure.

Dans ses répercussions miroitantes, la description de la gare dit la même chose que celles de la villa Nedjma et de la Seybouse, les redouble en est une pure répétition alors qu'elle fait croire qu'elle s'intéresse à tout autre chose. Ce sont là les masques que Nedjma compose à ceux qui ne tombent pas dans son "Je».

La rupture du pacte mélancolique

> *Les Corses, les Gitans, les Siciliens, les gens du Sud en général, sont comme des oiseaux de nuit et ils nourrissent les mêmes superstitions, figés depuis l'enfance en une contemplation farouche à travers les deux trous d'un même masque fatal, la femme, la mort, le rouge et le noir, l'amour et le deuil entrant par la même porte, souvent en même temps et du même pas. Ni lui, ni moi ne l'ignorons (Le Polygone étoilé).*

C'est une synthèse de l'œuvre katébienne tout entière que nous offre cet énoncé du *Polygone étoilé*,[11] texte superbe, conscient des effets divers et simultanés que son ascendant *Nedjma* a produits; effets caractéristiques de ces grandes œuvres qui tentent le franchissement du versant mélancolique et s'érigent en stèle contre la mort et ses substituts.

Effets de masque fatal, effets de femmes, effets de mort, effets d'amour, surgis inconsciemment par la même porte, en même temps et du même pas dans *Nedjma*, sont recréés à la lumière du jour dans *Le Polygone* comme fantasmes du passé, et organisent la scène pour l'activité réparatrice du deuil à partir d'un de ces mythes primitifs qui ont abondamment nourri les grandes tragédies de Sophocle à Shakespeare: la relation femme-mort.

Le signifiant Nedjma, dans le roman qui achoppe sur l'immédiat du nom propre et dans lequel il tente d'accomplir son sens destinal, se creuse en faille dans une pratique poétique et fantasmatique, et en bordure du non-sens, là où s'inaugure la position du sujet.

---

[11]. Paris, Le Seuil, 1966.

Le lecteur, entraîné dans la course derrière la figure inaccessible de Nedjma, se trouve fatalement devant ce qui la hante et n'accepte de se révéler que dans le procès de signifiance, dans la confusion étroite et énigmatique de trois figures féminines: la mère, l'amante et la mort. "Nedjma est le signe de ma perte", nous dit le sujet et toute la stratégie du texte tente de rendre inenvisageable la révocation du personnage comme si l'œuvre tout entière, présente et à venir, allait être prisonnière de son emblème. Car Nedjma est la femme la plus belle, "mais derrière la femme la plus belle, c'est toujours la mort qui se profile et elle en garde les traits de l'inquiétante étrangeté, nous dit Freud, le désir substituant à la mort son contraire, la beauté"[12].

La mort chez Kateb, comme dans la tragédie shakespearienne, coïncide avec la perte irréparable, et surtout avec la nécessité de la reconnaître comme telle et d'entamer sa compensation par des satisfactions substitutives. L'activité signifiante, doublée par la tendance naturelle du désir, travaille, dans *Nedjma*, à exclure la mort hors des perspectives de la vie en jouant avec l'absence du personnage. "Jouer avec l'absence, c'est déjà la dominer et se comporter activement à l'égard de l'objet perdu en tant que perdu"[13]. Le disparaître/reparaître de Nedjma tente d'élever, à l'insu même du sujet, le fantasme au symbole. Cependant ce jeu ne produit pas totalement ses effets. La résignation à la perte ne se produit pas et le travail du deuil, à peine entamé est brutalement interrompu par la résurrection de Nedjma, qui dévore une à une toutes les présences qui ont proliféré sur la scène de son absence: Kateb ne voulait pas perdre sa Nedjma[14]

---

[12]. Freud, *Essais de psychanalyse appliquée, op. cit.* p. 100.
[13]. *Idem*, p. 101.
[14]. Les présences se multiplient sur la scène du deuil. Celle-ci est scène de l'absence sur laquelle se fondent ces présences. Ces présences sont négativisées par Nedjma, l'ogresse au sang obscur. Le mort ainsi « ressuscité » empêche le travail du deuil. L'aphasie dans l'écriture, révélée par le ressassement, est le contraire du récit de la perte qui se poursuit jusqu'à la fin du deuil. C'est donc *Le Polygone étoilé* qui reprend ce récit de la perte et le fait aboutir.

En s'attachant à la plus belle des trois figures constitutives de Nedjma, le sujet katébien risque la mort alors qu'il cherchait, comme le roi Lear, à "ressaisir l'amour de la femme tel qu'il le reçut de sa mère"[15].

En choisissant de faire reparaître Nedjma dans l'éclat de sa beauté, le sujet n'exprime que "l'inexorable d'un choix illusoirement substitué à la fatalité"[16]. Et la mélancolie s'installe avec la prise en compte de la notion de destin qui implique l'autodestruction avec la perte de l'autre.

Or, "les Corses, les Gitans, les gens du Sud en général" ne sont pas dupes de cette substitution, ils se familiarisent avec la mort en faisant l'apprentissage de l'amour. Chez eux le rapport femme/mort n'est jamais dissimulé. Et c'est en tolérant, dans *Le Polygone*, l'intrusion d'autres histoires dans la sienne, que le sujet katébien prend définitivement conscience de l'effet de substitution qui fait de son personnage quelque chose de semblable à la Psyché d'Apulée, à la fois déesse du printemps et fiancée du trépas. Il énonce alors "la seule Nedjma que je voulais garder était celle de mon enfance" (p. 155).

Le Polygone nous donne alors l'occasion de voir comment l'artiste Kateb se révèle à lui-même le plaisir que lui procure l'écriture comme art et comment ce plaisir, en abaissant les résistances, lui donne la possibilité de s'exhiber avec tous ses conflits et de se procurer, dans cet espace entièrement désamarré et ludique, une détente générale, avec cela en plus que *Le Polygone* se fait lecture et décompose le traumatisme de *Nedjma* en moments d'interprétation. Il se constitue ainsi en nouveau lieu où se réécrit autrement l'histoire de la pulsion de mort, que mettait en représentation le disparaître/reparaître de Nedjma.

Compte tenu de cette nouvelle exigence du désir, *Le Polygone* travaille essentiellement la distance et apprend à démolir les remparts de l'illusion.

Nedjma se trouve ainsi complètement décentré et poussé hors du réel "à la hauteur de sa légende" (p.145). La

---

[15]. Freud, *op. cit.* p. 106.
[16]. *Idem.*

transposition exclusive de la seule Nedjma, celle de l'enfance, dans le réseau citationnel du *Polygone*, fait passer de l'inconscient, qui stimulait presque entièrement le premier roman à une organisation qui bénéficie de la distance d'une auto-analyse. *Le Polygone* peut être lu comme une pénétration dans l'univers forclos de *Nedjma*, donc comme une transgression, une sorte de franchissement de la barre. Le trajet d'écriture qui mène de *Nedjma* au *Polygone* se fait acteur de la décomposition du signe dans une distance éclairée et hautement stratégique, dont l'objectif est de parvenir à la réduction de l'énigme de *Nedjma* en quatre temps:

1 - Extraction de la mort: Moutt à tête de Vautour.
2 - Endossement du revêtement astral par l'Algérie, étoile du Maghreb.
3 - Libération du "Je" autobiographique.
4 - La mère, enfin directement présente dans l'énoncé.

Après la dissolution du signe fatal, Nedjma n'est plus qu'un ange de chair palpable, et toute une architecture de signes s'élabore pour déplacer les accents et dévier les variants métaphoriques. Car dans *Nedjma*, s'était développée autour du signifiant de la perte une frange d'ambiguïté qui ne pouvait qu'être stigmatisée par le lecteur.

On peut voir, consécutive à la dissolution de l'énigme, la réduction de l'étrangeté, obtenue par le prolongement et la finalisation des récits inachevés de *Nedjma*, le rassemblement des quatre amis, qui, en réintégrant l'histoire collective, redeviennent personnages à part entière et non plus comme ils l'étaient, membres substitutifs du sujet en état de crise.

Tout en réduisant l'évanescence constitutive du personnage et en faisant mine de reléguer aux oubliettes les états limites, extatiques des descriptions de *Nedjma*, les nouvelles distorsions du *Polygone*, n'en produisent pas moins un halo dense de déréalisation, qui bien souvent fait obstacle à la lisibilité. Mais l'attention est habilement dirigée sur une ambiguïté toute historique. Les périodes de l'histoire sont sollicitées dans un jeu intercalaire, sans indication précise de date et dans une confusion d'appréciations à peine nuancées, et parfois saisies par l'humour et le burlesque. L'histoire elle-même, après avoir été convoquée comme rempart contre l'illusion et la régression aux mythes primitifs, semble à son tour ballottée dans la parodie et la déstabilisation des réseaux de sens.

Le Polygone apparaît alors comme le prolongement du Nadhor. Le Nadhor objet d'une redoutable fascination, livre dans le livre, suspendu entre l'illusion et la réalité, refusant l'une et l'autre, est l'incarnation du pacte mélancolique. Il s'institue décodeur de destin qu'il conteste et ballotte dans son jeu gratuit et déréalisant, et s'instaure comme texte-origine, attirant l'attention sur lui-même dans une relation narcissique au sujet. Il permet ainsi la reprise des effets de transférence, entamés puis bloqués dans *Nedjma,* et leur aboutissement. *Le Polygone* tente de produire ce lieu transférentiel à partir d'un projet de création, destiné à rompre le pacte mélancolique dans une sorte de conversion douce. La sublimation se réalise par affleurements de représentations psychiques et grâce aux sollicitations répétées des lecteurs à travers la question obsessionnelle: *mais qui est Nedjma ?*

Le premier de ces lecteurs étant évidemment le sujet lui-même.

Le passage d'un titre à l'autre, de *Nedjma* au *Polygone étoilé*, est éloquent à ce propos. Il met l'accent sur le processus de déviation nécessaire au deuil. Il accélère le détachement de l'objet perdu par réduction sémiotique, et inscrit l'activité narcissique contenue dans la réflexivité entre les deux termes redondants: "Polygone" et "étoile".

On notera au passage la transposition du masculin au féminin, le recul de "Nedjma", Etoile, comme prince des signifiants au profit d'une figure spatiale, polygone étoilé, qui met en représentation les repères nécessaires à la réunion du sujet. Le polygone "c'est là qu'on fusille" dit le texte, mais c'est là aussi que l'on encercle le cadavre, que l'on circonscrit la perte, et que Nedjma, l'énigme fatale, disparaît dans le mouvement même de son assomption. La nécessité de survivre qu'engage le principe de réalité s'exprime clairement en page 18:

> *On réduit l'être à un objet et on le hisse hors de soi, vers une mystérieuse possession qui pourrait n'être qu'un songe. Et voici qu'une observation polycéphale s'empare de toutes les diversions pour signifier avant l'heure la route du cimetière, de l'hôpital, du cercle ou de la caserne. Comme si toutes les routes n'étaient pas archiconnues. Comme s'il n'en existait pas d'autres qu'en secret nous recherchons avec l'acharnement effacé des somnambules qui ne veulent pas revenir sur leurs pas, de crainte d'y retrouver l'énigme où fut jadis dissimulée l'illusion première en pure perte épanouie, devant la sévère procession des réalités. Ce ne sera pas un bond prodigieux, mais plutôt un soubresaut de puce énormément vigilante.*

Et elle, en écho, répond

> *Grâce à l'oubli glissant des nuits, arrache de ton cœur cette braise irréductible* (p. 19).

C'est ainsi que *Le Polygone étoilé* conçoit sa trajectoire dans la victoire du Moi qui refuse de se laisser entamer et, repousse "la pure perte épanouie devant la sévère procession des réalités".

Freud ne décrit pas autrement le procès de sublimation entretenue par l'œuvre d'art, qui peut transformer les traumatismes en source de plaisir.

La fin du *Polygone* est une renaissance qui se fait au prix de la reconnaissance de la perte, "J'ai perdu à la fois ma mère et son langage".

L'intérêt de cette reconnaissance est de réorienter l'écriture et de l'inscrire cette fois, non plus comme histoire du refoulé mais comme histoire du refoulant, laquelle enregistre ce nouvel acte de folie de l'histoire qui brouille les généalogies et exige la soumission à une nouvelle autorité.

Désir d'histoire et esthétique

La parole du père engageant son fils dans "la gueule du loup " prépare à l'histoire fondamentale du désir aux allures de langage maternel, affecté une fois de plus par l'autorité[17].

---

[17]. La question devient alors : comment réinventer l'histoire, la détourner de son cours fatal ? L'Histoire de l'Algérie et celle de la tribu sont aussi à réécrire autrement, dans un lieu fantasmatique auquel on peut donner l'aspect du réel. D'où la nécessité d'aménager un vide et de le déplacer dans l'espace et dans le temps. Le Nadhor est un exemple parfait de la suspension du temps et de l'espace vides de l'histoire. D'où la nécessité d'aménager un vide et de le déplacer dans l'espace et dans le temps. Le Nadhor est un exemple parfait de la suspension du temps et de l'espace vides de l'histoire.

Mouloud Mammeri
Histoire des flûtes brisées de la République

> *Une foule, même morne et quelconque, reconnaît sa vérité, qui est aussi son illusion devant les mensonges du théâtre, de ses rêves, de ses lectures, et de ses passions. Partout en nous, comme au dehors peut toujours s'ouvrir la scène où ce qui est est toujours autre. L'homme positif qui entreprend de réduire à l'irréalité cette autre scène n'est pas le moins égaré. La plus grande folie s'explique sans doute par une certaine façon d'avoir perdu cette autre scène, et ce fantastique n'est pas autre chose que la dissolution de la fantaisie. Ce que le monde où nous vivions a répudié de fantaisie, nous voyons comment en fantastique il l'a regagné.* (O. Mannoni. *Clefs pour l'imaginaire où l'autre scène*).

Entre avant et après-texte, l'inédit de Mouloud Mammeri, paru en 1987[1], traduit remarquablement le rapport paroxystique qui liait l'écrivain à son environnement socio-politique; un environnement coincé entre les bords contradictoires d'une conception appauvrissante de l'histoire: sous prétexte de préserver un bonheur tranquille conçu exclusivement comme ordre et stabilité, on tue à petit feu et à grands renforts de rituels et de programmes l'imaginaire populaire.

Corps tantôt diaphane, tantôt vivant, le texte reçoit simultanément deux séries antagonistes d'éléments figuratifs de la société: le tableau historique et son envers, l'autre scène. A part un moment exceptionnel où la radieuse présence du souvenir ranime l'aspiration festive, le texte est placé entièrement sous le signe de la désespérance. Evoluant selon un mode d'évocation déceptive, il fait surgir en lieu et place de la cité idéale désirée, émergée de l'imaginaire populaire et promise par la programmation mythique du titre,

---

[1]. Cf. *Mouloud Mammeri, entretien avec Tahar Djaout*, suivi de l'inédit intitulé: *La Cité du soleil*, Alger, Laphomic, 1987.

La Cité du soleil,[2] un lieu référentiel, déploré car dénué de sens et immédiatement identifiable comme espace contextuel du discours: l'Alger des années 80.

Invitation à la cure

La Cité du soleil est le lieu problématique des observations que contrecarrent les interdits et les tabous. Problématique aussi parce qu'il se clôt sur le refoulement de l'énergie du corps social au delà de son ultime possibilité: la mort. Le discours s'élabore à la croisée de deux visions utopiques incompatibles, l'une dominante, celle du pouvoir ordonnateur, géomètre, d'une inspiration platonicienne[3] dévoyée, l'autre, celle du poète, propice à la fantaisie différentielle, pluraliste; mais pourchassée ou niée et refoulée, elle s'insinue tantôt comme contrepoint négatif dans le discours de légitimation du pouvoir, tantôt comme affleurement palingénésique dans l'inévitable réminiscence mythique que réactive nécessairement l'Interdit.

Le premier tableau s'ouvre sur l'uniformité du quotidien triste et morose d'Héliopolis:

> *Ce qu'il y avait d'agréable dans les jours d'Héliopolis, c'est qu'ils étaient quotidiens. Chacun posait ses pieds à l'endroit exact où le précédent avait mis les siens. On savait à chaque aube tout ce qui allait advenir avant la fin de la journée. Les jours d'Héliopolis excluaient l'insolite et c'était rassurant.*
>
> *Ce n'est pas que chacun d'eux n'apportât ses petits problèmes routiniers, mais justement ils étaient routiniers et petits et même ils donnaient du sel à des heures dont la grisaille*

---

[2]. Interférences possibles avec, entre autres, *La Civitas solis* de Campanella dont s'était probablement déjà inspiré M. Dib pour la construction de sa ville-nova dans *Cours sur la rive sauvage*, cité à la fois passée et à venir, et baptisée de la même façon «Cité du soleil», voir Beïda Chikhi, *Problématique de l'écriture dans l'œuvre romanesque de M. Dib*, Alger, OPU, janvier 1989.

[3]. L'utopie platonicienne, Mammeri y fait allusion dans son entretien avec Djaout rappelant que "Platon excluait les poètes de sa République". Il ajoute: "Et je crois que le Coran non plus ne leur fait pas une meilleure place. Peut-être que, quand on veut l'ordre, celui des hommes et celui des choses, il faut se méfier des poètes..." (*op. cit.* p. 46).

> *répétée risquait de vider la république de ses éléments les plus jeunes, parce qu'elle leur donnait une frénésie des départs et comme la fringale d'être ailleurs.*
>
> *Les calèches étaient rares, bondées et imprévisibles, les queues interminables devant les étals de toutes façons problématiques, les immondices triomphants au soleil; mais les déplacements, les chaînes et la voirie emplissaient des instants dont les Héliopolitains n'auraient su sans cela que faire*(p. 63).

Pour renforcer le postulat analogique qui fait d'Héliopolis un objet de visée réaliste, le ton satirique et amer qui double la description continuera ainsi à s'épancher à travers des images de dégradation et de léthargie tout en diffusant des indices à forte teneur référentielle Métaphore-métamorphose, tout le propos illustre la transformation délibérée d'un peuple dynamique, imaginatif, pluriel, bigarré, en une masse indifférenciée, magma échappant à toute désignation sinon à celle de son impuissance et de sa fragilité. Image du peuple donc, projetée et réalisée par le pouvoir, sorte de conseil des élus, "des élus des dieux naturellement, ironise le texte, parce que dans sa grande sagesse, le conseil n'aurait pas voulu confier aux caprices d'un peuple fragile la lourde responsabilité de choisir ceux qui allaient le conduire vers des lendemains chantants."

Sans trop s'appesantir sur le rôle que joue le renforcement et la gestion habile du sentiment d'infériorité et du sentiment de culpabilité qui lui est étroitement lié[4] dans les rapports d'autorité instaurés par le "conseil des élus", le discours sur l'organisation politique d'Héliopolis glisse lentement vers une formulation psychanalytique camouflée, s'appuyant pour l'essentiel sur la théorie pulsionnelle, le processus énergétique et la répression[5]. Toute une chaîne de

---

[4]. J'ai emprunté les notions générales de psychanalyse aux *Nouvelles conférences d'introduction à la psychanalyse* de Freud, Gallimard, "Connaissance de l'inconscient", 1984, et à l'interprétation que fait Paul Ricœur du texte de Freud: "Malaise dans la civilisation". Cf. P. Ricoeur, *De l'Interprétation*, essai sur Freud, Paris, Le Seuil, 1965.

[5]. Je ne saurais évaluer avec précision l'intérêt que Mammeri portait à la psychanalyse. J'ai tout simplement repéré la récurrence de certains motifs freudiens, développés notamment dans *Malaise dans la civilisation* et il m'a semblé que la petite fiction de *La Cité du soleil* s'organisait avec beaucoup de

liaisons thématiques rappelle au peuple destinataire l'étouffement et l'asphyxie dont il est l'objet; l'urgence est de précipiter sa rencontre, son face à face avec sa propre image, celle de sa déchéance et de sa déshumanisation. S'impose alors dans cette relation médiatique de cure entre l'écrivain et son peuple, l'image emblématique du poète, maître de la parole révolutionnaire, exclu de la république et pourchassé. Elle surgit, en abyme, comme dans un élan ultime, pour sauver le peuple "de la pollution de l'eau et du ciel... des projets courts... des rêves aux ailes coupées", de le convaincre de son humanité et raviver avant qu'il ne soit trop tard "dans ses artères durcies.. le sang qui ne coulait plus que par habitude."

L'adresse et l'invitation à la cure sont sans détour:

> *Prisonniers de la grotte sombre, tournez vers la grande lumière le regard de vos yeux chassieux, hommes oints de mensonges huileux, donnez-vous la main, puis allez, récitez-vous les uns aux autres la saga de la vérité rêche*

La mise en œuvre du discours s'intègre, mais dans une perspective d'inversion des effets attendus de satisfaction imaginaire et de compensation, au modèle le plus dépouillé des récits utopiques traditionnels: simplification du modèle narratif, allégorisation de l'espace, du temps et des personnages, emblématisation des motifs et des thèmes et comme une répugnance affichée au romanesque[6]. La situation, il est vrai, n'est pas justiciable d'un romanesque massif et foisonnant à la Balzac ou d'un réalisme épique à la

---

cohésion autour de ces motifs comme noyaux théoriques jugés pertinents dans la description de l'entreprise d'infériorisation du peuple.

[6]. Je pense bien entendu aux "utopies parfaites" qui de Platon à More ne dépassent guère le niveau des constructions théoriques. Il faut attendre le XVIIe siècle et l'avènement des utopies modernes pour voir le romanesque envelopper progressivement le récit utopique. Cette évolution du genre ira jusqu'à la contestation des constantes axiologiques de l'utopie normative, autrement dit de l'idéal d'un bonheur collectif standardisé par des nécessités d'ordre et de stabilité. Le texte de Mammeri renverse la perspective platonicienne et se place ainsi du côté des consciences perturbantes qui entament les utopies classiques. Pour plus de précisions à ce propos, on se reportera à "Utopie et esthétique romanesque" par R. Trousson, in *Le discours utopique*, Cerisy, 10/18, 1987.

Zola, le peuple d'Héliopolis n'a plus rien de commun avec celui de Thala dans *L'Opium et le bâton*, où chaque individu, par la multiplicité et l'audace de ses initiatives, l'intensité de ses couleurs, sa faculté d'expression, était à lui seul un peuple, et où la mort elle-même n'était pas limitative et inutile. Au contraire, elle y sustentait l'imaginaire et renouait avec l'étrange et le monde du "tout-est-possible". Le peuple révolutionnaire de Thala ne s'est pas laissé enfermer dans un tableau. Il a abattu les contraintes et les résistances et s'est projeté dans l'élan symbolique de l'ouverture et du rêve, allant jusqu'à échapper à la figuration réaliste sinon à la déborder.

Le peuple d'Héliopolis, c'est la perte de la pluralité, des couleurs, et de la bigarrure; perte aussi de l'imagination et de la créativité. Peuple aveugle aux images qui donnent des ailes, imperméable aux signes venus d'ailleurs, sourd aux interpellations de ses poètes. Pour ce peuple-là, une écriture évaporée, semblable à son état d'hypoglycémie. Pas d'élan projectif, optimiste qui laisserait entrevoir les possibilités d'un avenir meilleur. Pas de débordement du réel par l'écriture. En réalité, coincée dans un projet de démantèlement et exacerbée par tant d'impuissance et de mollesse populaires, l'écriture elle-même renonce à sa mobilité, se ramollit et devient miroir diaphane, reflet de l'objet qu'elle est chargée de figurer[7]

Le choix par l'auteur de la saisie de l'image sur le mode pictural (premier tableau, deuxième tableau, troisième tableau), est délibérée. La saisie picturale suspend l'écriture, normalement mobile et dynamique, fige la situation et, annulant le mouvement, autorise la réflexivité du point de vue totalitaire et ravageur du pouvoir qui, pour durer, sécrète et injecte les germes du dépérissement et pousse le peuple

---

[7]. Nous connaissons le point de vue de Mammeri, plusieurs fois énoncé ici et là, sur l'effet de représentation romanesque du réel. Il rappelait à Tahar Djaout qu'à l'époque de *La Colline oubliée*, "le véritable engagement consistait à présenter une société telle qu'elle était dans la réalité et non pas telle que l'aurait construite un choix de héros dits positifs ou retraduire un discours, c'est-à-dire un mythe. Le premier devoir d'un romancier est le devoir de vérité". Depuis, ce point de vue a évolué de la prise en compte exclusive des symptômes vers la mise en évidence systématique, dans *La Cité du soleil*, du mal profond qui ronge la cité.

jusqu'à son extrême limite, celui de l'anéantissement sans appel de l'imaginaire et de l'énergie créatrice. La parole du poète elle-même n'est plus, à la fin du récit, qu'un souvenir évoqué par les vieillards dans des asiles appelés mouroirs.

Le tableau, de par sa convention du recul et de l'isolement que le cadre lui impose, étale et prolonge le face à face du peuple-destinataire avec sa propre mort, aiguise la vision spéculaire en suscitant l'acuité du regard; un jeu d'optique en somme qui s'instaure, dessaisit le narrateur de son poste d'observateur non impliqué, voire impartial, et transforme le texte en réceptacle pour un discours de la contrition, et par moments, d'une conscience privée de la perception de son véritable monde, qui vivra jusqu'au bout son pourrissement et verra sa propre destruction avec la lucidité d'un condamné à mort ou celle d'un rescapé de catastrophe naturelle.

Expression d'un état de crise de l'histoire dont elle est solidaire, l'écriture refuse, par la production d'effets de texte frappants, déconstructifs, combinatoires, d'assurer sa fonction exorcisante et compensatrice. Elle se fige dans la contemplation et la déploration de tant de mollesse sociale. Elle choisit plutôt d'escorter cette image comme processus excessif jusqu'à la limite fusionnelle où l'angoisse de l'écrivain et celle du lecteur, donc du peuple destinataire, ne feront plus qu'une.

La suspension de l'écriture dans le tableau annule toute possibilité de transformation diégétique, n'autorise aucune échappée de nature à désamorcer la tension. Aucun bonheur possible ni pour l'écrivain, ni pour son lecteur. Le cadre est là pour mettre en évidence toutes les résistances, les marquer, les accentuer, si besoin est. Pas de plaisir lié à une réduction de tension. Il s'agit, on l'aura compris, d'inquiéter, de provoquer, de choquer, de mettre sous tension, en figeant ce que le peuple croit toujours en mouvement:

> *A travers les cils de ses yeux à demi-fermés, le maître vit que la foule faisait devant lui un bloc de peur soudé où luisaient de loin en loin les larmes qui descendaient chaudes et salées sur les joues.*

L'hypotexte n'est donc qu'un effet de surface couvrant une intense activité souterraine de suggestion, qui ébranle les assises du discours de la contrition, activité produite par un effet soutenu d'indexation du référent et d'analogie avec les images du hors-texte disponibles dans la conscience du lecteur:

> *Le programme du chef était conforme aux principes de l'ordre nouveau. On n'y trouvait pas du tout de rêve et beaucoup de bateleurs. Le chef s'en expliqua une dernière fois:*
> *Les spectacles devaient frapper sur la peau, les oreilles, les yeux, les artères et l'épigastre... Tout le temps, sans discontinuer... pour ne pas laisser de plages vaines, où pourraient s'insérer des couleurs, des langueurs, des attentes ou des nostalgies, des airs de flûtes.*
> *A intervalles réguliers, le peuple devrait apporter à la grande montre sa contribution spontanée: il devait vagir son plaisir selon l'air et les figures que le compositeur et le chorégraphe officiels avaient arrêtés. Le dernier numéro d'avant l'aube serait celui du singe avec son bateleur.*

Métaphore spatiale et adjectif-action

Le regard du peuple n'a plus qu'à se concentrer sur les effets de sa propre castration. Celle-ci s'inscrit dans une métaphore spatiale, qui positionne le peuple dans le quotidien morose des bas-fonds, cultive la banalisation et le sentiment de sécurité paisible. Entre le haut et le bas, la barre instaurée par l'abolition de l'échange et de la communication (le peuple parlant le langage de la terre, "Le Conseil" celui des dieux) en permanence consolidée par les rituels collectifs, les prêches, la prévisibilité des situations, les organisations de masse et l'ordonnateur des joies officielles "tracées au cordeau"; le tout participant d'une opération culturelle de distanciation, émanant d'un psychisme infantile en proie au désir d'invincibilité et par laquelle le conseil assure la mythification de son pouvoir et donc son inaccessibilité pour tout élément émergeant du peuple.

Ce que le peuple voit, c'est son image comme magma informe, impuissant et passif au-dessus duquel se dresse le conseil, sorte de symbole phallique triomphant, imbu tout à la fois de la vénération et de l'épouvante qu'il inspire.

Corps unique, monstre à deux têtes, celle du prêtre et celle du général, "Le Conseil" concentre et préserve son énergie en se cantonnant dans sa fonctionnalité, autrement dit l'exercice de sa pleine autorité, et "en refusant les adjectifs qu'il jugeait inutiles". Et pour cause! Le pouvoir est et doit demeurer un signifiant absolu. L'énergétique, au sens freudien, est concentration dans un signifiant unique. L'adjectif, contre toute attente, déconcentre, étire, fragmente. L'adjectif est du côté de la bigarrure, de la différence, du pluriel. Mobile et capable de tous les retournements, l'adjectif est "inutile" au pouvoir; mieux, limitatif et relativisant, il est une menace pour l'autorité du signifiant auquel il s'adjoint. Sa géométrie variable recèle une activité suggestive souterraine toujours prête à ébranler les assises les plus stables. Par contre, l'article défini préserve la force et la singularité du signifiant qu'il désigne en l'investissant du cumul de sens et d'énergie dont il a besoin pour s'instaurer maître signifiant.

Mais l'absoluité ne dispense pas de la défiance de certains effets perturbateurs que l'adjectif-action peut provoquer si par mégarde le peuple venait à renouer avec la nostalgie de la bigarrure. Le conseil se dote alors d'instruments de balisage plus que de gestion: l'irréfragable juge, le terrible homme d'armes, le petit idéologue, le grand argentin. Les adjectifs sont concentrés autour de quelques "médiateurs" et enchaînés les uns aux autres pour que soit écarté tout phénomène d'atomisation et donc de redistribution des attributs et des qualités. Car, pour l'exercice de la pleine autorité, il s'agit de prévoir et d'encercler l'agitation qui risque à tout moment d'éclater, suscitée par les rêves, les idées, le vent de la révolte et de la subversion, et surtout par les ombres des derniers joueurs de flûtes revenus des temps anciens de l'Age de la Caverne:

> *Le général donna au chef des hommes d'arme, l'ordre d'arracher au bateleur son masque, avant de le fourrer dans un cul-de-basse-fosse, dès que la foule se serait dispersée. Le geste sec n'eut aucune peine à faire voler un masque de carton retenu à peine par un fil ténu. Aussitôt une vieille se mit à hurler: — c'est lui... lui... je le reconnais [le poète] il n'a même pas vieilli.*
> *D'autres voix la relayèrent. Bientôt il ne fut plus possible aux chefs de groupes de faire respecter au peuple les figures de "l'agitation surveillée», auxquelles on l'avait pourtant dressé depuis des années.*

En réalité, le discours de validation du pouvoir en voulant "boucher tous les trous", les met en évidence, et à la faveur d'un déplacement de forces les transforme, à son insu bien entendu comme dans le processus du rêve, en effets-signes. Car le refoulement comme "évitement du souvenir" n'est jamais total et le peuple conserve au fond de lui-même le sentiment vague mais vivace que son impuissance a quelque chose à voir avec une étrange histoire de flûte brisée. Le texte s'organise alors autour du processus de symbolisation et fait preuve d'une grande aptitude de figuration.

> *Des flûtes non brisées [fait remarquer le chef] demeureront toujours comme des tentations à longueur de bras, comme une alternative toujours disponible à l'ordre des dures réalités; elles finiront par infester l'air rugueux que les citoyens d'Héliopolis devront désormais respirer.*
> *Il n'y a pas d'autre issue: entre les flûtes et les faucilles il faut choisir... entre le vent et les moissons.*

L'ordre est ainsi donné de les briser toutes:

> *Le grand prêtre regardait descendre au fil de l'eau, lentement, des morceaux épars de chansons douces, de chansons molles, de chansons folles qui dansaient parmi l'eau et les fleurs une dernière fois, juste avant leur chute alanguie dans la fureur du torrent, qui allait une dernière fois les enfourner dans la masse pesante de l'océan qui battait sous le soleil à quelques lieues des dernières maisons de la ville.*

Sens d'une fête

Tous ces motifs, subtilement codés, s'organisent au milieu du dernier tableau, celui de la fête, figure obligée de tout discours utopique, consécration de l'entente, harmonisation parfaite entre les différentes catégories composant la République, mais aussi validation, normalement consentie par tous, du programme de gestion de la Cité, "conforme aux principes de l'ordre nouveau", celui qui est censé débarrasser définitivement les Héliopolitains de leurs rêves et de la nostalgie des airs de flûtes. La fête organisée d'Héliopolis est restauratrice de l'ordre et non de la nostalgie, du souvenir, du rêve ou de la mélancolie. Là encore, la scène donne à voir deux visions festives conflictuelles, l'une ordonnatrice, l'autre explosive comme dans les sociétés non répressives où le peuple manifeste son allégresse et sa joie lors d'un changement qu'il a longtemps désiré. La fête organisée par l'O.J.O (l'Ordonnance des Joies Officielles) est un temps soustrait à la durée du quotidien pour être vécu dans l'illusion d'une joie paradisiaque, euphorisante, qui fait oublier les contraintes et la pesanteur de l'existence. C'est le genre de fête dégradée, appauvrie comportant rituels, discours, acclamations, jeux, défilés, chants et danses organisées selon les règles strictes à l'intérieur d'un cadre protégé de tout accident imprévu de nature à perturber l'action que le conseil veut exercer sur l'esprit et la volonté du peuple. Par le rituel imposé et les règles strictes, la fête fait sortir de l'histoire, neutralise les tensions et en même temps tout désir de changement. La fête est alors une entreprise de déviation de toute velléité de révolte et de transformation de l'ordre établi. Elle est une diminution de la conscience du temps historique:

> *A cet endroit, le rythme se fit plus trépidant, la voix se mit à danser sur les mots article 9 du code du parfait propagateur):* "*quand on veut frapper il faut frapper fort; plus c'est idiot et mieux ça passe: au delà d'un certain nombre de décibels, tout esprit de contestation est littéralement pulvérisé*"... *Le code ramassait la règle dans une formule concise et mnémotechnique. Ça casse ou ça passe, entre les deux il faut choisir.*

La fête de l'O.J.O tend à activer une fausse mémoire collective. Certes toute fête ranime d'une certaine façon un souvenir; mais ainsi conçue comme ensemble de rituels, elle déplace le lieu du souvenir: la réminiscence ne concerne plus alors le temps lointain des poètes joueurs de flûte, mais le passé récent où l'Ordre des conseillers s'est imposé. Le futur projeté ne peut que faire écho à ce passé récent. L'idée de changement étant purement et simplement annulée, la fête officielle n'est plus que répétition et donc exclusion de la fantaisie et de l'allégresse spontanée. A ce propos, nous rejoignons le point de vue de Mona Ozouf qui écrit:

> *"Or, si la fête répète, ce n'est nullement au sens d'une répétition, mais bien plutôt au sens que Freud a donné à la redite: effort aveugle pour maîtriser le choc perturbateur, sans que celui-ci, précisément, puisse être situé, daté, arraché au présent invivable et enfin gouverné. C'est l'homme incapable de se faire l'historien de sa vie qui s'englue dans les répétitions, cette cérémonie où piétine une affectivité serve, la fête répétitive, tout comme la névrose, manifeste beaucoup plus qu'une pédagogie temporelle, une stratégie de l'archaïsme contre l'angoisse*[8]

C'est contre ce phénomène d'extraction de toute perspective historique, donc de deshistorisation de la fête que Mouloud Mammeri se révolte. Il lui préfère celle qui explose spontanément après un changement ardemment attendu, délibérément choisi à l'intérieur d'un processus révolutionnaire permanent. La fête devient alors activation et renforcement de la conscience historique non absorption par un effet d'extraction temporelle. Le désir du poète est de voir

---

[8]. Cf. "La fête sous la révolution française" in *Faire de l'histoire*, NRF, Gallimard, 1974, p. 257. On sait le rôle très complexe que Freud attribue à la compulsion de répétition qui intervient tant dans le processus de nature conservatrice que dans l'expression d'auto-destruction. Mais ici la répétition au sens de redite, au sens où elle n'introduit aucun élément nouveau se met au service des représentations de la mort: inertie de la vie et auto-destructivité, synonymes de "la grande paix" rétablie par les chefs d'Héliopolis, après les mouvements de foule et d'exploitation qui ont ébranlé la cité: "Désormais le peuple d'Héliopolis pense ce que nous pensons, il redit ce que nous disons, il marche à notre mesure, il ne fait plus que ce que pour son bien nous lui disons de faire" (*La Cité du soleil*, p. 86).

se dilater la durée festive jusqu'à sa confusion totale avec la durée normale. C'est là tout le sens du geste de réactualisation du mythe de l'âge d'or des joueurs de flûtes et de sa fonction perturbatrice dans l'Organisation des Joies Officielles.

Retour scriptural du refoulé

L'effet de la musique et de la danse orchestrée par l'O.J.O. pour "un bonheur tranquille" dérape, et la "joie tracée au cordeau" subit un retournement pour devenir "joie tout court":

> *C'était le refrain, il revint plusieurs fois. La voix de la foule s'enflait, caracolait sur la place, évoluait comme un grand fleuve que des crues récentes ont grossi. L'encenseur soudain prit peur: et si le prêtre avait raison ? Le peuple se prenait au jeu, il brisait les bornes-strictes-incrustées dans le texte par le musicologue officiel; on lui demandait de chanter la joie tracée au cordeau qu'on lui avait préparée et si on le laissait continuer, il allait clamer la joie tout court.*

S'ouvre alors une brèche par laquelle s'engouffrent en éclairs des éléments préfiguratifs d'un bonheur en mosaïque qui met la foule en émoi. En réalité, la scène se libère pour un retour scriptural du refoulé. Le rêve s'étale et se répand en œuvre dans la scène symbolique du remembrement des jeunes garçons de la cité:

> *Des garçons dansaient sur le rythme de la flûte absente, comme s'ils n'avaient fait que cela toute leur vie...*

En les regardant, "les femmes pleurent, "les filles s'évanouissent" et les vieux baissent "un pan de leur manteau sur leurs yeux, afin que les autres n'y voient pas les larmes qui les gonflaient de l'intérieur". Et voilà comment la parole vient au désir[9].

L'écriture elle-même retrouve, à ce moment de bonheur exceptionnel, sa jubilation naturelle, sa fonction déconstructive et atomisante, et arrose généreusement le texte en conjuguant allègrement le verbe flûter.

Le maître de la parole poétique refoulée, réapparaît alors sous la figure du bateleur masqué qui promène un singe aux multiples grimaces pour amuser la foule. Mimant tour à tour "la jeune mariée", "la vieille puiseuse d'eau", "l'enfant boudeur", "le secrétaire de mairie", "l'ânier en colère contre son âne", "la mère berçant son bébé", "le fou du roi", "le fou tout court", "le joueur de flûte", le singe réveille le souvenir de la bigarrure et, déjouant la vigilance de l'en-censeur officiel, il dégèle la perspective et la transforme en activité libidinale autour de la reconstitution symbolique de la flûte absente.

> [*Le singe*] *flûtait de très douces choses qui s'appelaient en écho l'une l'autre, volant partout sur la place comme des phalènes; puis sa voix se grisa de nuit, d'arômes roses et d'images bleues, de clairs de lune; quelquefois elle se brisait sur les récifs de la mer remuée par le vent, et tout de suite après, tintait, grêle, sur les cailloux blancs d'un ruisseau enfoui dans la mousse ou bien, coulante et lisse, appelait sur la grève la danse des filles évanouies.*

Filée sur le mode aquatique, la métaphore qui humidifie le texte et lui rend son élasticité trouve ici sa justification, vise l'agression pulsionnelle et la stimulation du désir en exhibant ses vastes capacités de performance et de récupération, à son profit, de la scène du Pouvoir:

---

[9]. Scène où le joueur de flûte masqué, déguisé en bateleur, fait jouer à son singe la figure du Grand Conseil, qui provoque l'hilarité de la foule. Quelque chose de semblable à la distanciation brechtienne s'est jouée dans cette scène: démythification et historicisation du pouvoir, par extraction de son contexte, du "gestus social" des processus représentés. L'historicisation du pouvoir met en évidence son caractère éphémère et induit à sa transformation. Voir la rencontre sur ce terrain de Freud et de Brecht, interprétée par Pierre Kaufman in *Psychanalyse et théorie de la culture*, "Médiations", Paris, Denoël-Gonthier, 1974.

> *Le rire de la foule fusait, se gonflait à la fin, il envahit la place en vagues dévastatrices, que les responsables des organisations de masses, pourtant reconnaissables à leurs brassards rouges, ne pouvaient plus réduire.*

Mais la luminosité aquatique génératrice d'un coup de force populaire, de par sa position intercalaire dans la raideur dysphorique de l'ensemble, ne produit pas la compensation imaginaire attendue. Elle ne laisse entrevoir qu'un court moment la fragilité du pouvoir despotique dans la scène de la "mise à mort", par la dérision, des chefs de la cité. L'énergie du signifiant castrateur se regroupe vite et tranche brutalement la poussée libidinale des jeunes garçons de la cité en brandissant la baguette de l'Interdit. La fluidité de l'écriture se bloque en même temps sur le motif essentiel de la perte de l'objet, "la flûte" qu'il faut coûte que coûte récupérer:

> *J'ai le geste entravé, leur cria-t-il, mais le verbe libre. Hommes, ne pleurez pas les musiques de vos bonheurs perdus, mais travaillez plutôt à les faire revenir.*

L'issue positive serait de ne pas laisser s'installer l'économie de la souffrance et avec elle le travail du deuil au sens freudien. Cependant, le texte se clôt sur le thème négatif de la mort et de ses substituts: inertie et destructivité.
Agression pulsionnelle donc et non satisfaction. L'intention était de préserver la tension diégétique jusqu'au final et au delà, par une espèce de répétition ludique de l'absence/présence de l'objet. La chute du rideau, à la fin du dernier tableau, coupe nette la vision du peuple destinataire tendu vers la satisfaction ultime, l'expulse de la scène fictive sur laquelle il était pourtant le principal protagoniste et l'invite à reconstituer l'action sur la scène réelle, celle de l'après-texte, resubstancialisée pour la circonstance. Là, le verbe s'incarnant dans un corps (ou dans une flûte) devient conscience historique. La resubstancialisation de la scène réelle passe par la réactivation de l'autre scène.

Mouloud Mammeri

Tout le jeu déceptif du texte, simulant la castration, table sur l'impression d'étouffement et d'angoisse pour relancer et susciter, avec la réactivation du désir, l'élan métamorphique. Excellent mode d'emploi pour un stimulant démocratique que ce texte-testament de Mouloud Mammeri. Texte court, vite lu, conçu pour l'accélération d'un rythme, celui d'un processus révolutionnaire:

> *Le nombre de jours qu'il me reste à vivre, disait Mammeri, à la fin de son entretien avec Tahar Djaout, Dieu seul le sait. Mais, quel que soit le point de la course où le terme m'atteindra, je partirai avec la certitude chevillée que, quels que soient les obstacles que l'histoire lui apportera, c'est dans le sens de sa libération que mon peuple (et à travers lui les autres) ira. L'ignorance, les préjugés, l'inculture, peuvent un instant entraver ce libre mouvement, mais il est sûr que le jour inévitablement viendra où l'on distinguera la vérité de ses faux semblants. Tout le reste est littérature.*

Mohamed Dib

Les fictions nostalgiques

> *Me voici en train d'attendre encore à ce carrefour d'une capitale étrangère.* (Habel, p. 142).

Depuis *Habel*, roman de l'exil, de l'enfermement dans la clôture même de l'œuvre et de l'écriture trahie, Dib s'est installé dans la quête de sa propre histoire, celle du drame de l'exil en bordure de la folie et de la mort.

Habel, Les Terrasses d'Orsol, Le Sommeil d'Eve[1], sont des mises en œuvre directes du drame personnel du sujet en quête de son identité. Sujet clivé, fragmenté qui dans *Neiges de marbre* prend l'aspect du "troisième larron», l'individu qui dit "je".

Pris dans les jeux sournois des pronoms personnels, je, tu, il, moi, tantôt féminins, tantôt masculins, parfois doubles et androgyniques, le sujet schizoïde perçoit cependant en soi des possibilités de restauration. On se souvient que de la cour de l'hôpital psychiatrique, où il avait décidé de rejoindre définitivement Lily et d'y perdre avec elle la raison, Habel entrevoit "un ciel qui paraissait avoir été tendu d'or" et était comme "un ciel des anges et des bienheureux, et ce miracle bleu avec un seul nuage d'argent gardait raison sur tout, avait le dernier mot sur tout. On pouvait lui adresser une prière. Ce que fit Habel, il comprit qu'il n'était pas par hasard sur terre: si la folie de Lily venait peut-être de l'avoir trop aimé, il fallut qu'il eût la possibilité de réparation".

Or Lily, entrée en folie dans *Habel*, va se réincarner en Lyyl dans *Neiges de marbre* après avoir été tour à tour Aëlle dans *Les Terrasses d'Orsol*, puis Faïna dans *Le Sommeil d'Eve*. En fait, l'intérêt est, d'une part, dans ce que recouvre le caractère aérien, fugitif, intemporel de ces

---

[1]. *Habel*, Paris, Le Seuil, 1977, *Les Terrasses d'Orsol*, Paris, Sindbad, 1985, *Le Sommeil d'Eve,*, Paris, Sindbad, 1989.

noms propres féminins qui traversent les quatre derniers romans de Dib, d'autre part, dans leurs relations avec les noms masculins et conséquemment dans l'intrusion répétée de la folie, de la mort, de la séparation, en somme de tout ce qui consacre le manque de soi à soi.

Neiges de marbres

Le manque de soi à soi, c'est d'abord le manque de ce qui n'est plus, de l'irrattrapable, de cet état mystérieux enseveli sous le poids écrasant de la nostalgie:

> *Un souvenir pour mériter ce nom se doit d'être beau, plus beau que la chose remémorée* (p. 215).

Manque de l'état d'enfance comme lieu de la première identification, mais lieu voilé dont le sujet, traversant la vie et devenant adulte, apprend à faire le deuil; c'est ce que le roman de Dib tente d'exprimer.

Dire l'enfance, c'est réhabiter de nouveau ce lieu d'où l'on a été exilé, et *Neiges de marbre* raconte en somme cette tragédie de l'exil existentiel qui, au-delà du nouveau scénario qu'il nous propose, un couple séparé et un enfant victime, rappelle qu'un être dans sa maturité complète recentre son verbe sur son enfance et la dit à partir de son lieu et de sa parole malgré "l'ange aveugle" qui barre la route "là où blanchit la neige du silence", le même "en/je" aveugle qui, dans *Les terrasses d'Orsol*, avait surgi dans la vie d'Eid sous les traits de l'oubli, dévorant son nom et sa mémoire, le même qui, dans *Le Sommeil d'Eve*, s'empare de la vie de Faïna, la fragmente et lui ôte toute capacité de symbolisation. C'est donc cette remontée temporelle, jusqu'à l'origine, qui constitue l'événement poétique de ce roman et que je vais tenter d'appréhender ici pour voir comment le verbe émerge à partir du lieu même de cette enfance qui n'a d'autre but que de se dérober.

Le titre du premier chapitre met en branle tout ce par quoi cet état mystérieux de l'avant va remonter à la surface; tout un imaginaire propre à l'atmosphère ouatée de l'enfance tente de se reconstituer dans l'entre-deux de la fête et du deuil:

> *Elle entre. Je n'en crois pas mes yeux. Elle saute sur un pied, les mains croisées dans le dos, continue, avance sur le même pied. Elle joue à la marelle, ou fait comme si elle jouait. Elle pousse un invisible galet et je n'en crois pas mes yeux. Une chambre quelque part, une chambre au douzième étage, quelconque avec ces deux Finlandais couchés, deux malades, et encore un troisième larron, l'individu qui dit "Je". Lui c'est moi. Je le suis autant qu'un autre, que n'importe qui. Ma vie en rend compte, ou si on veut, en répond*(p.11).

L'intrusion de l'image de l'enfant dans la vie du narrateur, allongé sur un lit d'hôpital, mobilise le registre de l'étrangeté et effectue une suspension dans l'ordre chronologique. Dans le même temps, elle met en spectacle la déflagration identitaire et avec elle la nécessité de prendre en considération "la visiteuse" et le rôle de sa présence: "Comment est-elle arrivée jusqu'ici? J'en suis encore à m'étonner. Je l'accueille d'un grand bonjour..." (p. 11).

A partir des réminiscences, souvenirs-écrans, se reconstitue un espace infantile essentiel partagé entre l'enfant et l'adulte et dans lequel s'entame la circulation des images et l'échange des paroles par des voies obliques. Le geste de prélèvement dans la réserve des souvenirs s'accompagne d'un discours laudatif découvrant ce que Freud appelle un processus d'idéalisation du moi, qui consiste à exalter le moi infantile. Ainsi Lyyl se voit parée de la beauté impériale de Néfertiti ainsi que de son nom propre:

> *Néfertiti à cet âge devait être le même pruneau sur deux jambes. L'avenir a le temps. L'avenir saura en faire un chef d'œuvre.*

Lyyl, alias Néfertiti, est la "visiteuse" exhumée de l'espace ombrageux de l'inconscient infantile. Avec elle, est exhumée une autre figure féminine, la grand-mère au lieu de la mère. Celui qui dit "je" ne donne aucune explication à cette substitution. On peut penser que l'occultation de la figure maternelle a quelque chose à voir, pour le narrateur, avec l'altération de la pureté primitive. La grand-mère de son côté n'est pas tout à fait hors ce champ de l'altération, mais sa présence est tolérée comme souvenir-écran ou comme faire-valoir de ce travail d'idéalisation de l'enfant, qui cherche à se dégager de toutes les emprises:

> *Lyyl marche seule, en tête. Elle veut donner la main à personne, pas à sa grand-mère, pas à moi. La même propreté nous accompagne dans la longue, spacieuse galerie, elle nous poursuit partout* (p.13).

L'idéalité ici s'accompagne de la présence énonciative du moi. Le moi s'impose dans des lieux propres, celui qui dit "je" s'efface alors. L'enfant incite l'adulte à répéter ses gestes, à faire comme elle. Et l'adulte sait que la répétition d'un acte est une façon d'apprivoiser les choses. Il se soumet totalement à ses exigences, déployant toute son imagination pour comprendre et se représenter les gestes imposés par l'enfant, idéalisés par l'adulte toujours aussi laudatif et admiratif. L'idéalisation d'un objet suppose une dégradation de tout ce qui est autour et qui n'est pas lui: ainsi la tignasse noire de Néfertiti, le narrateur ne l'aurait pas voulue moins noire dans "ce pays de têtes blondes à n'en plus pouvoir". Exaltation encore de Néfertiti au "pays des Barbares hyperboréennes aveuglantes de blancheur..." (p. 12)

La conscience amère de ce qui n'est plus s'exacerbe au fur et à mesure que les souvenirs s'entassent avec leur imagerie exaltante du beau et du pur: "les pâtisseries ballonnantes toutes roses de sucre glace, l'épaisse crème qui se répand, le silence, l'ombre, la rosée, toute la nuit un oiseau chantera", car Néfertiti est immortelle. L'espace de la présentification de ce qui n'est plus est sans limites et s'avère capable de toutes les extensions. L'analogie avec Néfertiti devient obsédante, mais dans cette identification transféminine se glisse sans ambages la figure désirante du sujet: "Qui voudra nous séparer? " (p. 15).

Une sorte de conscience heureuse s'instaure toutes les fois que cette coïncidence s'effectue et que s'impose le sens de l'immortalité de l'enfance comme une évidence indestructible. Le verbe centré sur l'enfance se dote d'une force assertive, qui fait passer de la simple suggestion à la présence complète et dans toute la concrétude du détail de l'objet désiré:

> *Fille quand tu ris ainsi tu redeviens le bébé que tu es encore. Je retourne avec toi au sens premier et définitif de chaque mot.*

Dans la concrétude des détails évoqués dans tout le roman se réalise et se renforce le lien entre l'adulte et l'enfant qu'il a été et qui remonte vers lui dans une figure féminine, royale, immortelle et parée comme pour une fête, la fête anniversaire de l'enfance. La trame du souvenir ne s'interrompt jamais, mais la fête possède son envers, le deuil: la capacité de ressouvenance menace de se retirer pour laisser place à l'image seule de la chambre des malades, avec "ces lits d'hôpital étroits... comme des cercueils" (p. 19).

Le retrait de l'image infantile devient imminente et l'immortalité n'est en fin de compte qu'un leurre:

> *Je n'aperçois plus que son dos et ne vois que le signe de la main qu'elle me fait. Quelqu'un se meut au loin. Avant une heure de temps ou encore moins, il ne sera plus de ce monde et on ne le saura pas. Cela pourrait être votre mère, mais vous ne le saurez pas. Cela pourrait être vous et peut-être le sauriez vous (p. 20).*

L'intrusion de la mort dans la vision palingénésique rétablit du même coup le sens de la généalogie: "Lyyl à un bout, ma mère à l'autre, là-bas dans son pays, moi entre les deux"; l'enfance cesse alors d'être un temps isolé et suspendu, elle est plutôt perçue comme un temps révolu, un bonheur enfoui, objet d'une incurable nostalgie, à partir de laquelle il faut reconstituer des familles de personnages, père, mère, enfants, comme dans un jeu des sept familles, ce jeu où les enfants se montrent si experts.

Désir d'histoire et esthétique

Mais en lieu et place du rêve disparu de l'enfance, et une fois cette disparition reconnue dans son évidence et son irréversibilité, le poème surgit, embrasse l'être, l'entoure d'images subtiles et profondes, fertilise ses jeux et sa pensée.

Les attributs de l'enfance, sans cesse renouvelés dans des figures de langage, stimulent d'autres traversées que celles qui cheminent de la naissance à la mort, délimitent un espace-temps de la durée, magique et perçu comme essentiel, comme cette "parole naturelle, sonore" de l'enfant qui porte loin et qui fait l'efficience de la communication mais que de vains sens ne perçoivent pas:

> *Nous sommes le rêve de l'ange elle et moi. Dans quelques temps je serai loin. Peut-être nous rêve-t-il déjà, l'ange, comme nous serons tous deux en ce temps-là.*

La distance entre la mémoire de l'adulte et la réalisation du poème passe par le cheminement à l'intérieur du rêve de l'ange entre la mémoire et la non-mémoire, et dans la séparation des deux destinées initialement confuses: Lyyl n'est plus "il", celui qui dit "je", mais "une chose neuve sans mémoire". La seule mémoire est celle désormais du rêve de l'ange, à l'origine du poème, "cette empreinte au creux des paumes" évoquant le souvenir du père disparu.

Le poème est ce qui permet de communier à l'intérieur même de la nostalgie et de la faire passer dans le rêve avec "une empreinte d'amour dans la connivence et le secret des êtres partagés" (p. 107). La nostalgie produit surtout du rêve éveillé. Rêver les yeux ouverts et aller dans le sens de la séparation des "personnages", les faire jouer en surimpression pour rompre l'identité avec la mort: "Nul à part elle et moi ne soupçonne que je suis l'arbre dont elle, l'écureuil, s'efforce d'atteindre le sommet" (p. 107).

L'enfant-poème, c'est donc l'ange (l'en/je), cette tierce personne directement surgie de l'imaginaire infantile, qui fait jaillir la première image, ouvre la scène du théâtre, déploie l'espace des devinettes, celui des énigmes, installe l'attrait du jeu avec celui de l'inconnu et de ses défis. Le poème prend forme, s'accomplit dans l'extension du langage, absorbe l'espace nostalgique, en ouvre le sens tout en le circonscrivant. Son épanouissement ne peut avoir lieu hors poème. Ne reste au sujet que l'ombre du manque:

> *Le narrateur a disparu, mais non sa voix, ou peu importe la voix qui dit "je", qui se parle seule, se parle d'elle-même* (p. 216).

La parole est donnée ainsi aux seuls mots capables de lutter contre le temps qui blanchit, contre "la plus blanche des blancheurs", celle des "fantômes", contre l'appel du vide, contre l'angoisse de l'innommable. Le poète se fait alors plus attentif à ces mots qui régulent l'échange entre son enfance ensevelie et son présent menacé à son tour d'ensevelissement /*un jour le temps tournera la tête et montrera sa face blanche*/ en verbalisant les images obsessionnelles qui en émergent, les inférant dans un discours en vertu d'un contrat qui scelle la généalogie dans son déroulement chronologique naturel, empêchant les retours impromptus vers l'incommensurable abîme de l'enfant disparu. La verbalisation s'inscrit dans l'ordre de la description/narration instaurant un lieu de représentation, puis de la symbolisation à travers une série de médiations produites par des figures ambivalentes et l'exaltation lyrique. La petite Lyyl entre alors dans une métaphore puissante traduisant la visée qui redouble la nostalgie enfantine.

La description et la narration vont dans le sens de cette transfiguration de l'enfance dérobée en poème en s'appuyant sur un dédoublement de la fiction, l'une fortement modalisée qui raconte l'histoire du couple séparé, l'autre qui se déroule en filigrane et sur le mode fantasmatique, recréant la zone mystérieuse de l'enfance du narrateur. Entre les deux est suscitée la déchirure affective, fondatrice du questionnement esthétique et poétique: le poème vu de l'enfance. Celui-ci ne peut surgir que de ces décrochages entre les deux fictions à l'intérieur desquelles se compose et se recompose le texte comme pour acquérir une note kairologique d'un éternel présent de l'enfance. Le récit coule alors de source "comme un vol de mouette". L'enfant n'est plus là. Mais le narrateur raconte en revoyant la faille par laquelle s'est engouffrée son enfance. L'histoire véridique se transforme nécessairement en conte, puisque le récit est adressé avant tout à l'enfant. Le poème-enfant ne peut-être qu'un conte, à cette seule condition il réalise la distance entre l'adulte et l'enfant qu'il a été, remplace le fantasme par le souvenir, et permet de nouveau cette circulation entre les lieux et les temps, par les images et par les mots, restituant le rêve au rêve et la vie à sa réalité.

Le fonctionnement symbolique s'activant de plus en plus à mesure que l'on s'éloigne de l'incipit, la distance s'étale, entre le souvenir et la fiction, entre le souvenir et le poème, l'un signifiant l'autre et brisant par là-même la confusion entre les deux figures. L'enfance se fait émotion et sollicite le poète qui en fait un objet poétique à réinventer et donc à nommer: *Mouette, mouette...* (p. 201).

Je rêve et je sais que je rêve. C'est comme se regarder...

Le Sommeil d'Eve

La fiancée du Loup, deux légendes, l'une venant des cimes enneigées de l'Atlas maghrébin, l'autre des espaces nordiques d'Europe, se font écho puis se confondent dans le nom propre de Faïna, ombre cardinale qui déplace les frontières entre le moi et le monde pour compenser la réalité perdue par une autre délirante et hallucinée. C'est à cette réalité, au "désir du loup" que Mohamed Dib donne la parole. La fictionnalisation du délire d'une psychotique s'organise dans ce roman à partir de constantes formelles hallucinatoires qui correspondent à des processus psychiques que Dib décrit comme le ferait un spécialiste et qui rendent compte de certains états de psychose où le sentiment d'être sous une force puissante et envahissante est très fort.

Sentiment terrible aussi que sa pensée, son comportement sont effectués ou empêchés par "autrui" d'où ce désir, évident dans le roman de retrouver une unité intérieure et de réintégrer la cohérence du monde en restaurant le processus de symbolisation.

Enclenché sur le mode générique mais fragmentaire, le scénario s'organise d'abord comme une rêverie dans le rituel poétique des têtes de chapitres et la dénomination, dans la relation de cure, des deux grandes parties du roman.

"Moi qui ai nom Faïna"
Chapitre I: Un parfum de neige
Chapitre II: Lex
Chapitre III: La chair et la voix
Chapitre IV: Si nul enfer
Chapitre V: Faïna au paysage

Moi qui ai nom Solh
Chapitre I: Les frontières nues
Chapitre II: Le masque et le sourire
Chapitre III: L'ombre cardinale
Chapitre IV: La fiancée du loup

Rêverie à deux en apparence, la parole soigneusement distribuée entre deux sujets qui s'aiment et tentent de se rejoindre en contournant les antichambres de la folie, se formule, à l'ouverture dans l'évaluation du clivage du *moi*[2] de Faïna, puis du clivage des objets et d'une difficulté de plus en plus grande dans la communication et la pensée. Mais évaluation encore masquée par l'ultime exposition d'un appel d'amour qui continue ainsi jusqu'au bout à imprégner la textualité au point de transformer la

---

[2] Dans l'œuvre de Dib ce sujet fragmenté fait son apparition dans *Qui se souvient de la mer*, comme trouble dans la relation à l'environnement, entrant progressivement dans l'étrangeté. Le système textuel reflète déjà cet état diffus, délirant, qui s'accentue dans *Cours sur la rive sauvage* pour se généraliser dans les trois derniers romans de Dib, avec la représentation de la perte du moi et de la réalité

pathologie, sujet véritable du livre, en un prétexte à l'élaboration d'un récit poétique, celui d'une parole d'amour entravée mais qui s'obstine à vivre et choisit la folie comme refuge extrême:

> *Il fait déjà nuit. C'est moi: Faïna. Je suis avec toi Solh ; dans tes occupations, tes inquiétudes, ton repos, tes rêves... Et les branches de tilleul. Le tilleul, celui qui se dresse devant ta fenêtre à Clairval. Tu m'en as si souvent parlé.*

A cet appel d'amour ne répond qu'un écho étrangement jailli de la brisure italique du texte:

> *Moi qui ai nom Faïna. Je me suis tue, mais pas ma voix, ou peu importe. La voix qui dit "je" et va continuer, la voix qui interpelle et ne s'entretient qu'avec elle-même. Une parole en s'adressant à lui qui parlera seule là où elle est.*

Cet énoncé entame la tentative de verbalisation d'une situation de clivage — *je, ma voix, ma parole seule* - verbalisation qui mixe les éléments de la réalité et de la fantaisie comme dans cet échange de paroles imaginé avec l'icône recouverte de cellophane, avec les maniques de différents aspects et âges disposés dans la cuisine, avec aussi les boîtes vides de papier d'emballage, avec toutes sortes d'objets offerts par des amis, "sorte de bric à brac apporté par la mort des proches". Des choses que Faïna investit comme des lieux magiques protecteurs qui barrent la route à la folie en participant à l'activité réparatrice du deuil: "Je leur parle comme toi à ton tilleul et elles me parlent". Mais cette parole devient flottante, puis prend corps, seule, autonome et devient "parole qui parlera seule là où elle est".

La totalité de l'espace diégétique dans le premier volet du roman sous-titré "moi qui ai nom Faïna" est sensibilisé par cette parole flottante dont l'un des effets essentiels est d'opérer le retournement de toutes les catégories de la représentation. L'espace, le temps, les objets élimés se coulent dans les jointures d'un discours pourtant parfaitement cohérent qui fabrique des remous sans en être éprouvé, fait courir l'étrangeté sans en être affecté[3].

La partie non-psychotique de Faïna, qui assume, de l'extérieur, le récit de sa partie malade, contrôle la souplesse et la fluidité de son discours, la présence des accrocs, de la fragmentation et des cassures. Il s'agit là d'une acrobatie d'énonciation destinée à faire prendre en charge, par un personnage, le récit de sa propre pathologie dans le cadre fictionnel aménagé d'une tentative d'auto-analyse[4]. Le rassemblement des notations éparses et des signes fragmentés se fait sur le mode tantôt d'un dialogue imaginaire dans lequel Faïna parle à Solh et se répond, tantôt d'un échange épistolaire qui décale les propos et décentre le sens, puisque les propos étranges de Faïna ne sont pas saisis par Solh, parfois aussi d'une communication téléphonique, qui accentue l'étrangeté des rapports de Faïna à son propre langage, et donc à son interlocuteur. Faïna sent le pathos monter en elle, en repère les signes psychiques et somatiques, puis psychopathologiques. Toute la fiction est fécondée par l'étrangeté de ces signes et la façon très particulière que Faïna a de les maintenir dans l'intervalle restreint entre la logique de sa partie encore lucide et l'incohérence de sa partie psychotique. Cette activité paradoxale du discours anime la structure générale du premier volet de ce roman.

Dans le premier chapitre, *Parfum de neige*, Faïna "organise" ses jours en pensant intensément à Solh, et la pensée verbale se confond rapidement avec l'action:

> *Je t'embrasse le bout des pieds, là où tu es dans ton sommeil d'eau noire. Je ne veux pas te réveiller mais, assise à côté de ton lit, rester à veiller sur toi avec toute ma tendresse.*

---

[3]. Il s'agit dans ce roman de la fictionnalisation d'un univers psychopathologique, inspiré très certainement d'études de cas décrits par Freud dans *Cinq leçons de psychanalyse* et *Inhibition, symptôme et angoisse*, PUF, Paris, 1951.

[4]. Voir à ce propos aussi *L'Espace imaginaire* par Sami Ali, Gallimard, Paris, 1974, et *L'Auto-analyse* par Karen Horney, Stock-Plus, 1953, rééd, 1978.

Ainsi, par exemple, revoir des photos provoque chez Faïna une "nostalgie affreuse" et une sorte d'identification projective à Solh. "Je retrouve mieux ses mains, dit-elle, en considérant les miennes, ses pieds en m'offrant le spectacle de mes pieds. Il est en moi trop près pour que je puisse le regarder — et en même temps je le vois. Je suis remplie, je suis couverte de Solh".

Ces nuits terribles où Faïna croit tenir en elle Solh, où "la pensée verbale" équivaut à une action, sont suivies de matinées "suicidaires"; envies, parfois certitude de mettre un jour fin à sa vie en un jour éblouissant de neige.

Entrer dans cet état pathologique avec lequel elle s'est familiarisée peu à peu, c'est sentir très fort en elle cette capacité de dessiner en l'air et de tirer du noir les images les plus excentriques, celles qui, par exemple, lui font voir les mains et les bras de l'absent "folâtrer devant ses yeux" alors que lui reste dans l'ombre. L'imaginaire se confond avec le réel; il prend sa place, en devient la sanction même par la complexité de ses détails et la concrétude de ses reliefs:

> *Ils sont réels, très réels. Je pourrais les toucher et décrire la conformation de chaque ongle et où poussent les poils, où il y a un sillon"*

Toujours négatifs, ces lieux de rencontres imaginaires entre Faïna et Solh — la perte de l'un dans l'autre déroule le circuit de la métamorphose. D'êtres humains qu'ils sont, Faïna et Solh se transforment, sous les yeux de Faïna, en filets à provisions. Ces filets s'ouvrent d'eux-mêmes et se changent en "un pays vallonné semblable à celui qu'on traverse pour se rendre à Montfort-L'Amaury", puis les champs se réduisent à une table d'échecs. Le fantasme reconstruit les formes humaines; des mains qui déplacent les pièces du jeu d'échec. Mais les formes humaines restent clivées et reléguées dans "une atmosphère entre noir et gris". Ces "élucubrations" accompagnent de très près l'état de grossesse de Faïna et surtout l'angoisse qu'il provoque et la "tentation dévorante de fuir, de ne pas mettre cet enfant au monde".

En fait, pendant toute la première partie du roman, Faïna tente de garder désespérément le sens de la réalité, tout en activant sa vie imaginaire.

L'organisation logique du temps et de l'espace, la reproduction rationnelle du bilan quotidien, mais avec des repères toujours poétiquement ponctués, offrent au regard la beauté des paysages nordiques et la douceur d'y vivre. C'est ainsi qu'une visite à la maternité où elle doit accoucher s'effectue un matin, en pleine campagne, dans une neige intacte, la première de l'hiver, et surtout dans la sensation tranquille de ses "épaisseurs ouatées", dans la mention aussi de cette espèce de surdité qu'elles provoquent d'abord et qui font disparaître la source des quelques bruits qui arrivent aux oreilles. Les distances se brouillent alors, le lointain et le proche se confondent, l'avant et l'arrière aussi. "Le crissement des bottes s'enfonçant dans le tendre duvet" devient le seul bruit identifiable.

Et c'est la poésie, frontière fragile émanant de ces paysages de "douceur ouatée" et de "neige immaculée», qui favorise le glissement fantasmatique en mettant en rotation ces images insaisissables et submergeantes qui correspondent en pathologie à "l'investissement des organes sensoriels orientés vers l'extérieur" auquel elles se substituent totalement. Le parcours qu'elles proposent est "enveloppé de cette masse scintillante qui isole le sujet. "L'odeur", "le froid pur et tranchant" imprégné d'un léger parfum de pins gelés, d'azote flottant" et "la lumière, poursuit la narratrice, qui entre jusqu'au fond de ta conscience te donne envie de boire sa pureté, comme font les enfants quand ils mangent de la neige".

En réalité la pureté éblouissante irrésistible de la neige fait émerger le fantasme suicidaire:

> *Si jamais je mettais fin à ma vie, ce serait en un jour pareil, dans une forêt envahie par la neige éclatante. J'irais me donner à la neige, me laisser couvrir par elle. Questions d'odeur peut-être. Je préfère sa pureté à l'odeur de l'air, de l'eau, de la terre. Solh, j'ai sans doute voulu dire autre chose ; mais j'ai dit ça*(p. 15).

Intégration du "pathos"

Les signes du pathos, Faïna se les représente jusqu'au moment fatal où brutalement surgit "l'inquiétante étrangeté" et que le symbole "loup" reprend à son compte la fonction et la signification du symbolisé "Solh". La distance est alors abolie et le signifiant s'identifie au signifié :

> *Alors c'est arrivé, ce matin. Alors j'ai hurlé, hurlé. Une louve. La louve qui appelle le loup. Oleg m'a secoué, il a plaqué sa main sur ma bouche. Il a essayé d'arrêter mes cris. Nous nous sommes battus. Je crois. Je n'ai pas réussi. Lex aussi a hurlé avec moi, comme moi. Puis nous nous sommes calmés tous les deux, avec mon enfant. Et la nuit est venue. Je n'ai pas pu y tenir non plus. La nuit où hurlent les loups. J'ai encore hurlé, j'ai encore appelé Solh-loup. Je l'ai appelé, appelé. J'ai hurlé.*

Se réalise pour le personnage la perte complète de cette capacité qu'il avait d'organiser ses contenus psychiques, de métaboliser ses expériences vécues en utilisant le langage comme symbole et en ayant recours à la représentation. La puissance de la nostalgie creuse un vide affreux et l'italique rend compte, en texte, de cette atmosphère singulière qu'il commande et qui éveille le désir puissant du loup. Tout cela donne à l'œuvre toute sa valeur spirituelle et sensible. L'art de Dib a été de faire passer dans ce roman les situations inquiétantes de la folie et de ses surgissements dans le champ de la poésie et de l'amour. Et c'est dans ce champ que se manifestent le mieux les troubles de la "pensée verbale"[5] et l'ambiguïté de l'énonciation. A partir de là, plus de recours possible à la pensée ni au langage, ni au fantasme comme représentation de la perte. L'auteur montre, à ce moment, l'émergence d'autres productions psychiques de type "passage à l'acte" et "somatisation". Lorsque la nuit vient, Faïna hurle pour appeler Solh-loup. Le symbole se démultiplie en tant que "même" et "autre" à la fois, dans la confusion des êtres, des lieux et des temps. La somatisation s'exprime dans

---

[5]. Mélanie Klein in *Développements de la psychanalyse*, PUF, Paris, 1968.

l'écoulement sanguin de la blessure que Faïna ouvre sur son propre corps. Elle se noie dans son sang, s'en barbouille la figure signifiant que "c'est le matin et qu'il faut bien se laver".

Le roman s'articule sur la sexualité comme fonction cardinale dans le processus de déflagration de la cohérence familiale et sociale:

> *Le sang, le feu, la souffrance, tout cela me faisait perdre la tête. Mais je ne lâchais pas prise. Je sentais Solh encore entre mes griffes, dans ma bouche, quand il a brûlé comme une gerbe de paille sans laisser de traces.*

C'est, dès les premières pages du roman, la violence du désir non assouvi qui fait apparaître les premiers signes de démantèlement, ceux, par exemple, de la négation de l'être ou de l'affirmation du non-être:

> *Comme j'ai pourtant envie de ne pas être ! (...) C'est incontestable, mon propre vide m'effraie.*

Au paroxysme de la douleur, Faïna se perd dans son double "louve". Elle change de nom et refuse le langage comme médiation. En somme, elle s'identifie à son propre discours.

Ce qui rend vivants ces moments où le pathos envahit le discours, ce sont les traces d'un bonheur et d'une plénitude passés, que le personnage fait surgir avec une agilité intellectuelle surprenante mais qui, paradoxalement, rendent impossible, dans la rencontre quotidienne d'un présent totalement acquis à la détresse et aux signes mauvais, l'unification de son moi,: "Devient-on superstitieux, lorsque, à bout, on se damne d'amour? "

Interpréter tous les signes de la journée, essayer de les sérier, mais ne se reconnaître en définitive que dans les mauvais, est le lot quotidien de cette parole d'amour qu'est Faïna. Entièrement parcourue de signes négatifs, la parole se laisse engloutir dans des cauchemars toujours de plus en plus nombreux, de plus en plus étalés, et presque toujours liés à l'enfance, son enfance qui l'attend au fond d'un escalier sombre et dont elle ne parvient pas à se saisir.

L'organisation symbolique

Dans la seconde partie, Solh, objet de tous les désirs de Faïna, Solh la perte, l'absence, Solh revient de son long voyage: "Moi qui ai nom Solh ...". Il s'annonce comme le thérapeute par l'amour et tente d'analyser dans le langage de l'amour ce qu'il appelle "l'ombre qui n'a pas de nom», "l'ombre fidèle", mais aussi de reconstituer pas à pas l'histoire de la femme qui s'est faite louve pour l'amour du loup. Et de parole en parole, de passerelle en passerelle "jetées par dessus l'abîme" et d'un abîme à l'autre, Solh (celui qui restaure) reconstitue la vie en lambeaux de Faïna en lui racontant son histoire. Car l'important est de lui restituer son activité symbolique et de l'aider à circonscrire en soi de nouveau cette zone proprement symbolique et que tout revienne à sa place: les vides et les discontinuités, "les silences intercalaires" comme "les silences interstellaires". Il s'agit en fin de compte de réintégrer Faïna dans l'histoire. Et tout y passe: les failles qui intéressent les thérapeutes, celle du nom propre, celles de l'image du corps, de l'univers linguistique, de la relation spéculaire, du rapport langage/réalité, etc. Etapes jalonnées de moments forts d'espoir et de découragement. Mais Faïna s'est peut-être définitivement perdue dans sa propre image, dans l'histoire fantasmatique qu'elle se racontait et qui est devenue sienne.

L'organisation symbolique des rêves et cauchemars de Faïna et leurs échos dans le paradigme de l'enfance et de la maternité, ne peuvent être que le fait d'un lecteur assidu de récits spécialisés des cures de patients. Il se produit comme une surimposition de deux discours, l'un fictionnel et littéraire, l'autre psychanalytique mais dégagé de sa formulation spécifique. Ainsi est évitée la formulation en catégories conceptuelles reconnaissables comme "somatisation", "interdit", "refoulement", "identification projective", etc... Cependant, si les formules sont gommées, les processus eux, sont décrits de façon méticuleuse, ce qui témoigne de l'intérêt de Dib pour la psychopathologie.

La narration toute entière se dote d'une dimension dialogique entre "Je" et "Tu" qui s'inversent en passant du premier au second volet du roman: "Moi qui ai nom Faïna" devient "moi qui ai nom Solh". Dialogue imaginé dans le premier, décalé dans le second, parole et écoute constamment à la recherche l'une de l'autre, la transmission se fait dans un jeu interactif entre des écrans-souvenirs et le présent. Dans la première partie, Solh interprète le scénario des rêves de Faïna et met en situation son psychisme. Dans la seconde partie, le dialogue qu'il tente d'instaurer avec elle entame une opération de transfert:

> *Parle, Faïna. C'est ce qu'il faut, c'est ce qui importe. Ce que j'attendais de toi. Ne t'arrête pas...*

Faïna poursuit:

> *Je n'ai jamais été heureuse... ou peut-être l'ai-je été à l'âge de treize ou de onze ans ? Je ne sais plus. Peut-être. Mais c'est le seul moment de ma vie...*

Solh reste à l'écoute de "ces mots aussi bien que des autres qu'ils masquaient, qui se cachaient au-delà d'eux". Il se garde d'intervenir et d'interrompre. C'est que la voix s'arrête pour regagner le plus souvent le cœur de l'ombre qui l'habite. Il s'agit de provoquer un surgissement vital du passé dans le présent et de conduire à une activité de "réimpression" et de "correction" du souvenir qui font l'essentiel de la cure analytique.

Faïna accepte à sa manière cette situation communicative dans laquelle l'entraîne Solh. Elle développe, lorsqu'elle veut bien parler et que sa langue se délie, des ensembles sémiotiques où se joue parfois la compulsion de répétition avec une charge émotive, celle-là justement qui permet de faire remonter à la surface les signes de jonction dont l'absence a produit des failles. L'auto-analyse de Faïna n'était pas parvenue à cette performance. Il lui a fallu attendre le retour de Solh pour que s'entame la dynamique du transfert. Celle-ci se fait à l'intérieur d'un texte essentiellement lyrique et postule la présence d'un "Je" et d'un "Tu" dans une implication mutuelle, mais toujours décentrée par rapport à un référent mobile et étrangement instable.

Solh le thérapeute tente d'amener Faïna à redire son histoire et à l'interpréter. On sait que le transfert provoque et sollicite l'interprétation et c'est la capacité de Solh à faire valoir un savoir qui déclenche le transfert. Ce savoir est en fait en Faïna et il veut y accéder et se l'approprier en la faisant parler.

Dès le début du roman, Faïna sollicite l'interprétation de sa propre crise:

> *Je bavardais intérieurement avec Solh de la sorte, lorsqu'une douloureuse pensée m'a foré le cœur. Ce n'était pas une vraie pensée. C'était moins que ça. C'était une voix sans voix, une pulsation, je ne sais. C'était en tout cas en rapport avec Solh, moi et la mort. Ce qui se dérobe devant les mots. Aussi je vais essayer de m'exprimer avec des images. Qu'on se représente une maison enfoncée, enracinée dans la terre, sur l'entrée de laquelle un panneau porte l'inscription en capitales: WESELE. Cette seule inscription. Elle en interdisait l'entrée* (p. 31).

Lacan nous dit que le processus de transfert commence avec cette sollicitation. Mais il ne peut se faire que dans la collaboration et la lutte dialogique entre deux instances dans l'activation de possibilités textuelles offertes à la lecture[6]. C'est ce que nous livre la seconde partie du roman en faisant apparaître les éléments d'une construction psychanalytique à partir de l'émergence des souvenirs. Mais, parallèlement à ce travail de reconstruction et contrairement à ce qui se passe dans la cure analytique, Solh produit ses propres rêves, qui disent son désir de s'investir totalement dans la folie de Faïna et de faire comme s'il avait lui-même participé à son histoire refoulée pour en activer la remontée. En fait, il se met à rêver à sa place toutes les fois que se nouent les résistances. Et c'est à ce moment-là que s'opère la

---

[6]. Cf. Lacan, *Ecrits*, Seuil, Paris, 1966.

confusion des genres thérapeutiques, celle de la cure analytique et celle des exorcistes, au sens où par moments Solh fait mine de croire à l'histoire du loup qui la possède.

Il va jusqu'à s'identifier à elle (contre-transfert) comme dans le rêve où il avait l'idée de revêtir Faïna de son corps comme d'une cape ou de la prier d'aller à son tour lui chercher de quoi se couvrir. Dans cette relation d'amour Solh va jusqu'à envisager de faire passer la folie de Faïna dans son propre corps, en somme de la débarrasser de ce démon qui l'habite et de lui laisser à elle le rôle d'exorciste. En somme, le deuxième volet du roman paraît comme une interprétation du premier dans la mesure où il récupère toutes les ambiguïtés et les failles du discours pathologique de Faïna pour construire le sens et reconstituer les liens rompus. Ce dialogue entre Faïna et Solh porte en lui quelque chose de singulier que ne peuvent récupérer les généralités du savoir: la singularité d'une angoisse, de sa métaphore et de ses "irisations infinies" lorsqu'elle déploie tous ses signes et les rassemble en énigme.

Le texte de Solh s'inscrit dans une mise en scène de ses propres actes de lecture et d'interprétation, de restitution d'une certaine vérité de l'histoire refoulée qui va jusqu'à la prise sur soi du délire de Faïna, ce qui fait déborder le narratif et le poétique sur l'analyse. Le détour par le système conceptuel psychanalytique est masqué puisque souvent Solh fait comme s'il adhérait à l'histoire de possession que lui raconte Faïna.

Toute la force de ce roman vient de cette tension entretenue entre le discours du savoir et la fiction fantasmatique avec laquelle Faïna travaille le réel. A aucun moment, Solh ne déplace ni ne remplace les propos délirants de Faïna par d'autres plus rationnels, et ce, afin d'éviter toute extraction artificielle qui affaiblirait la fiction. Solh devient lui-même un investigateur insaisissable, traquant le vouloir dire de Faïna à travers des "images sans mots»: qui était l'autre n'avait plus de sens puisqu'il était l'un et il était l'autre...

> *De figure, de corps, de voix, de regard tout se retrouve dans tout.*
> *Ce que nous étions devenus, Faïna, n'avait pas de nom, c'est ce qui n'a jamais de nom. Et quand il en a un, c'est un nom interdit* (p. 195).

Cependant, l'inconnu est progressivement intégré à des pans d'histoire et de textes qui ont, à un moment ou à un autre, rencontré des situations ou des états étranges que le savoir ne peut entièrement expliquer et qui incitent à reconsidérer ou réinventer ce savoir. Cette distance nécessaire à la thérapie, Solh refuse d'en faire une règle indépassable dans la conduite de la cure. Son savoir ne prend à un aucun moment l'allure d'une totalisation explicative.

Dib part de quelques noyaux théoriques jugés pertinents mais s'autorise des dérivations multiples. Le symbole par exemple reste entier, n'est pas traversé par l'interprétation. Ce soin est laissé au lecteur dans la mesure où les opérations psychiques sauvegardent dans les tropes toute leur charge symbolique. Ingéniosité de l'intertextuel où les deux discours, littéraire et conceptuel, convergent sans se dévorer l'un l'autre. La psychanalyse a permis ici de mettre en place les grandes lignes d'une poétique caractérisée par des effets de décalage narratif, l'un auto-narratif du fantasme, l'autre narrativisé du savoir. Le texte lui-même se débarrasse de la tutelle du savoir dès qu'il en a absorbé puis digéré la substance. Il s'opère un passage d'une forme de mimésis à une poésis.

Le détour par la psychanalyse ne fait que confirmer l'enthousiasme qui s'est emparé de Dib depuis *Cours sur la rive sauvage*, roman qui introduit la théorie de l'inconscient comme constitutive du désir de création et de l'œuvre littéraire qui passe du statut d'objet créé à celui de sujet créateur et c'est en cela que l'œuvre chez Dib s'est toujours confondue avec la femme.

Solh conseille à Faïna d'écouter Ibn Arabi qui dit:

> *Contempler l'absolu dans une femme c'est en voir simultanément les deux aspects, et c'est le voir plus parfaitement*

que dans toutes les autres formes où il se manifeste c'est pourquoi la femme est créatrice et non créée.

Mais l'écriture, comme la féminité, délimite elle-même une zone symbolique à haut risque. Son histoire, pour chaque écrivain, est semblable à celle de Faïna. Elle se manifeste d'abord dans sa fonction de défense et de compensation ludiques, et jusque dans ce rapport à l'absolu. Mais le plan spéculaire qu'elle fait miroiter porte en lui cette monstruosité, ces espèces de frontières nues qui cèdent sous la poussée du désir, abandonnant le sujet "quelque part qui en réalité, comme le dit Solh, est nulle part".

La mosaïque des noms propres

Dieu, El, pour se révéler se manifesta par un point.
La Kabbale[7]

Cours sur la rive sauvage, Habel, Les Terrasses d'Orsol, Le Sommeil d'Eve, Neiges de marbre dialoguent intensément avec **Le Livre des questions** d'Edmond Jabès.
Toute la mosaïque des noms gère cette transmission dialogique en relation avec l'écriture et par delà avec El, Elleh, Dieu.
El, Elya, Yaël, Aely, chez Jabès[8]
Hellé, Lily, Aëlle, Lyyl, chez Dib.
Ces noms, chez l'un comme chez l'autre, sont fondateurs d'une parole à inscrire dans une généalogie de la quête du sens premier, aérien, fugitif, intemporel de l'écriture. L'échoïsation (Jabès-Dib) du radical El nous installe dans une écriture médiative qui diffuse, chez Dib, de la fiction autour du radical sans l'atteindre, et chez Jabès, des aphorismes qui le cernent, le contournent, l'observent tantôt de près, tantôt de loin, le soumettent à des dérives mais le retrouvent intact au bout du parcours. Les fictions se

---

[7]. Cité par Jabès dans *El ou le dernier livre*, Paris, Gallimard.
[8]. Cf. *Le Livre des questions*, Paris, Gallimard.

désagrègent comme se désagrège l'histoire ; les aphorismes se télescopent et s'annulent dans l'affirmation et la négation pour redécouvrir inentamé le signe kabbalistique qui fait remonter aux origines de la séparation et de la dénomination, autrement dit, de l'effacement du nom premier au profit de la préservation de la question: *quel est ton nom* ?

La réponse n'est qu'un mystère suprême pour Dib comme pour Jabès, mystère qui rapproche de l'écriture: "Malheur aux coupables qui prétendent que l'Ecriture n'est qu'une simple narration" (*Le Zohar*).

La relation de Dib a l'écriture s'inspire fortement du Zohar. L'écriture, dans *Cours sur la rive sauvage*, est le signe nommé Hellé qui interpelle le sujet, l'appelle à le rejoindre, à l'honorer. Et si l'homme n'entend pas cet appel, ne comprend pas le signe révélé de l'écriture, il est appelé "insensé". "L'insensé" est ce qui se reflète comme signe incompris, inentendu dans le nom de Lily, de Aëlle, de Hellé et de Lyyl. Ainsi Iven Zohar, Eïd, celui qui dit "je", tentent d'aiguiser leur écoute et leur regard pour saisir ce qui se révèle dans l'absence de soi à soi qu'exprime chacun des éléments de la mosaïque des noms. Ainsi le "signe insensé" d'Iven Zohar reflété par Hellé dans *Cours sur la rive sauvage*, celui de Habel manifesté par Lily, celui de Eid manifesté par l'absence-présence de Aëlle, celui de Solh tentant de rejoindre Faïna et enfin le signe insensé de la petite Lyyl marquant profondément la nostalgie du sujet dibien qui pourrait trouver son reflet dans ce texte du *Zohar*:

> *Lorsque l'homme s'approche d'elle, elle lui parle à travers le rideau qui la sépare encore d'elle. L'homme commence alors à la comprendre petit à petit. L'homme se trouve alors à l'interprétation syllogistique. Ensuite elle parle à l'homme à travers un voile transparent. L'homme est alors arrivé à l'interprétation symbolique. Ensuite, quand l'habitude a rendu l'homme familier entre l'Ecriture, elle se montre à lui face à face et lui révèle les mystères qu'elle cache depuis le commencement des temps. C'est alors seulement que l'homme arrive à la connaissance parfaite de l'écriture et c'est alors qu'il devient maître de la maison, car tous les mystères lui sont révélés, sans qu'aucun d'eux lui reste caché. L'Écriture dit alors à l'homme: "Tu vois que, dans les mêmes paroles où je t'ai montré*

> *auparavant un sens littéral, je te montre maintenant un sens mystique ; et de même que pour le sens littéral, toutes les paroles sont indispensables sans que l'on puisse rien y apporter et rien en retrancher, de même, pour le sens mystique, toutes les paroles écrites sont indispensables, sans que l'on puisse y ajouter une seule lettre, ni retrancher une seule». C'est pourquoi il sied aux hommes de s'appliquer avec zèle à l'étude de l'Ecriture et d'en devenir les amants.*

Ce principe amoureux et séducteur, tel qu'il est décrit par *Le Zohar*, gère le rapport du sujet dibien à l'écriture: parole, appel d'abord incompris, perte de la raison reflétée par le personnage féminin dénommé en El, connaissance puis re-connaissance mutuelle, instauration du lien syllogistique, puis symbolique. Etape suprême du face à face et de la révélation qui peut en faire soit un maître, soit un fou, dans la mesure où le sujet n'est pas à même de supporter la totalité de la révélation. Mais dans le cas de Dib, la folie est une zone franchissable par le pouvoir de la quête mystique dans l'amour et la préservation de la totalité de la question au sein même de la totalité de la révélation. L'interrogation se fait lancinante et relance le désir du recommencement de l'expérience. Aussi ces quatre romans de Dib sont-ils la répétition d'une même expérience d'écriture pour la rencontre mystique renouvelée avec El.

Le recommencement de l'expérience vise à éprouver l'écriture jusqu'à son extrême limite. Car, pour Dib, seule l'épreuve épanouit tout à la fois les mots, la fable et l'écriture, et permet cette remontée jusqu'au point suprême où se manifeste El. Chacun des livres cités de Dib se heurte à "l'insistant questionnement du commencement": qui parle ? Dib répond "Celui qui dit Je". Et comme Dieu qui fut le premier à briser le silence, l'écriture tente de retrouver le moment initial de cette brisure. C'est la raison pour laquelle Dib l'a soustraite au social pour la confier à ce grand signe existentiel qui se signifie lui-même comme absence: absence de Lily et Faïna soustraites au monde par la folie, absence d'Aëlle absorbée par une dimension inconnue d'un lieu dénommé Jarbher, absence de Lyyl enlevée par l'amnésie infantile.

Désir d'histoire et esthétique

La mosaïque des noms est en fait l'encerclement des lettres voilant le nom achevé de Dieu, limite à ne pas franchir. Ne reste que le chemin qui y conduit, nécessairement comme errance et nomadisme. Or, Dib n'est pas un poète tenté par l'exil et par l'errance perpétuelle. La brisure du silence est brisure du déjà-dit. Le commencement est commencement d'une autre histoire. La perte de Lily, d'Aëlle, de Lyyl n'est que la perte des simulacres. L'écriture les traverse pour rencontrer "celui qui dit Je" et se fondre en lui.

Assia Djebar

Histoire et histoires

Les lectures des oeuvres d'Assia Djebar se trouvent souvent engagées dans une évaluation du savoir historique investi dans la fiction, comme si l'écrivain et l'historienne devaient nécessairement se rencontrer dans ce lieu de l'écriture romanesque aux multiples implications et aux insoupçonnables capacités. Comment peut-on être écrivain et historien en même temps, a-t-on souvent dit, et ne pas ouvrir plus largement le circuit d'échange entre l'histoire et la littérature? Pourquoi ne pas offrir la totalité de l'espace fictionnel aux grands événements historiques de l'Algérie? Comment peut-on négliger le témoignage et l'analyse historiques au profit de la légèreté des jeux d'intrigues amoureuses, de l'aventure individuelle, de la question du corps et des problèmes du couple?

Lorsqu'Assia Djebar entreprend l'écriture de *L'Amour, la Fantasia*, c'est, sans doute, pour relever le défi que n'a cessé de lui lancer une partie de son public qui réclamait de l'écrivain-historienne une contribution plus soutenue à l'écriture de l'histoire de l'Algérie sous la forme d'une idéologie de la représentation privilégiant le signifié social et le témoignage.

Avec la conscience historique Assia Djebar a eu quelques démêlés; depuis 1962, soucieuse de marquer son engagement, elle est soumise à une double polarité: d'une part, l'incitation taraudante de l'histoire qui réclame son dû sous la forme d'une idéologie de la référence, d'autre part, un appel du dedans quasi-charnel qui s'exprime dans la quête éperdue d'un univers de formes esthétiques dissimulant la véritable raison d'être de l'écriture, la nécessité de l'image de soi.

Par rapport à cette "demande historique" et aux yeux de ce même public, l'œuvre, du moins jusqu'à *L'Amour, la fantasia*, a été déficitaire et la part de savoir historique investie, insuffisant. En fait, il y a entre l'auteur et ses lecteurs comme un malentendu; comme ce malentendu historiens-littéraires qui "ne tombe pas du ciel", qui est "inscrit dans l'HISTOIRE", et dont nous parle très longuement Pierre Barberis dans *Le Prince et le Marchand*[1].

Pour élucider ce malentendu, on serait tenté de retraverser le champ des définitions du concept d'histoire et suivre Barberis dans son exposé polémique tout en mettant en place une démarche impliquant le lecteur comme condition de l'expérience d'écriture et aller chercher du côté des théories de l'interaction entre texte et lecteur. Car le phénomène qui se manifeste à tous les coups dans les rapports histoire/littérature, c'est celui du dysfonctionnement, de l'asymétrie entre les différents modèles de la représentation littéraire de l'histoire. Il ne s'agit donc pas seulement de s'interroger sur la façon dont le concept se fait jour dans le champ de la littérature; là-dessus les théoriciens ont déjà dit des choses décisives, comme par exemple le fait que "l'historicité du texte littéraire a une histoire d'abord parce que tout texte un jour, et jamais par lui-même, est entré dans notre HISTOIRE, ensuite, parce que le problème historicité-non-historicité ou historicité-quelle historicité a lui aussi une HISTOIRE"[2].

Les rapports entre histoire et littérature peuvent être appréhendés de façon multiple mais toujours en termes de projection ou de réflexivité entre deux discours, l'un historique, l'autre littéraire. Les notions d'HISTOIRE, Histoire, histoire sont pensées par Barberis en termes de discours ou de textes. Et l'histoire sollicitée par les lecteurs d'Assia Djebar est celle, référentielle, écrite par des historiens sur les super-structures, les grands moments de l'évolution d'un peuple, d'une nation, sur l'invasion coloniale, la guerre de libération, sur tout ce qui concerne la collectivité. Le travail de l'écrivain-historien accorderait alors la primauté à la rédaction de ses fiches informatives, à sa documentation, à ses archives, au texte de ses propres témoignages s'il a été lui-même témoin ou protagoniste. Le

---

[1]. Paris, Fayard, 1980, p. 107.
[2]. Pierre Barbéris, *Idem*

texte de fiction ne serait alors qu'un lieu de projection, de traitement, d'analyse et de problématisation de ce texte d'histoire normalement déjà rigoureusement rédigé à partir de ses lois spécifiques, celles-là mêmes qui président à l'organisation de l'histoire comme discours de savoir, de connaissance maîtrisée pour ne pas dire discours scientifique. Le texte de fiction pourrait devenir à son tour source littéraire de l'histoire.

Une telle entreprise, si elle veut en même temps sauvegarder les qualités littéraires d'un texte, nécessite une compétence certaine, comme celle précisément dont a fait preuve l'auteur dans *L'Amour, la Fantasia*.

Caractérisée par une puissante évocation historique et une grande capacité de création poétique, cette production a fait, à sa sortie, l'unanimité. En compensant le déficit informatif de ses romans antérieurs (*Les Enfants du nouveau monde* et *Les Alouettes naïves* étaient partis d'un projet initial de fresque historique)[3], l'auteur a fait disparaître le dysfonctionnement qui a perturbé ses relations précédentes de lecture.

Essayons, ici, de formuler en termes de contenus fictionnels les positions de l'auteur vis-à-vis de l'exigence historiographique en partant de ses tous premiers romans dans la mesure où *Ombre sultane*[4], publié après *L'Amour, la fantasia*, en expulsant radicalement la référentialité historique pour revenir à l'histoire des individus et des couples, semble exprimer un retour de l'auteur à ses positions initiales, celles énoncées presque explicitement dans *Les Alouettes naïves*. On a cru avec *L'Amour, la Fantasia* à une espèce de parole heureuse qui clôt un long débat entre Assia Djebar et ses lecteurs-historiens, alors que ce roman n'est peut-être que la preuve, offerte, d'une compétence. Il est certain en tout cas qu'il ne reflète que très partiellement la philosophie djebarienne de l'histoire qui a commencé à se forger dès *La Soif*. Mais on peut envisager, pour l'avenir de l'oeuvre, un retour en force de l'histoire.

---

[3]. Cf. Beïda Chikhi, *Les Romans d'Assia Djebar*, Alger, OPU, janv. 1990.
[4]. J.C. Lattès en 1987.

Désir d'histoire et esthétique

Histoire à distance

A lire *La Soif*[5] et *Les Impatients,* où les personnages donnent l'impression d'exister tout juste pour alimenter l'intrigue amoureuse, on est en droit de s'interroger sur la distance surprenante de l'auteur par rapport aux événements de l'époque (au moment de la publication des *Impatients*, la guerre d'Algérie entre dans sa quatrième année). Ces deux romans aux accents saganiens (ainsi qualifiés alors)[6], ont été durement malmenés par les intellectuels algériens engagés dans la lutte nationale. Il faut reconnaître cependant qu'à l'intérieur de cette tonalité d'ensemble et par quelques aspects fragmentaires *Les Impatients* participent à la parole critique en mettant en scène des personnages armés d'une volonté d'épanouissement et révoltés contre la hiérarchie d'une bourgeoisie passive et sclérosée. En quête d'une autonomie fondatrice, ils prennent conscience de leur différence et tentent de la faire valoir par un questionnement qui suscite des formes d'accès à un espace autre. Le texte met finement en lumière les indices de leur appartenance à un ensemble social et les problèmes qu'ils posent à ce même ensemble (le dessèchement des mentalités, la soumission aveugle aux contraintes des conventions sociales et à la croisée, la question du couple et celle du corps fortement liées à la conjugalité en ruine, en peu de mots, tout ce qui libère le discours autour de l'être-femme.

---

[5]. Pour les romans cités d'Assia Djebar se référer aux éditions suivantes: *La Soif*, Paris Julliard, 1957. *Les Impatients*, Paris Julliard, 1958. *Les Enfants du nouveau monde*, 2è édition, Paris-Alger, UGE-SNED, 10/18, 1978. *Les Alouettes naïves*, 2è édition, Paris-Alger, UGE-SNED, 10/18, 1978. *Femmes d'Alger dans leur appartement*, Paris, Des femmes, 1980. *L'Amour, la fantasia*, Paris-Alger, Lattès-ENAL, 1985.

[6]. "La Françoise Sagan de l'Algérie musulmane" avaient titré les chroniqueurs parisiens à la parution de *La Soif*. «Mais il y a loin, réplique Mourad Bourboune en 1984, de la baie de Cherchell où Assia Djebar a vu le jour à la rive gauche où l'auteur de *Bonjour tristesse* défraie la chronique. Elles ont pourtant deux points communs: leur précocité littéraire et le même éditeur: René Julliard pour le reste...» in "Assia Djebar, le stylo caméra", *Jeune Afrique*, n° 11 (1984).

Les deux romans suivants, *Les Enfants du nouveau monde* et *Les Alouettes naïves* n'intègrent de l'Histoire que sa dimension référentielle comme horizon ou toile de fond, contexte ou prétexte.

Histoire contexte, *Les Enfants du nouveau monde* se déploient comme une recherche de situations intéressantes révélant ou expliquant un certain comportement des personnages, ainsi que des schémas de pensée et des débats intérieurs de personnages qui tentent de consigner leurs expériences par rapport à la grande aventure nationale qu'est la guerre de libération, comme cela est énoncé à propos d'Ali:

> *L'Indépendance du pays, l'aventure enivrante que le combat apporterait à lui, à Lila, à tant d'autres jeunes, il ne l'avait pas pressentie pour des temps si proches, mais dans un avenir lointain qu'il voulait par chacun de ses actes mériter pour sa part. Il forgeait ainsi sa vie avec une volonté tenace, mais aussi une imagination qui lui faisait, en fonction de ce but collectif, justifier les moindres options de son histoire personnelle* (p. 174).

Des histoires personnelles dont chaque fibre s'enracine dans l'histoire collective, Assia Djebar nous en propose une vingtaine comme l'annonce au tout début le motif théâtral de la distribution-présentation des personnages. La vision de l'histoire prend alors l'aspect restreint de l'intimité familiale, élargie par moments au monde de la rue. Les personnages ne se révèlent pas par poussées successives de leur vie intérieure, c'est l'auteur qui les prend en charge, les présente dans leur statut social et leur fonctionnalité, explique leur nature et surtout interprète leurs positions diverses vis-à-vis de l'événement, préservant ainsi leur singularité. Le personnage ne se dissout donc pas dans la collectivité en lutte. L'évocation historique de la révolution et celle commémorative du 8 mai 1945 font d'énormes concessions à la prise d'identité des personnages et à leurs mutations psychologiques. L'individu résiste farouchement à la catégorisation sociale.

Partie du souci de l'auteur de marquer "enfin" son engagement, l'intention première de la fresque se mue en une quête psychologique sur des individus aux prises avec des données historiques saisies à la dérobade. Chérifa, par exemple, épouse d'un responsable politique, est sollicitée par l'action. Elle brave le danger et traverse toute la ville à la recherche de son mari:

> *Elle a oublié le danger lui-même; peut-être n'est-ce pas lui en vérité, qui l'a poussée, mais un désir sournois de savoir soudain si elle ne peut être vouée qu'à l'attente dans sa chambre, de la patience et à l'amour. Ainsi elle a traversé la ville entière, cette présence pour elle aux yeux multiples, hostiles et au terme de cette marche, elle a découvert qu'elle n'est pas seulement une proie pour la curiosité des mâles – une forme qui passe, mystère du voile que le premier regard sollicite; faiblesse lancinante qu'on finit par haïr et sur laquelle on crache – non, elle a existé; une pensée dure l'a habitée et l'a ainsi rendue insaisissable* (p. 228).

La rue, que traverse héroïquement Chérifa pour atteindre Youssef, s'érige en système de signes: elle renferme de nombreuses données sur l'organisation sociale marquée par la colonisation, elle favorise les rencontres et les contacts nouveaux que sollicite la guerre, elle est l'espace des transformations et des métamorphoses féminines.

Mais, dans l'organisation narrative du roman, la rue chargée de mémoire est un motif-prétexte servant la tentative de reconstitution historique du 8 mai 1945. Le flux mnésique qui s'empare de la conscience de Youssef entraîne le récit de l'événement et fait revivre pour le lecteur les massacres des villes martyres: Sétif, Guelma, Constantine. "Au terme de ce récit, poursuit le narrateur, Chérifa les larmes aux yeux s'apercevait que cette journée de sang avait été par une curieuse coïncidence, celle de ses premières noces. Pour elle aussi s'était levée une aube grise..." (p. 194).

La formulation politique des actes et des prises de position des personnages est le fait de l'auteur qui, par de surprenants raccourcis, articule artificiellement l'histoire de l'individu à celle de la communauté. La visée d'une histoire dualiste travaillant sur deux perspectives s'accomplissant l'une dans l'autre (individuelle et collective ou nationale) se décompose au contact de ces commentaires explicatifs, mettant la guerre et la répression à l'origine de tout, alors qu'affleurent çà et là des signes capables de problématiser en les complexifiant, les relations entre les personnages et l'événement national...

> *Ali racontait donc cet incident à Lila expliquant en même temps comment, après les manifestations du 8 mai 1945, les arrestations qui auraient suivi, la surveillance policière et les soubresauts des partis nationalistes dont la vie ne pouvait plus être qu'une écume de surface, non plus comme autrefois un travail de fond, coups de pioche enfoncés dans la croûte d'une terre durcie par l'épreuve, une torpeur apparente s'installait sur la ville ainsi que dans tout le pays, faux sommeil, nuit trompeuse dans les brumes de laquelle cependant mûrissaient, pour se sauver de l'asphyxie lente, les esprits des hommes;...*
> *Puis il racontait d'autres événements avec une préférence pour les scènes où le réveil prend la forme du délire sexuel. Il parlait des frères Chicou qui depuis des années s'affrontaient chaque jour au "Palais d'Orient" en jetant entre eux le corps de l'épouse foulée comme une chienne dans leurs injures obscènes, sœur déshonorée au-dessus de laquelle ils s'étreignaient, se cognaient, se retrouvaient (p. 171).*

Ces relations, insuffisamment médiatisées, restent en-deçà de leur capacité réelle à signifier l'Histoire. Celle-ci apparaît comme un fragment de texte fini, achevé, forgé par le discours officiel et qu'il s'agit simplement de reconnaître.

Les propos stéréotypés d'un nouveau monde à construire ayant révélé leur inanité, l'écrivain se lance dans une nouvelle composition où travaille savamment l'indétermination du temps et de l'espace, jouant du ballottage de l'énonciation et expérimentant une saisie métaphorique de l'histoire.

Les premières lectures diront que, dans *Les Alouettes naïves*, l'histoire demeure, comme dans le roman précédent, seuil d'investigation psychologique. Tout pourtant dans l'ouverture semblait prêt pour l'entreprise historienne tant attendue et l'auteur lui-même y croyait pour avoir si soigneusement structuré, et dans la plus pure tradition réaliste, une perspective identifiant la guerre aux frontières et les camps de réfugiés pendant la lutte de libération:

> *C'était une journée comme les précédentes: le soleil dur sur nos têtes, tandis que dans une jeep trop vieille, nous cahotions de l'aube au couchant sur les pistes pierreuses de la frontière. On s'arrêtait deux heures, trois, à chaque camp de réfugiés. Mes compagnons faisaient leur travail, notaient les besoins, discutaient avec le responsable ou l'infirmier... Assis près du chauffeur, je regardais enfin les rescapés de la guerre: ils nous faisaient face, tournaient le dos à l'horizon, les frontières, disaient-ils paisiblement, comme si dressés devant le ciel, ce n'était pas au bord d'un cratère qu'ils attendaient mais tout contre l'avenir, ce mot riait de certitude au fond de leurs yeux de vieillards hâves et bibliques, sur le visage tanné des femmes, les vieilles surtout qui devant nous s'étaient lamentées parce que leur réserve de tabac à priser s'épuisait et qu'elles ne sauraient prier, la gorge sèche tous ces jours durant, ces jours où la farine manquait où les distributions de vivres se trouvaient retardées, pourquoi, c'était à nous à le dire, pourquoi et les jeunes filles, Danaïdes sauvages, habillées par la Croix Rouge internationale se fatiguaient à aller chercher de l'eau du seul puits, au delà des collines, qui ne s'était point asséché* (p.15).

Cette perspective s'opacifie progressivement, altérée par les torsions temporelles et spatiales qu'opère le discours. Le décodage idéologique lui-même est entravé par des réseaux de signification souvent contradictoires. Les passages servant le projet commémoratif des "Journées de Décembre" et l'isotopie omniprésente de la guerre sont comme floués par une textualité plastique, parfois très glissante, qui fait que l'on est ramené sans cesse aux jeux d'intrigues des personnages, passant à côté des allusions et ratant les déchiffrages de l'histoire. Les personnages s'identifient par la manière dont ils rationalisent leur rapport à la guerre, qu'ils vivent "dans la distance, de l'autre côté de la frontière".

Il en est ainsi, par exemple, des journées de décembre 1960, plusieurs fois évoquées avec "en simultané l'horreur et l'héroïsme, la lâcheté et le courage, l'espoir et les tortures" d'une longue guerre. En réalité, "nos femmes chantant dans les rues de chaque ville! nos femmes chantant devant la mitraille, le roucoulement qui tant de fois perçait en vrille nos cœurs d'hier dans les noces", le narrateur, en l'occurrence Omar, les "entend" de très loin tout en allant et venant le long de la frontière. Le réel lointain est reconstruit par l'imaginaire qui s'approprie la totalité du "versant brûlant de la patrie" dans son présent de lutte et dans son souvenir des jours heureux.

"Les frontières" ont, en plus de leur statut référentiel, une fonction organisatrice déterminante dans les structures narratives du roman. Elles permettent une saisie de l'Histoire sur deux versants différents. Le versant intérieur "du côté de la patrie" est perçu à partir du versant extérieur "du côté de T...". Du côté de la patrie, "la peur immédiate annexe dévore les questions et les incertitudes..." "A.T... La guerre ne propose que son envers. Cela ne dispense pas des questions, ni de l'avenir" (p. 235).

Il est suggéré à divers endroits du texte que l'Histoire est une réalité multiple et que l'individu n'est jamais dans une situation insulaire. La lutte que mènent les personnages dans ce roman n'accède pas à la transcendance que lui confère la geste héroïque, mais elle n'en est pas pour autant banalisée. A réalité multiple, registre multiple; l'écriture se délecte dans les démonstrations affectives et érotiques et dans les envolées métaphysiques; elle réduit ainsi considérablement l'appréhension historique et politique.

L'individu n'est pas seulement le représentant d'une catégorie sociale. Dès qu'il apparaît, il réclame d'emblée l'éclairage qui lui permettra d'exprimer sa singularité dans le jeu des similitudes et des différences:

> *Je fais donc partie, songe Omar, de ce groupe d'hommes que Rachid prétend asexués... A travers l'action oratoire, la sincérité douloureuse destinée à convaincre, que cherche-t-on en vérité, sinon, au lieu de la face immense et anonyme du "peuple», sa propre réponse... celle que tout homme véritable attend des traits d'une femme, la réalisation de soi-même... Nous préférons à la fois nous perdre et nous retrouver au sein de la multitude... Nous discourons et dans notre propre écho, nous imaginons notre image, telle qu'elle apparaît dans les prunelles luisantes de la femme renversée...* (p. 397).

Le texte opère un certain travail sur la formation socioculturelle en en donnant des représentations partielles, mais la manipulation qui en est faite met surtout en lumière la constitution, par exemple, d'une personnalité ou encore l'expression de schémas de pensée. Le roman dit en définitive comment l'écrivain, chemin faisant, prend conscience de la difficulté de narrer a posteriori une somme d'expériences vécues réellement[7] en leur restituant leur poids d'authenticité historique et comment il libère son œuvre du projet contraignant du témoignage pour lui permettre d'évoluer vers la quête d'un récit particulier, d'un code et d'un sens autres, comme en témoignent la recherche de positions différentes pour le narrateur et l'introduction du texte italique qui pratique les jeux glissants des plans spatio-temporels.

Les torsions imposées à la chronologie débouchent en définitive sur la perspective du temps non retrouvé ainsi que l'énonce sans détour le récit analeptique évoquant quelques paroles que Rachid prononça un jour:

> *Un homme s'enivre tous les soirs, puis ses actes, ses paroles, ses sentiments en un lent vertige disparaissent dans la nuit où il tombe. Mais quelque part n'est-ce pas, un miroir a bien dû conserver ces instants... Je suis cet homme qui, le lendemain recherche partout ce qui est irrémédiablement perdu ... Je suis sur les traces de moi-même...*(p. 422).

Le désir de retrouver un point d'origine, sensible dans l'énergie diffuse qui animait les personnages pendant la guerre, fléchit à l'approche de la paix et fait place a un vide immense pareil à "ce silence qui submerge la montagne" jadis "lieu d'intense spectacle".

Les dernières pages sont teintées d'anxiété; l'avenir apparaît, à l'approche de l'indépendance, nécessairement opaque "réservant d'inévitables houles, et la foi dans les prunelles de Nfissa" avide de course en avant, s'apparente à celle des alouettes naïves. L'événement réside dans histoire

---

[7]. Pendant la guerre de libération, Assia Djebar a eu une activité militante aux frontières dans les camps de réfugiés.

reconstruite par l'imaginaire du personnage. L'exemple de l'évocation par Omar des journées de décembre est assez représentatif de ce travail de sape du témoignage ou de la reconstitution historique par l'imaginaire qui fait éclater le discours et affaiblit la fonction référentielle au profit de formulations floues, abstraites dont les prolongements iront enrichir ce discours à la portée métaphysique qui redouble inévitablement l'écriture d'Assia Djebar :

> *Et je continue à entrer dans une cabane, dans une autre, puis lorsque je ressors au soleil pâle malgré la pluie, la voix ancestrale est devenue aigre, joie spasmodique issue des entrailles de cette femme-ci, celle dont le pied pourrit et qui me dévisage d'un regard désespéré, enfin le chant se termine et pourtant il demeure suspendu... là, parmi nous dans chaque ville de chez nous, où la première femme qui tient le drapeau tombe... A quoi bon l'image figée le lendemain dans le journal, à quoi bon la ressemblance avec la Marseillaise de Rude, défi à l'histoire des soldats meurtriers, effrayés ? Certes la coïncidence ne grimace que ceci, une évidence : chaque peuple, chaque homme hier héros, aujourd'hui bourreau ou vice versa. A quoi bon ? ... Journées de décembre.(...)*
> *Etonnés... Le véritable étonnement, la stupéfaction silencieuse, immobile, l'attente de l'homme enfin devant la vie naissent toujours devant ce qui lui paraît mystérieusement luimême, et que pourtant il ne comprend pas* (Les Alouettes naïves, p. 230-231).

L'auteur énonce çà et là dans le texte même, les raisons de l'expulsion du témoignage rigoureusement établi à partir des lois de l'objectivité, et du renoncement, chemin faisant, aux informations à caractère documentaire sur la lutte aux frontières. L'histoire, c'est ce que vivent les personnages, ce qui suscite leurs commentaires dans une conception singulière et immédiate des événements, c'est ce qui fait dire qu'une longue guerre n'est souvent qu'une vie sur une rythme désaccordé...". Elle n'est jamais en tout cas soubassement à un discours politique ou idéologique théorisé, systématisé selon une conception unifiée. Elle se déroule à l'intérieur de ce réseau d'expériences doublées de sensations diverses, d'impressions, de réflexions ou de jugements de valeur qui n'engagent que le vécu des personnages.

Le mouvement de l'histoire est, tout particulièrement dans ce roman, surdéterminé par le mouvement de l'écriture, qui contribue à actualiser l'événement ou les événements de l'Algérie en leur donnant surtout la dimension du souvenir ou de l'obsession, de la sensation et du désir, donc à personnaliser très fortement la relation que l'individu entretient avec la grande problématique nationale. L'histoire, ce peut être aussi ce qui est susceptible de renvoyer à l'individu, et de l'extérieur, son image propre avec les traces de ses propres mutations. Ainsi les fragments d'histoire collective surgissent par petites touches ou en oblique avec une fonction réflexive soutenue. Cette relation personnalisée s'intègre à la dialectique plus large de nature/culture, individu/collectif, vie/mort:

> *A travers l'action oratoire, la sincérité douloureuse destinée à convaincre, que cherche-t-on en vérité, sinon au lieu de la face immense et anonyme du "peuple», sa propre réponse... celle que tout homme véritable attend des traits d'une femme, la réalisation de soi-même... Nous préférons à la fois nous perdre et nous retrouver au sein de la multitude... Nous discourons et dans notre propre écho, nous imaginons notre image, telle qu'elle apparaît dans les prunelles luisantes de la femelle renversée...* (Les Alouettes naïves, p. 397).

L'historicité du texte n'est donc pas, dans *Les Alouettes naïves*, une affaire de renforcement de l'aspect documentaire, celui-là même que semblait amorcer l'ouverture du roman avec la promesse d'un discours informatif, minutieux et exhaustif. Le narrateur dit explicitement sa gêne à étaler ce que la guerre représente comme tortures, sévices, misères, emprisonnement...

Implication très souple et très mobile, l'événement n'existe que dans la conscience du personnage; il peut être révoqué à tout instant. Rappelons ces pensées de Nfissa évoquant le souvenir de son arrivée aux frontières:

> *Et soudain, elle comprend. La guerre, son pays en feu, l'attente, l'angoisse des siens, tout cela, elle comprend que,*

depuis son arrivée, elle les a exclus dans un éloignement en arrière de la Ligne, dans un passé qui se confond avec la grotte moite de son univers d'enfant. Celui-ci seul persiste immuable et Nfissa ressent ce qu'elle a perdu vraiment: la simplicité de vivre, le présent qu'enfin elle retrouva (p. 277).

L'histoire c'est, pour notre romancière, l'interrogation des effets de la guerre sur les structures profondes de la société, qui se produisent en premier lieu au sein des communautés restreintes telles que la famille et le couple; c'est aussi ce qui révèle les coupures, les transformations, les énergies nouvelles engendrées par les événements dans la vie quotidienne et à des niveaux différents. Il s'agit d'interpréter l'humain, l'individuel comme une incarnation historique, et son dépassement vers le général d'une catégorie, d'un peuple ou d'un processus, comme le résultat d'une extension de l'écriture par la lecture. Le sens de ce dépassement, dans ce roman précis, se forge à l'intérieur de cette distance que le texte construit tout en présentant l'inscription la moins pesante possible de l'information historique. La carence informative peut être comblée par le lecteur, qui n'aura qu'à faire appel à sa propre connaissance du hors-texte historique en prenant appui sur les allusions qui intègrent au texte tout un ensemble de représentations référentielles. Cependant, dans *Les Alouettes naïves*, ces allusions, trop dispersées, ne permettent pas au lecteur de retrouver une conception unifiée de la vision historique telle qu'elle s'ordonne en filigrane dans la fiction. Le statut référentiel des frontières s'efface au profit de sa construction métaphorique des catégories romanesques. La figure frontalière, avec ses deux versants, sépare fonctionnellement l'exigence individuelle d'une enquête psychologique et la nécessité collective du témoignage historique. La stratégie consiste à jouer des mouvements d'oscillation entre le proche et le lointain ainsi que des effets quasi-mécaniques d'ajustement de distance. L'événement, la guerre, se situe sur l'autre versant, du côté de la patrie; les "héros" sont sur le versant intérieur du côté de T... Ainsi la ligne frontalière feuillette les existences, les temps et les lieux, justifiant ainsi le recours à l'imaginaire.

Historiographie

A la recherche des moyens adéquats de mise en rapport de l'histoire et de l'écriture romanesque, *L'Amour, la fantasia* apparaît comme un laboratoire. La conception historiographique de la fiction et du discours romanesque soutient une tentative de totalisation de l'agent historique, brassant un matériau d'une grande richesse et élaborant une synthèse puissante pour une compréhension sans faille de ce qu'est l'acte d'Histoire. Il s'agit alors de délimiter un espace pour la démonstration des mécanismes et des articulations multiples de la séquence historique dont on choisit de parler. Une technique de manipulation des références, manifestées dans une matérialité forte et active, se déploiera sur plusieurs dimensions: nomenclature, généalogie, mentions de dates, de lieux et de sources, descriptions riches et détaillées, récits commémoratifs exhaustifs, explications et hiérarchisations des données, élaboration de parcours socio-historiques; le tout baignant dans une glose historique abondante. Tout cela donne la mesure des difficultés qu'Assia Djebar a eu à affronter en écrivant *L'Amour, la fantasia*; d'autant qu'à l'énoncé du projet il n'était point question de sacrifier à l'exigence historiographique l'essor de la quête littéraire et esthétique.

La difficulté était, au départ, dans l'exploitation de l'énorme documentation réunie, sa sélection et son utilisation comme il convenait au mouvement de l'écriture. L'insertion d'un discours dans un autre, qui normalement lui est étranger, pose des problèmes d'homogénéisation et de cohésion: le discours de fiction est un laboratoire d'illusions, le discours de l'Histoire, par sa fonction informative et son statut fortement référentiel, lutte contre l'illusion.

La lecture de ce dernier roman nécessite, déjà à son premier niveau, un constant travail de liaison entre tous les fragments textuels conformément au code qui régit tout à la fois la fiction et la narration et qui consacre les effets de réfraction de trois expériences de discours historiques:

discours-témoignages d'époques déployés sous forme de citations traitées, discours-témoignages des femmes de la tribu assurant la survivance d'une parole que l'on croyait éteinte, et discours-parcours autobiographique dont le credo est l'accessibilité à la sphère supérieure des discours de l'histoire. Les réseaux de signification sont fécondés par l'enjeu que constituent leurs rapports réflexifs et que tente d'exploiter inlassablement la toute puissante instance narrative. Et, comme pour décevoir l'attente trop vigilante de l'historiographe et imposer le point de vue selon lequel tout commence à l'individu et qu'il n'existe pas de temps en dehors du temps de l'écriture, l'auteur donne la primauté au tracé autobiographique dont la première figure se termine comme suit:

> *J'ai fait éclater l'espace en moi, un espace éperdu de cris sans voix, figés depuis longtemps dans une préhistoire de l'amour. Les mots une fois éclairés – ceux-là même que le corps dévoilé découvre–, j'ai coupé les amarres. Ma fillette me tenant la main, je suis partie à l'aube* (p. 2).

L'aube, c'est celle du 13 juin 1830, point d'ancrage qui détermine la période choisie des débuts de la conquête. Les fragments d'autobiographie continueront de ponctuer systématiquement le texte historique comme pour redimensionner le projet et réduire l'écart temporel entre les différentes voix/es qui se relayent sans trêve jusqu'à produire en filigrane l'image d'un personnage composite, plurivoque qui dira vers la fin:

> *Croyant me parcourir, je ne fais que choisir un autre voile. Voulant, à chaque pas, parvenir à la transparence, je m'engloutis davantage dans l'anonymat des aïeules!*
> *Une constatation étrange s'impose; je suis née en dix-huit cent quarante-deux, lorsque le commandant de Saint-Arnaud vient détruire la zaouia des Beni-Menacer, ma tribu d'origine...* (p. 243).

L'inscription historique de "l'aube du 13 juin 1830" entame un récit qui couvre les moments essentiels de l'occupation française et les deux premières parties du roman; la troisième partie nous ramène à la guerre de libération; l'écart temporel est comblé par les va-et-vient de la narratrice collectant les moments, mettant bout à bout les témoignages, corrigeant, transformant, enrichissant les documents par sa technique, hautement maîtrisée, de l'épreuve.

la romancière tente en même temps de rendre compte de la fièvre scripturaire qui a saisi les témoins et les "ayant pris part", et en particulier les officiers supérieurs de l'armée française:

> *Jusqu'en 1835, dix-neuf officiers de l'armée de terre, quatre ou cinq de la marine contribueront à cette littérature. Cette hâte contamine les comparses, un abbé aumônier, trois médecins dont un chirurgien-chef et un chirurgien aide-major ! Jusqu'au peintre Gudin (qui rédigera ses souvenirs plus tard) sans oublier notre publiciste J.T. Merle, le rival en amour d'Alfred de Vigny (p. 56).*

Les sources sont abondamment mentionnées. Les noms propres se succèdent et dialoguent de part et d'autre de la ligne de conflit: Amable Mattérer capitaine en second du "Ville de Marseille", qui regarde et qui écrit comment il a été "le premier à voir la ville d'Alger comme un blanc couché sur le penchant d'une montagne"; le Baron Barchou, aide de camp du général Berthezène, second témoin du combat de Staouéli, nous plonge au sein des combats; le chef de bataillon Langlois, peintre de batailles, s'arrêtant, au lendemain du choc décisif de Staouéli "pour dessiner les Turcs" morts, "la rage de la bravoure" imprimée encore sur leur visage; J. T. Merle publiant de son côté sa relation de la prise d'Alger "mais en témoin installé sur les arrières de l'affrontement". Changarnier "simple chef de compagnie alors, consignant pour les Mémoires l'explosion du Fort l'Empereur"; Hadj Ahmed Effendi, mufti hanéfite d'Alger, rapportant le siège d'Alger en langue turque plus de vingt ans après; E. d'Ault. Dumesnil, et aussi Brasewitz qui entra le premier dans la ville, etc. "D'autres, poursuit la narratrice, relateront ces ultimes moments": un "bach-kateb" du bey Ahmed de Constantine, un captif allemand, deux prisonniers, rescapés du naufrage de leur bateau survenu quelques mois auparavant, feront de la prise d'Alger, une description en français, comme le consul d'Angleterre qui note ce tournant dans son journal.

Ainsi, à chaque étape relatée de la colonisation s'amoncellent des documents émanant de sources infiniment diversifiées. L'intertexte documentaire joue le rôle essentiel dans la reconstitution des séquences historiques. L'émergence, au fil de l'écriture, des rapports complexes entre le texte porteur et les textes cités, loin de compromettre la stratégie d'ensemble, instaure le dialogue et rend possible une parole tout à fait originale qui se formule dans une relation métonymique entre les chaînes signifiantes des trois discours en présence, et qui s'autorise des formulations surprenantes mais finalement convaincantes telles que: "Je suis née en dix-huit-cent-quarante-deux lorsque le commandant de Saint-Arnaud vint détruire la zaouia des Beni Menaceur, ma tribu d'origine".

Les citations se composent entre elles dans un espace quasi-ludique et, outrepassant les limites de la fonction référentielle, elles s'érigent en agents mobiles de recherche et de questionnement et alimentent une glose dont l'objectif essentiel est de faire advenir, en texte et sous nos yeux, les drames tels qu'ils se sont joués aux époques citées.

Il faut dire que c'est en rattachant de multiples façons l'Histoire du pays à l'Histoire de la femme que la romancière inaugure une perspective véritablement nouvelle. Le paradigme féminin instaure une nouvelle cohérence dans les rapports de signification. Bon nombre de citations, sciemment choisies, constituent des canevas pour une expansion exemplaire de ce paradigme et s'intègrent imperceptiblement au récit figuratif de l'histoire collective, donnant à voir "les futures mater dolorosa musulmanes qui, nécrophores de harem, vont enfanter durant la soumission du siècle suivant des générations d'orphelins sans visages" (p. 29).

Le souci de satisfaire l'historiographe se manifeste, avec une évidence croissante à mesure que le récit avance, dans une démarche inclusive de tous les procédés du discours historique: motivation du choix des époques, diversification des sources et vérification, mise en valeur et hiérarchisation des données, forte exhibition des points d'ancrage spatio-temporels. Autant de procédés qui renforcent la rigueur du témoignage ou de l'analyse.

Les moments d'histoire sont choisis en fonction de leur intensité dramatique et de leur capacité à signifier pleinement des terribles convulsions de l'histoire:

--premier moment, l'arrivée de l'armada française, à l'aube du 13 juin 1830: "Et le silence de cette matinée souveraine précède le cortège de cris et de meurtres qui vont emplir les décennies suivantes". (p. 17).

--deuxième moment, le combat de Staouéli, le samedi 19 juin 1830: "Dès ce heurt entre deux peuples, surgit une sorte d'aporie. Est-ce le viol, est-ce l'amour non avoué, vaguement perçu en pulsion coupable, qui laissent errer leurs fantômes dans l'un et l'autre des camps, par dessus l'enchevêtrement des corps, tout cet été 1830? /.../ Dès ce prélude, s'attise comme un soleil noir !... Mais pourquoi, au-dessus des cadavres qui vont pourrir sur les successifs champs de bataille, cette première campagne d'Algérie fait-elle entendre les bruits d'une copulation obscène?"(p. 29).

--troisième moment, l'explosion du Fort l'Empereur, le 4 juillet 1830 à 10 heures du matin, "la formidable détonation remplit de terreur tous les habitants d'Alger... Une explosion terrible ébranle le Fort l'Empereur qui tombe peu à peu, au milieu d'une gigantesque éruption de flammes et de fumées. Dans cet amas de pierres, de canons brisés et demi enterrés, de cadavres déchiquetés – ceux des derniers défenseurs –, l'ultime espoir de défense de la cité disparaît. Alger dite la bien gardée connaît le désespoir"(p. 42).

Ces trois moments sont relatés dans la première partie du roman sous le titre: "La prise de la ville ou l'Amour s'écrit". La seconde partie, procédant d'une saisie globale selon une vue panoramique, est une actualisation des conséquences, énoncées dans la première partie, de la terrible empoignade de *la ville imprenable*. "Le cortège de cris et de meurtres, qui vont emplir les décennies suivantes», c'est, en juin 1845, l'enfumade des Ouled Riah par Pélissier; femmes, enfants, bœufs couchés dans les grottes... "Enfumez-les tous", avait écrit Bugeaud et Pélissier a obéi... Et "les spéléologues de cette mort enfouie" allant de l'une à l'autre des grottes, découvrent le même spectacle de cadavres nus, "dans des positions qui indiquaient les convulsions qu'ils avaient dû éprouver avant d'expirer".

En l'absence d'un intertexte documentaire suffisamment informé, l'auteur opère comme sur un texte lacunaire et comble les vides informatifs à coups d'hypothèses, accordant une large place au questionnement comme en témoigne la texture singulière du chapitre de "La mariée nue de Mazouna". L'événement relaté, ne pouvant bénéficier d'une approche historique faute de documents, s'émancipe vers une appréhension mythique qui tente de fixer l'expression en fuite d'un passé glorieux de richesse et de fierté. Cependant, compte tenu du projet, le texte ne se laisse pas enfermer dans cette vision restrictive et entreprend d'établir, à l'intérieur de la construction mythique, un lien puissant entre le colonialisme naissant et la fragmentation socio-politique qui commence à entamer la communauté autochtone, entraînant de nouvelles catégories de perception idéologique et une manière autre d'entrevoir les rapports sociaux. Le recours au mythe ne fait donc pas écran et n'occulte d'aucune façon la perception des rapports historiques engagés dans la mesure où c'est le mythe qui est subsumé à l'Histoire non l'inverse.

Toute la troisième partie est régie par un procédé qui consiste à avancer dans les espaces vacants de l'information muni de représentations hypothétiques. Témoins oubliés, voix ensevelies tentent une vitale et douloureuse percée à travers les couches sédimentées de la mémoire; voix, murmures, chuchotements, soliloques, conciliabules, voix à la recherche d'un corps, voix prenant corps dans l'espace, s'érigent en principe constructif et proclament avec éclat que l'Histoire n'est pas seulement une affaire de spécialistes. En même temps prend forme un nouveau type de discours historique émanant d'instances exclusivement féminines. Le savoir historique au féminin produit son mode d'expression avec des relais propres à la transmission orale. Les voix d'aujourd'hui partent à la rencontre des voix d'hier, consignant les moments et instaurant la femme comme origine et aboutissement:

> *Chuchotement des aïeules aux filles qui deviendront aïeules... ne subsiste du corps que ouïe et yeux d'enfance attentifs, dans le corridor, à la conteuse ridée qui égrène la transmission qui psalmodie la geste des pères, des grands-pères, des grands-oncles paternels. Voix basse qui assure la navigation des mots... Chuchotements des femmes... Temps des asphyxiées du désir, tranchées de la jeunesse où le chœur de spectatrices de la mort vrille par spasmes suraigus jusqu'au ciel noirci... Les vergers brûlés par Saint Arnaud voient enfin leur feu s'éteindre, parce que la vieille aujourd'hui parle et que je m'apprête à transcrire son récit...*

La narratrice en situation d'écoute intervient pour commenter et faire fructifier les dits, les rapprochant d'autres dits, permettant par ressemblance ou par analogie, ou au contraire, en exploitant la différence, d'interroger les expériences féminines dans ce qu'elles ont de simple et d'héroïque à la fois, et jusque dans leur vécu quotidien.

Les relais de l'énonciation contribuent à l'émergence d'un puissant imaginaire, qui modifie les rapports narrateur/personnage/narrataire. Le texte italique de son côté ponctue le récit et met en forme l'acte d'énonciation, définissant en quelque sorte les multiples manières dont l'auteur s'est trouvé et se trouve constamment impliqué dans ce discours particulier de la dialectique histoire/écriture. Se construit ainsi progressivement un univers de formes qui rappellent les constructions de base propres aux langages des sémioticiens. Dans cette compulsion tous azimuts, déterminée par l'horizon de l'exigence historique, donc de son sérieux, de sa rigueur, de sa vraisemblance et de sa lisibilité, tout prend valeur de signe. L'enchevêtrement de la dynamique temporelle, le relais des voix et le montage en parallèle histoire/autobiographie, dans un captivant jeu de miroir, dotent le roman d'une épaisseur signifiante autour de laquelle les lectures ne manqueront pas de raviver le débat significatif autour du concept d'histoire[8]. L'ensemble propose au-delà de la lecture historique, une lecture esthétique gratifiante qui prend en compte les techniques originales de représentation d'un réel qui se prête à une infinité d'interprétations comme, par exemple, le jeu de figuration de la parole féminine, qui dans ses chuchotements tente de se matérialiser et de s'accomplir intégralement dans le circuit de la communication active.

Articulation des résidus problématiques

Impliquée dans une situation conflictuelle sans cesse modifiée entre l'écriture romanesque et ses nombreux référents, confrontée à des médiations qui, tout en déployant de multiples répondants, imposent leurs limites et leurs exigences, Assia Djebar considère, et *Ombre sultane* est là pour en témoigner, que son premier mouvement était le bon. Elle déclare à propos de *La Soif*, ce roman qu'elle a dû pendant si longtemps désavouer, que "c'était un air de flûte qui continue à être entendu, et qui continue à être juste".

"A-t-on vraiment compris, s'interrogeait Khatibi en 1968, que pour le personnage de *La Soif*, la découverte du corps est aussi une révolution importante?"[9]. Découverte du corps, découverte du couple, deux grandes révolutions tant pour l'auteur que pour ses personnages. Cependant, dans les premiers romans, ces révolutions n'entraînent pas de changements fondamentaux dans la perception de la hiérarchie sociale ni dans les comportements et les attitudes des personnages vis-à-vis du monde et de la vie; Djebar semble en avoir conscience, qui entreprend dans les romans

---

[8]. Partant du constat que le domaine de l'Histoire est sans limites et que sa constante expansion nécessite de nouvelles approches, les historiens réévaluent leurs concepts principaux. Cf. *Faire de l'Histoire*. «Nouveaux problèmes», Paris, Gallimard, NRF, 1974. Cf. Aussi *Ecrits sur l'histoire* de Fernand Bràudel, Paris, Flammarion, 1969, et *L'Ecriture de l'histoire* de Michel de Certeau, Paris, Gallimard, 1973.

[9]. *Le Roman maghrébin*, Paris, Maspéro, 1968, p. 62

suivants l'interrogation de ce qui entrave le mouvement des choses fondamentales de sa société:

> *Sitôt libérées du passé, où sommes-nous? Le préambule n'est pas tout à fait clos, la reine des aubes, sur son estrade n'espère survivre que jour après jour, son salut n'est assuré que pour la traversée de chaque nuit de harem, par chaque envolée dans l'imaginaire. Où sommes-nous donc, dans quel désert ou quelle oasis?* (Ombre sultane, p. 171).

Pour arriver au luth qui clôt *Ombre sultane*, Djebar a d'abord tenté de questionner le sens d'un itinéraire en transformation, de voir comment "le récit de la sultane des aubes" peut sauver l'une des opprimées, comment "les ombres-sœurs", Hajila et Isma, peuvent en se diluant l'une dans l'autre, se recréer loin "des forteresses de l'extase" en dévorant les espaces par la marche, le regard et la voix:

> *A la démarche de chaque femme dans la rue, je peux dire désormais son histoire, sa durée, sa généalogie; dire si elle circule depuis trois siècles ou depuis trois jours!* (Ombre sultane, p. 167).

Dans ce roman, l'homme est "lié», impuissant... à reproduire les schémas conventionnels et les contraintes imposées par les "Transmetteurs de la Loi révélée, mais non écrite». Et, dans les relations sororales établies par la fiction, l'important devient d'abord l'avènement d'un pronom personnel, où se retrouveraient le "moi" et le "tu", comme dans un seuil vide des traces de l'asphyxie du passé et qui ouvrirait sur de perpétuels transits. Car l'histoire, c'est ce qui fait réfléchir sur tous les phénomènes de transit, sur les passages transpolitiques comme celui qui nous conduit, dans *Ombre sultane*, de Hajila à Isma, ou comme cet autre qui mène du mode d'existence de Ma Rékia, l'année où les Français entrèrent dans la ville, à celui de Nfissa, militante aux frontières pendant la guerre de libération dans *Les Alouettes naïves*. ou encore comme ce parcours socio-historique qui va de la saisie picturale par le regard volé de Delacroix des *Femmes d'Alger dans leur appartement*, à celle, des poseuses de bombes, offerte par Picasso.

L'histoire c'est celle qui se demande si ces processus transitaires sont réels ou factices. Nous avons remarqué, en effet, que la fonction transitaire de l'écriture elle-même, dans la quasi-totalité des romans de Djebar, aboutissait à un final dysphorique. Les dernières pages des *Alouettes naïves* sont teintées d'anxiété; l'avenir y apparaît, à l'approche de l'indépendance, nécessairement opaque "réservant d'inévitables houles" et la foi dans les prunelles de Nfissa avide de course en avant, s'apparente à celle des alouettes naïves. De la même façon, dans *Femmes d'Alger...* l'obsession du "regard interdit, son coupé" se reflète dans la vision à juste stature féminine comme dans un renversement douloureux de perspective et dans l'angoisse de "la structure du sérail qui tente d'imposer, dans les nouveaux terrains vagues, ses lois: loi de l'invisibilité, loi du silence». L'avenir est tout aussi inquiétant dans *L'Amour, la Fantasia*, et tout le jeu de figuration de la parole féminine qui tente de prendre corps se fait dans l'angoisse:

> *Dans la gerbe des rumeurs qui s'éparpillent, je pressens l'instant immanquable où le coup de sabot à la face renversera toute femme dressée libre, toute vie surgissant au soleil pour danser! Oui, malgré le tumulte des miens alentour, j'entends déjà, avant même qu'il s'élève, et transperce le ciel dur, j'entends le cri de la mort dans la fantasia* (p. 255).

Cette dépression qui clôt une reconstitution normalement ascensionnelle, si elle n'était pas liée à l'acte scriptural comme une négativité hors texte préparant l'œuvre future, construirait la vision pessimiste du présent et du futur immédiat dont le discours ne pourrait qu'en exprimer la déploration. Dans tous les cas, ne peut nous échapper, cette négativité qui double obstinément toute parole qui se forge avec autorité et détermination et qui sert de tremplin à l'exaltation métamorphique féminine: "Toute parole trop éclairée devient voix de forfanterie, et l'aphonie, résistance inentamée..." (p. 201).

Faut-il parler, faut-il se taire et résister dans le silence? Là est la question:

> *S'approcher de la fluidité de toute reconnaissance. Ne plus dire "tu" ni "moi», ne rien dire; apprendre à se dévisager dans la moiteur des lieux. Le jour s'ensevelit, midi se réfracte et nous fait retrouver l'obscurité lumineuse. Le halo des fumées s'élevant au-dessus des citernes, puis reflété par le suintement de la pierre nous rapproche l'une de l'autre. Les miroirs que supprime au-dehors le tranchant du moindre regard, reviennent dans le creux de ces chambres bruineuses (Ombre sultane, p. 158).*

Ecriture de la suspicion que celle d'Assia Djebar; d'abord à l'égard d'elle-même dans ses comportements ambigus de révélation/dissimulation, ensuite à l'égard des systèmes sémantiques dominants qui habitent le hors-texte.

Envisagée dans une perspective de renouvellement du statut de la féminité, l'entreprise romanesque de Djebar ne peut que s'affronter à ces systèmes qui n'ont cessé de voir, par exemple, dans la révolution algérienne une révolution totale. La romancière, qui s'était tout naturellement rangée à cette idée, en est vite revenue comme des milliers d'autres: "Ceux qui pensaient que la libération nationale, avait écrit Khatibi dans son commentaire sur l'œuvre de Djebar, entraînerait la libération de la femme ont déchanté depuis l'indépendance de l'Algérie, les contradictions de l'histoire n'étant pas si simples qu'on le pense"[10]. La même année on pouvait lire dans *Les Alouettes naïves*: "la guerre qui finit entre les peuples renaît entre les couples" (p. 423).

Les longues spéculations fictionnelles que mène Djebar à ce propos, convergent vers le point de vue de Barberis selon lequel, l'histoire que pratique la littérature est celle "des structures, des scléroses, des mises en place, des réactivations, des durées transpolitiques, l'Histoire de ce qui reste, non de ce qui se fait, encore moins l'Histoire de ce qui se projette ou de ce qui se veut, de ce qui fait leçon. D'où cette Histoire est étrangère à tout projet pédagogique, à toute moralisation; elle est en rappel constant de ce qui résiste, de ce qui ne change pas, ou du moins pas selon la croyance naïve à quelque "progrès". (...) La littérature dit par exemple: révolution ou pas révolution, la vie privée au XIXe

---

[10]. *Idem*, p. 62.

siècle demeure la même parce que déterminée par quelque chose à quoi n'ont pas touché les révolutions; subordination de la femme à l'homme, de l'enfant au père, du manuel à l'intellectuel, et à l'administration, tout cela a été repris, aggravé par la société bourgeoise, et peut-être en grande partie continue dans les sociétés socialistes, uniquement mobilisées sur le problème de l'appropriation, collective ou privée, des moyens de production et d'échange et dont la problématique est faible sur le rapport adulte-jeune, homme-femme, intellectuel-manuel, ou même intellectuel-intellectuel. Histoire longue des aliénations et de leur modulation par l'économique et la politique qui les engendre mais aussi qui les reprend et les transforme, ou les oublie, à partir d'un lointain passé où elles ont peut-être joué leur rôle. Histoire longue qui déclasse les événements à commémorer, mais nous force à lire le profond"[11].

Il s'agit pour la fiction littéraire d'articuler des résidus problématiques, de combler les insuffisances de ce qui régit les systèmes dominants environnants et de s'installer dans ses failles[12]. La fiction repère le refoulé, le marginalisé et en fait le sujet essentiel.

Sans aller jusqu'à proposer des solutions, le roman identifie la hiérarchie des valeurs construites dans l'espace socio-idéologique, relève les points faibles dans leur validité et s'oppose à eux. Ainsi, les romans de Djebar ne peuvent être interprétés comme des formes d'homologation d'expériences réelles "conventionnées" par le système, mais comme des lieux où se jouent les possibilités expérimentales virtualisées et qui ne correspondent pas à l'attente du lecteur, d'où ce malentendu, ce dysfonctionnement dans la communication littéraire entre écrivain et lecteur tel que je l'ai mentionné en introduction. L'attente d'une homologation des valeurs et normes extratextuelles est soumise à un transcodage, qui suspend la validité connue ou admise au

---

[11]. *Op. cit.*, p. 94.
[12]. Voir à ce propos Wolfgang Iser, *L'acte de lecture, théorie de l'effet esthétique*, Paris, Pierre Margada 1986 (pour la traduction française)

profit de celle qui est rejetée dans la marge et dans laquelle nous sommes pourtant étroitement impliqués.

Par sa capacité symbolique, celle-là même qui fait défaut au discours historique, le texte de fiction forge des sens qui mettent à découvert les manques engendrés par la situation que l'ordre socio-idéologique et politique cherche à maîtriser. Mais comme le fait remarquer Iser Wolfgang dans *L'Acte de lecture*: "Le texte de fiction n'explicite jamais les raisons de ses propres décisions sélectives comme le font les systèmes sémantiques dominants», c'est donc au lecteur de trouver les raisons de ces choix à l'aide des médiations que nécessite le transcodage de ce qui est familier et de ce qui est nouveau. Certes les médiations peuvent ne pas se produire; le lecteur passe alors à côté de l'essentiel, c'est-à-dire du texte comme résistance à une configuration préconstruite, comme "essentiellement paradoxale (étant) à la fois signe d'une histoire et résistance à cette histoire" selon le propos Barthes.

Quels que soient le degré de communication et la nature des médiations qui y sont investies, l'œuvre de Djebar, dans le champ de l'interprétation historique vaut au moins par la signification des positions personnelles d'une femme écrivain dans le débat mondial autour de la littérature et sa référence.

Les espaces mnémoniques à la croisée des regards

> *Seule la mémoire du corps est fidèle, seul le présent du corps qui dort puis se réveille, qui dure, puis sommeille inaltéré, seul il ne se multiplie pas.* (*Les Alouettes naïves* p.177).

L'écoute de son propre corps transforme toute fiction en autobiographie.

Dans les romans d'Assia Djebar la parole singulière, indicible du corps, autrement dit son silence, s'exprime dans une tension entre le collectif et l'individuel et dans le détour verbal de la mémoire qu'exige tout mouvement alterné de dessaisissement et de réappropriation du "je", nécessaire au déploiement de l'espace autobiographique. Espace mnémonique, fait de durée, chargé d'images et de sensations, doublement anaphorique, visité et revisité, il porte les stigmates des paradis perdus de l'enfance.

L'espace autobiographique se déplace ainsi sur plusieurs couches narratives. La ressouvenance, où se manifeste la présence sporadique de la nostalgie enfantine, traverse les écrans réalisés par la fiction et l'écriture et propulse le lecteur, par-delà le temps des horloges et les références sociales et géographiques des témoignages et des récits de vie, vers celui infiniment plus riche de la durée:

> *Ainsi, plus que le temps à déterminer (un jour, plusieurs années, davantage encore,...) à dater au besoin, l'essentiel est la durée, temps intérieur de chacun des personnages... Puis par dessus tout cela, il y a la durée intérieure du livre*[13].

Durée intérieure du livre, c'est-à-dire du corps-texte qui tire ses nombreux effets parasitaires de la tension entre révélation et dissimulation, qui illustre de manière éloquente le rapport très particulier que la romancière entretient avec la littérature depuis son quatrième roman *Les Alouettes naïves:*

> *Depuis ce temps là j'écris avec plus d'interrogations. J'ai pris conscience que mon rapport à la littérature est un rapport de dissimulation, que je concevais la langue française et le fait d'écrire comme un voile*[14]

L'espace autobiographique devient un espace paradoxal. D'une part, le corps et ses métaphores transforment inévitablement toute fiction en autobiographie, d'autre part, l'utilisation de la langue française, langue "marâtre", tunique de Nessus, don d'amour du père qui n'est plus géniteur mais distributeur de la parole, ramène cette même autobiographie à son origine fictionnelle, dissimule plus qu'elle ne découvre ou en découvrant augmente les risques de déflagration.

---

[13]. Cf. «Le romancier dans la cité arabe», Paris, *Europe*, n° 474, octobre, 1968.
[14]. Cf. "Assia Djebar", Paris, *Jeune Afrique* n° 1225.

Désir d'histoire et esthétique

La tension entre révélation et dissimulation, qui dynamise les récits de vie, est parfaitement lisible dans la problématique du regard; le regard, sujet ou objet de perception inaugure dès les premiers romans un geste de mise en spectacle qui donne naissance à une véritable institution de l'image, le regard devient un concept déterminant dans la dialectique dénuder/voiler comme modalité d'approche de toutes les formes du réel:

> *Dans mon premier roman,* La Soif, *je m'étais masquée. Dans mon second roman,* Les Impatients, *je me suis rappelée. Dans mon troisième roman* Les Enfants du nouveau monde, *j'ai voulu jeter un regard sur les miens. La position de Lila, à côté et en même temps dedans et témoin, c'est un peu moi...*
>
> *Avec* Les Alouettes naïves, *pour la première fois, j'ai eu à la fois la sensation réelle de parler de moi et le refus de ne rien laisser transparaître de mon expérience de femme. Quand j'ai senti que le coeur de ce livre commençait à frôler ma propre vie, j'ai arrêté de publier volontairement jusqu'à* Femmes d'Alger dans leur appartement[15]

En réalité, depuis le regard intimiste de *La Soif* et des *Impatients*, réflecteur d'une intériorité féminine à sa propre recherche, les personnages de tous les romans d'Assia Djebar et jusqu'à *Ombre sultane*, ne sont que des masques divers pris dans le vertige des substitutions et des bifurcations d'identité et derrière lesquels glisse un sujet qui tente de lire les effets inquiétants des jeux de miroir de sa mythologie personnelle et le croisement de ses vrais et de ses faux repères.

Dans *Les Enfants du nouveau monde*, il circonscrit un ensemble socioculturel et l'interprète dans un large mouvement descriptif. Toute l'architecture de cet ensemble obéit à une technique rigoureuse du point de vue qui spatialise des expériences individuelles et collectives saisies selon les cas du dedans ou du dehors. La, dans ce roman, la vision se mesure avec des effets de sens idéologiques. Furtif, pressé lorsqu'il passe sur la communauté européenne, le regard se fait plus attentionné, plus généreux, plus appliqué

---

[15]. *Ibidem*

dans ses mentions lorsqu'il se tourne vers les siens. L'esquisse laisse place à un spectacle plus élaboré, nourri par l'irrésistible élan d'offrir la totalité de l'espace romanesque à la communauté autochtone et de lui accorder un maximum de durée. La vision s'enrichit alors et devient l'occasion de nombreuses structures fictionnelles:

> *Il arrive aux femmes qui, dans la fraîcheur de leur chambre, ne bougent pas, de se tendre un instant, les yeux grands ouverts, le regard fixe, avec une palpitation enfantine, et d'imaginer leur mari debout contre un mur, au soleil de midi, secoué sans doute d'une peur qu'il doit s'efforcer de ne point révéler mais que l'épouse retrouve en lui, le soir, lorsque tout est fini...*(Les Enfants du nouveau monde. p. 16)

Les regards se croisent, se rencontrent, s'échangent et se déportent inévitablement vers l'imaginaire du désir qui redouble constamment le réel, lui restitue paradoxalement sa concrétude.

La place centrale de la ville, dans ce même roman, est animée par les regards qui s'éveillent en elle; regard-présence masculin et regard-absence de la femme voilée recomposent les figures caractéristiques de la société et valent donc par ce qui s'y implique d'histoire. La volonté de l'écriture d'accéder à la visibilité, évidente dans le champ lexical de "spectacle" qui se déploie en divers endroits du roman, l'est plus encore dans *Les Alouettes naïves*. Dès l'entrée en matière, le regard de Omar précise sa relation à l'objet qu'il saisit comme spectacle:

> *(...) moi... comment oublier le spectacle? Je m'y plongeai en son cœur: un sourire furtif ici, un gémissement de malade sous une tente, un regard là, emporter avec moi ces signes seuls* (p. 15)

Car tout l'intérêt est dans les habitudes du regard, qui se manifestent comme des besoins quasi organiques de l'œil. Ainsi, dans *Les Alouettes naïves*, Nfissa mesure la portée de sa mémoire en la soumettant à l'épreuve du regard. En rentrant chez elle après une longue absence, elle crut que la maison avait changé, rapetissé peut-être. Son regard remet en place les moindres détails: la marche qu'il ne fallait pas rater, le battant gris du portail, le hangar... Ce qui avait pourtant changé c'était la lumière. Un autre éclairage et l'occasion d'un regard différent, d'un regard, d'un temps et d'un lieu autres, l'œil de Nfissa se fait contemplateur, se rapproche du tableau et organise le souvenir: "le marbre de la cour, le même: grisâtre, les carreaux de céramique du bassin, fendillés et passés, là, le coin des lessives hebdomadaires sous les pampres de la vigne où gisaient renversés les uns sur les autres en une hutte de bronze, plusieurs bidons noirs pour le lessivage des matins... ". Dans son évocation, le regard replace chaque chose dans le cadre qui était le sien et, conjointement avec l'ouïe, reconstruit l'univers du souvenir sans défaillance, reste intransigeant avec la lumière et enregistre les moindres variations lumineuses qui modifient couleurs et formes: "la lumière pâlissait le contour des choses, des êtres, du visage que Nfissa embrassait". A ce moment-là, le regard se soumet à ces modulations, retrouve une acuité toute particulière, une acuité qu'atteste une énumération longue et précise que le sujet retrouve avec l'intensité de l'émotion attribuée au contact avec le seuil maternel.

Donc, le regard, au milieu des figures qu'il saisit dans la réalité ou qu'il projette dans l'imaginaire, révèle d'abord, et même lorsqu'il se dissimule dans l'anonymat, un point de vue au féminin extrêmement subjectif. Par une opération métonymique le personnage s'efface derrière son regard pour y concentrer toute l'énergie nécessaire à la confrontation avec une situation forcément neuve puisqu'il s'agit de traverser un espace réservé aux hommes.

Le texte narratif mobilisé par l'œil ouvre sur d'étranges perspectives jouant des écrans qui refaçonnent le monde, le reproduisent en lignes, en formes, et en couleurs: "Imaginez, une femme voilée sortant dans la rue. Chez nous, les femmes traditionnelles voient le spectacle par un seul œil; tout le reste du corps se dissimule. Cela donne alors une impression quelquefois allègre, quelquefois suffocante, d'anonymat; mais toujours la curiosité est exaltée. Ce qui s'étale aux autres librement et à plat, on le voit par le plus petit écran possible. Tout devient frais, étrange aussi, en relief; tout quelquefois paraît irréel, flou, papillotant..."

Etrangeté donc du regard féminin forgé par les écrans, c'est-à-dire, le voile et l'écran social hérissé d'interdits, qui fragmentent la vision en reléguant une bonne partie dans la zone obscure du refoulement: "une femme voilée rarement se promène, elle marche vite, elle a plus ou moins consciencieusement une allure de fugitive. Or, dans cette rapidité, elle finit par ne plus savoir si l'insaisissable, c'est le dehors sur lequel glisse son œil, ou elle-même qui tend à dissimuler au maximum sa surface".

Poursuivant patiemment l'interrogation de cette expérience particulière du regard de ses personnages féminins, Djebar en pressent les énormes capacités esthétiques en vue d'une transposition cinématographique. Les modalités diverses de l'acte de vision, qu'elles soient découverte ou dissimulation, ont très certainement contribué largement à nourrir la vocation cinématographique et picturale de la romancière. On peut lire à propos de Nfissa dans *Les Alouettes naïves*, qu'elle "observe furtivement, mais bizarrement, croyant ne percevoir que l'image comme au cinématographe, non la réalité" (p. 63).

Le regard, à ces moments-là, impose son autonomie comme soumis au seul déterminisme mécanique, celui de l'œil-caméra. Par contamination, le réel tout entier est réduit au seul état que lui reconnaisse le cinéma, celui d'image.

La vision cinématographique, dont l'appel se fera de plus en plus pressant au fur et à mesure que la romancière avance dans sa production littéraire, a commencé à se cristalliser dans *Les Impatients*, dont elle dira que "c'est du ralenti: la sieste, le bain maure". Le bain maure intéresse d'abord, parce qu'il s'agit d'un lieu où le regard s'active à travers un écran de vapeur et favorise, "dans les salles embuées où ne circulent que des corps à demi nus", l'ouverture d'un espace irréel dans lequel "la vie s'immobilise". L'écran-vapeur ralentit les gestes, assourdit les sons et décale toute accointance avec le réel:

> *Le monde extérieur n'était pas séparé de moi par de simples portes, quelques couloirs, mais par une zone irréelle, au-delà de laquelle m'attendaient mes habits, mon nom, toutes mes habitudes... Je ne percevais enfin des autres que des échos, assourdis par la vapeur, qui frappaient les plafonds vitrés au-dessus desquels je n'imaginais aucun ciel.* (Les Impatients, p. 66).

Cette grande capacité de transfiguration par le regard à travers un écran, Assia Djebar l'exploite de diverses manières, lui faisant jouer un rôle déterminant dans le processus de signification. Anne, dans *Femmes d'Alger...* fait à son tour l'expérience de l'écran de vapeur du bain maure; assoupie de chaleur, elle regarde autour d'elle, perçoit "une lucarne dans le plafond à l'ogive élargie; voûte ancienne qui aurait pu être celle d'une abbaye. Qui, la nuit, pouvait se cacher là, s'interroge-t-elle, qui mêlerait ses pleurs de silence à l'eau suintante?... Mystère de cet univers d'eau souterraine" (p. 43). Le regard d'Anne, perçoit, comme celui de Dalila dans *Les Impatients*, cette zone de mystère qui habite inévitablement le hammam. Son regard de Française, par un recours aux associations socioculturelles, contemple fasciné "les corps usés... le bras d'une masseuse, dressée debout sur la dalle, qui s'agenouille ensuite, ceinturant le corps d'une baigneuse face, ventre et mamelles écrasés contre la pierre, les cheveux en masse rougeâtre, les épaules ruisselant des traînées du henné délayé" (p. 43). Le regard scrutateur de l'étrangère s'aiguise ensuite sur la masseuse, dont les gestes s'ordonnent progressivement en spectacle, amorçant en même temps un ensemble de figures signifiantes qui dégagent un arrière fond sociologique. Ce qui est donné à voir en premier lieu, c'est un vécu dramatiquement forgé: "ses seins longs, traversés de veinules jusqu'à leur bout pendaient. Sa face de villageoise, vieillie avant l'âge, devenait sous la lueur qui descendait en rayons obliques de la lucarne, un masque de sorcière orientale" (p. 44).

L'espace est relié de façon problématique au corps. Sa saisie par le regard participe à la fois de la mise en évidence des interdits et de la possibilité de leur transgression. Le souvenir, quant à lui, intervient, comme l'écrit Proust dans *La Recherche du temps perdu*, pour libérer la pensée et spiritualiser la sensation.

Le spectacle peut évoluer, dans certains cas, vers des figures dont les seuls aspects persistants inscrivent un vouloir-dire pictural, un univers de formes pures. Le regard revendique constamment deux fonctions qui s'inscrivent formellement dans le prolongement l'une de l'autre. La première, accessible à une interprétation à la dimension d'un vécu, d'une histoire, d'une société, sert un projet de représentation; la seconde, réglée par la coprésence de figures productrices de spectacle et apparemment peu affectées par le sens, ne sollicite rien d'autre que la contemplation; ces figures ne sont là que pour fertiliser un paysage de formes et de couleurs; les exemples les plus éloquents nous sont fournis par les passages descriptifs où sont exhibées des expressions corporelles.

Après s'être longtemps dissimulé, le corps se dévoile jusqu'à l'exhibition, exprimant le passage de l'affectif au charnel, la fusion des sens, le désir qui ne demande qu'à être exacerbé. Et, pour retrouver ses liens intimes avec la nature, le ciel, le soleil, la caresse du vent, il s'offre d'abord au regard. Le lecteur est alors invité à redécouvrir le spectacle des traces que laissent dans l'espace les diverses expressions d'un corps qui se découvre. La réhabilitation du corps, dévoilé et en mouvement, dépend alors de sa perception comme spectacle par le regard. C'est au prix de cette réhabilitation que son récit devient possible. La charge érotique qui traverse les descriptions de couple dans leurs ébats amoureux ne masque nullement le souci de Djebar de parvenir, par une recherche esthétique, à une sorte de transfiguration des mouvements du corps, à un art de l'expression corporelle.

> *Sous le drap, le couple s'enlace, corps multiplié aux gestes lents, aux seuls yeux qui parlent. Qui de l'homme, au front muet,*

> *au dos baissé, et qui reçoit les rayons chauds du printemps précoce contre ses reins, ou de la femme frileuse encore dont la face, malgré les premières violences du plaisir, sourit doucement, qui des deux corps unis et retrouvés, écarte le drap d'un seul geste du bras pour que l'acte d'amour s'accomplisse sous le soleil, cœur d'une fleur tropicale qui éclôt et se fend d'un unique mouvement?(Les Alouettes... p. 188).*

Le souci esthétique orchestre la plupart des mouvements corporels des personnages et redouble là encore la volonté d'ériger ces mouvements en système de signes. La danse, par exemple, en réhabilitant le corps par le spectacle, est appréhendée dans sa capacité à dire ou à taire certaines choses. La danse de Samia, la petite prostituée des *Alouettes naïves* est une "danse muette". Elle lui permet comme à toutes les alouettes naïves de "jouer et de vivre à la fois". La danse de Samia est une démonstration symbolique qui "dit en silence" tout un vécu, celui d'une enfant qui a déjà enfanté:

> *La danse est muette, les bras, branches vivantes au-dessus de la tête, masquent ensuite le visage puis la poitrine d'enfant; deux lianes qui s'éloignent, remontent puis viennent autour du ventre brun, s'élèvent à nouveau dans les airs. Le corps mince tangue légèrement avec une grâce de peuplier dans le vent doux des rivières, seuls les bras maigres, démoniaques, tragiques, impuissants dans leurs arabesques. Le ventre et les jambes frissonnent faiblement à droite à gauche, mouvement régulier et paisible, les bras cherchent à s'enrouler, reviennent, supplient, invoquent le nombril, puis les seins, coupes élargies d'une enfant qui a déjà enfanté, et ce spectacle dégage une innocence lascive, pourtant flétrie, tandis que les bras serpents repartent, remontent, redeviennent lianes fragiles, fils barbelés, anses de prière folle...*(p. 225).

Ce passage est d'autant plus expressif qu'il définit plusieurs lieux d'interprétation: le premier concerne le phénomène plastique habilement rendu par l'écriture, le second s'articule sur la ligne du désir de relation fusionnelle entre un homme et une femme-enfant "symbole d'une déchéance extérieure et d'une lumière en elle tout à fait anonyme...", le troisième concerne l'enchaînement des signifiants qui consacrent la rencontre du social et de la nature dans les jeux de la métaphore ainsi que l'illustre la figure des "bras serpents... qui redeviennent lianes fragiles, fils barbelés, anses de prière folle...".

Le regard continue ainsi de féconder la métaphore corporelle. Dans *Femmes d'Alger...* il occupe des lieux inoccupables, il est œil-sein, œil-nombril, œil-sexe. La romancière, dans un développement remarquable, prospecte le champ des significations de l'interdit qui pèse sur le corps féminin en attribuant au regard-découvreur un singulier pouvoir de subversion de l'ordre social établi, garanti par la fonction dissimulatrice: "une femme-mouvement donc vue qui regarde, n'est-ce pas en outre une menace nouvelle à l'exclusivité scopique des hommes, à cette prérogative mâle".

Assia Djebar continue en cela de s'inspirer de l'expérience proustienne[16]. D'une part, elle exploite ses souvenirs avec de multiples réfractions que l'on perçoit comme des effets d'exigence esthétique et de revendication par l'artiste du privilège de modifier et d'adapter le vécu qui lui appartient, d'autre part, elle reprend à son compte un certain nombre de propositions énoncées par Proust dans *A la recherche du temps perdu*: la première est que "la vraie vie est ce qui se cache et n'apparaît que dans la production des formes"; la seconde est que "le langage artistique devient l'instrument qui permet de voir ce qui autrement ne serait pas perçu" et que "la seule histoire possible sera celle des œuvres d'art à dire des discontinuités".

Dialogue avec les peintres

La longue méditation entreprise par Djebar sur "regard interdit, son coupé" titre de la postface de *Femmes d'Alger..*, prend sa source dans l'attention soutenue qu'elle accorde "au

---

[16]. Cf. *A la recherche du temps perdu*, texte dans lequel Proust met en place une véritable philosophie de l'art. C'est une tentative de ce genre que vise indirectement Assia Djebar dans ses textes depuis *Femmes d'Alger...*

regard volé" dans un harem d'Alger en 1832 par le peintre Delacroix. Elle tente de déchiffrer différemment les messages picturaux que le peintre transmet à travers les variations de sa célèbre toile, et les réflexions fragmentaires sollicitées par ces variations inspirent à elles seules la quasi-totalité des nouvelles contenues dans le recueil, qui emprunte à la toile l'intégralité de son titre.

Un ensemble d'associations suggérées par des références plastiques (lumière, couleurs, formes, attitudes) gravitant autour d'une conception quasi géométrique du regard permet à la romancière de dégager un nouveau mode d'accès à l'univers pictural de Delacroix, celui dont le mouvement mène de la première à la deuxième version de *Femmes d'Alger dans leur appartement.*

La transformation des signes picturaux est le résultat de la modification de certains éléments de cadrage et de l'effet de distanciation: les femmes d'Alger apparaissent soudain "moins sultanes que prisonnières. N'entretenant avec nous, spectateurs, aucun rapport. Ne s'abandonnant ni ne se refusant au regard. Etrangères mais présentes terriblement dans cette atmosphère raréfiée de la claustration". Le tout est de voir le monde à juste stature féminine comme dans un renversement douloureux de perspective:

> Ces femmes que Delacroix, peut-être malgré lui, a su regarder comme personne ne l'avait fait avant lui, ne cessent de nous dire, depuis, quelque chose d'insoutenable et d'actuellement présent. (p. 171).

Le texte des nouvelles compose ainsi un terrain d'application de cette relation autre à l'œuvre de Delacroix à laquelle sera opposée celle de Picasso, qui au début de la guerre d'Algérie brise l'interdit, renverse la malédiction et libère les belles prisonnières du harem. Il s'agit pour Djebar d'accéder, par le regard romanesque se substituant à celui des deux peintres, au parcours socio-historique d'un destin au féminin qui se raconte dans l'échange esthétique des œuvres d'art.

L'aspect temporel est ici déterminant; à propos du "regard volé de Delacroix", l'auteur écrit: "Deux ans auparavant seulement, le peintre français y aurait risqué sa vie... " (p.173). C'est le passé comme corps mort qui rend possible le langage présent du corps féminin.

Le présent du corps djebarien est scellé par sa thématique, par sa relation aux signes picturaux, par son approche des éléments plastiques, tant à l'expression de malédiction qui se dégage de la toile du peintre français qu'à la hardiesse libératrice du génie espagnol annonçant la lignée des porteuses de bombes de la bataille d'Alger. L'interrogation de cette double expérience artistique introduit dans ces nouvelles deux modalités du discours qui donnent à l'espace autobiographique toute son intensité. L'une, inquiète, renouvelle sans cesse l'angoisse d'un regard interdit "d'un *son* coupé", l'angoisse de "la structure du sérail qui tente d'imposer dans les nouveaux terrains vagues ses lois: loi de l'invisibilité, loi du silence"; l'autre, plus confiante, "espère dans la porte ouverte en plein soleil, celle que Picasso ensuite a imposée, une libération concrète et quotidienne des femmes".

L'Amour, la fantasia à son tour fait appel à la médiation des arts plastiques. L'inspiration picturale continuera à divers moments d'être indirectement nourrie par Delacroix. Assia Djebar sera tentée, comme le fut par exemple Baudelaire, par ses "formes expansives et emphatiques», par "l'éloquence des gestes et des mouvements" et surtout par "la théâtralité" d'une peinture où "l'on assiste à la célébration de quelque mystère douloureux"[17]. Cette fascination qui la porte vers l'art visuel, l'auteur l'exprime dès l'ouverture du roman en accentuant le caractère plastique de l'écriture qui produit la magie suggestive. Elle nous fait participer à l'élaboration de sa création picturale, étape par étape, jusqu'à la saisie finale de l'instantané qui suspend tout mouvement pour le fixer à jamais et susciter la contemplation.

---

[17]. Baudelaire se réjouissait en plus du caractère littéraire des peintures de Delacroix... Voir à ce propos *"Les Fleurs du mal" de Baudelaire*, par J.C. Mathieu, Paris, Classiques Hachette, 1972.

C'est, d'abord, l'entrée en représentation du temps avec "l'instant précis et bref où le jour éclate au-dessus de la conque profonde", et la gradation progressive de la lumière, de la première aurore avec ses couleurs délicates, le "blanc fantomatique" et "le poudroiement des bleus et des gris mêlés" jusqu'aux "flaques étincelantes... d'un midi éclaboussé", en passant par le vert assombri et "l'azur d'aquarelle". S'ordonnent ensuite les formes et le mouvement avant de se fixer dans "l'instant solennel, suspendu en une apnée d'attente comme avant une ouverture d'opéra".

La comparaison, relais du scriptural, opérant dans un champ de références plastiques, introduit le relief, complète les nuances et sollicite à la manière d'un Delacroix une sorte de dramaturgie mélancolique: la ville "se dévoile, blancheur fantomatique... triangle incliné dans le lointain... se fixe adouci, tel un corps abandonné sur un tapis de verdure assombrie...La ville tout en dentelure et en couleurs délicates surgit dans un rôle d'orientale immobilisée en son mystère. L'armada française va lentement glisser devant elle en un ballet fastueux".

La comparaison ici, tout en séduisant l'œil, joue comme un détonateur de sens. Empreinte de sensualité, elle inscrit le caractère initialement érotique de l'affrontement, tragiquement détourné en viol. Le mutisme du paysage érotisé masque ce qui se trame en lui. Le regard quasi religieux de l'observateur mesure, derrière le visible, la part impressionnante du caché. Le détour scriptural par la comparaison, par les couleurs et les formes abondantes qui s'accrochent aux mots, réalise la figure dominante de l'œuvre de Delacroix: la lutte, le dramatique corps à corps de l'amour et de la guerre.

Le recours à la médiation plastique et à la démarche picturale s'imposera ainsi dans de nombreux passages. Dans ceux, par exemple, qui reproduisent l'itinéraire spéléographique de la romancière-historienne dans les ossuaires du Dahra; le geste pictural fixera les cadavres exhumés dans leurs convulsions, les victimes pétrifiées, minéralisées, métamorphosées en montagnes et vallées, "les femmes couchées au milieu des bêtes dans des étreintes lyriques... Les bébés langés au cou des mères".

La référence plastique s'intègre par moments, plus imperceptiblement au mouvement de l'écriture. Elle intervient pour ranimer des couleurs, accentuer un relief mais s'efface derrière tout ce qui tend à stimuler le mouvement et le son comme dans cette description de la razzia du capitaine Bosquet sur les Gharabas et les Beni Ali. Sur une gamme de références explicites à l'image, la description compose une scène que le dynamisme du mouvement et le tumulte qui l'accompagnent opposent nettement au mutisme lithographique de l'ouverture et destinent plutôt au cinéma. La phrase raccourcie et le substantif de mouvement, au lieu du verbe, accélèrent le rythme et offrent à l'œil une très grande mobilité dans la conduite de la vue à travers les plans qui se succèdent:

> *Renversement des corps mêlés. Ils se recroquevillent dans le sang versé; ils glissent dans le désordre des tentures maculées. Grognements sourds plus présents que les plaintes, que les glapissements de triomphe ou d'effroi. L'incendie lèche, de ses lueurs mobiles, coffres entrouverts, bijoux et cuivres éparpillés entre les premiers cadavres. Chute des femmes qui s'évanouissent. Des spahis de Yusuf prêtent main forte au pillage qui commence, avant même la fin des combats* (p. 65).

De la peinture dans ses multiples expressions (esquisse, aquarelle, lithographie) et du cinéma, Assia Djebar engage tout ce qui peut féconder son écriture, tout ce qui peut renforcer le regard critique et la mémoire, tout ce qui aide à concentrer la force de suggestion, la multiplie et l'intensifie.

Les peintres ne sont pas sollicités seulement pour leurs peintures, mais aussi pour leurs écrits et leur mémoire. Eugène Fromentin, vingt ans après Delacroix séjourne dans une Algérie entamée par vingt-deux années de guerres permanentes: "Cet amoureux du gris... Ce dessinateur excellant dans les scènes de chasse...trouve dans le Sahel de mon enfance, dit la narratrice, un jardin où tout parle d'absence". La romancière interroge son récit, *Chronique de l'absence*, et les mots, remplaçant les couleurs, viennent alimenter la nappe phréatique de sa mémoire avec le témoignage de la tragique issue de l'histoire d'amour d'une jeune femme, Haoua, et d'un cavalier Hadjout. Restituée par le récit du peintre, l'image de la femme renversée au détour d'un galop par un coup de sabot à la face renouvelle l'angoisse de l'oppression et inscrit la dépression finale du roman. Cette liaison aux accents funèbres de la chronique du peintre, donne à l'auteur de grandes ressources imaginaires et symboliques: au sortir "d'une oasis empuantie par le massacre, Fromentin ramasse une main coupée d'Algérienne, il la tend à l'écrivain qui s'en saisit et lui fait porter le qalam".

A l'incipit du roman, l'image du père tenant sa fillette par la main, à l'excipit celle du peintre Fromentin tendant à l'écrivain "une main inattendue, celle d'une inconnue qu'il n'a jamais pu dessiner". La continuité est symboliquement restaurée et les échos se multiplient entre la mémoire, le savoir et la création artistique.

Incidences

Une œuvre qui se construit, un écrivain qui confirme ses talents d'artiste, un itinéraire caractérisé par un effort de réflexion créatrice, un geste scriptural déterminé par une écoute de soi et de la société, sollicitent le lecteur de multiples façons. L'échange constamment renouvelé entre l'écrivain, la cinéaste, la critique d'art, l'historienne, la dramaturge a une grande incidence sur la conception littéraire d'Assia Djebar. Ecrivain-femme porte-parole des femmes séquestrées, écrivain-témoin d'une époque historique, écrivain stimulant la mémoire des aïeules et secouant les archives, écrivain parcourant son corps et surprenant le couple, Assia Djebar est aussi écrivain-architecte qui éprouve les structures, confectionne des objets linguistiques, et qui, tout en restant profondément ancré dans une idéologie de la représentation, évolue vers une recherche sémiologique et une réflexion sur le processus de création.

La quête de la forme est entamée dès *Les Alouettes naïves* en 1967. "Depuis ce temps-là, dit Assia Djebar, j'écris avec de plus en plus d'interrogations".

Dans ce roman, l'auteur questionne le phénomène narratif comme moyen de prospection du réel, et la littérature non comme reflétant le réel, mais comme le signifiant. Ceci se confirme, dans *Femmes d'Alger dans leur appartement*, avec la volonté de feuilleter le sens en utilisant les arts plastiques et la critique d'art. Dans *L'Amour, la fantasia*, viendront s'ajouter une grande prospection dans la galerie des mots et l'exhibition d'un métalangage qui semble s'élaborer autour d'une formule à la Barthes: "l'écriture est un masque qui se montre du doigt".

A l'écoute de soi et de sa société Assia Djebar l'est aussi de ses contemporains, artistes, écrivains, cinéastes et des techniques qu'ils expérimentent, de tous ceux qui, dans leur création, inscrivent une dimension critique, une quête de la forme et une réflexion sur l'écriture et l'art en général.

Certes Assia Djebar restera pour le public essentiellement un écrivain-femme qui parle de celles "qui baissent les paupières ou regardent dans le vague pour communiquer".

Qu'avons-nous comme dit de nos femmes, comme parole féminine? (*Femmes d'Alger*...). Là semble être la question, toute la question. L'œuvre est alors lue comme une tentative de collection des paroles éparses, timidement énoncées, suggérées, arrêtées, interdites, refoulées... qui en pointillé rétablissent le sens d'une histoire:

> *Le murmure des compagnes cloîtrées redevient mon feuillage. Comment trouver la force de m'arracher le voile, sinon parce qu'il me faut en couvrir la plaie inguérissable, suant les mots tout à côté* (*L'Amour, la fantasia*, p. 245).

Plus que le dit lui-même, ce qui ravive le mouvement de restitution, c'est la forme que prend ce dit pour s'extraire des espaces voilés de l'âme féminine.

Au-delà du combat, le texte produit une réflexion subtile sur l'univers sémiotique dans lequel s'engage la parole. Cette parole, l'auteur la poursuit partout où elle fait bouger les signes. Dans les cris, dans les pleurs, dans les rires, dans les yeux, dans le corps tout entier... Dans les attitudes et les gestes, dans les pas de danse, dans la traversée conquérante de l'espace. La parole féminine engageant tout l'être, tout le corps, est sans cesse soumise au regard témoin du temps, évaluée, réévaluée selon la durée et le rythme propre de chaque personnage, et par-delà, de l'auteur.

Catégorie conceptuelle freudienne passée par le prisme du champ sémiotique de R. Barthes, la relation langage-corps est devenue un lieu incontournable dans la littérature algérienne. Image créée par Kateb Yacine dans Le *Polygone étoilé*, elle sera tour à tour exploitée par la plupart des écrivains post indépendance. Avec Assia Djebar, l'image poursuit son avancée, parée cette fois de l'émoi feutré d'une écriture au féminin. Passant au versant métaphorique, elle dévoile les indices d'une sensualité suscitée autant par le mouvement des mots dans le corps que par celui de l'écriture:

> *Quand sa main **écrit**, lente posture du bras, précautionneuse pliure du flanc en avant ou sur le côté, le corps accroupi se balance comme dans un acte d'amour... pour **lire**, le regard prend son temps, aime caresser les courbures, au moment où l'inscription lève en nous le rythme de la scansion: comme si l'écriture manquait le début et le terme d'une possession.* (*L'Amour, la fantasia*. p. 204).

"Ecrire, c'est se parcourir" dit Michaux. "L'écriture est dévoilement, en public devant des voyeurs qui ricanent..." réplique Assia Djebar. Le corps-écriture est tantôt déployé vers le regard d'autrui avec le désir d'être parcouru par lui, tantôt ramassé dans le secret de ses mues intérieures. Les mots du dévoilement, ceux de la dissimulation sont les mêmes, le corps qu'ils parcourent est le même, le même aussi le tracé qu'ils effectuent. La différence est dans l'inversion des parcours par rapport à l'œil qui les saisit. Dans cette activité scripturale, dont on dit qu'elle est d'essence narcissique, l'œil est le signifiant moteur de la quasi-totalité de l'œuvre. "L'histoire de l'œil" djebarien, est celle d'une migration, l'histoire d'un œil qui passe d'image en image et qui joue à permuter les places du sujet regardant et de l'objet regardé: la femme et l'homme, la femme et la société, la femme et l'histoire, la femme et l'écriture. Le déploiement du texte se fait au profit de la dimension assignée aux différents parcours de l'œil. Celui-ci, signifiant présent ou dissimulé/disséminé, soumet à sa propre stratégie l'ensemble des unités formelles: fragments autobiographiques, énoncés historiques, commentaires socioculturels, appréhensions idéologiques et esthétiques, aperception du temps etc., jusqu'au langage lui-même qui se regarde autant qu'il se dit ou s'écoute:

> *Le mot lui-même, ornement pour les officiers qui le brandissent comme ils porteraient un œillet à la boutonnière, le mot deviendra l'arme par excellence...(L'Amour, la fantasia p. 56). /.../ Comme si le mot étranger devenant taie sur l'œil qui veut découvrir... /.../ Mot de tendresse d'une femme en gésine de l'avenir: ils irradient là sous mes yeux et enfin me libèrent.(L'Amour, la fantasia p. 241)*

L'œil, promoteur de l'appareil sémiologique et de ses corrélats idéologico-esthétiques dans la totalité de la production cinématographique et littéraire d'Assia Djebar, est le lieu à partir duquel s'organise la dimension critique de l'œuvre. Car l'œil, comme le dit Barthes, lutte contre les contingences de l'anecdote et sauvegarde la "pureté d'une vision qui dure"[18] d'où le besoin, sans doute, d'alterner écriture et cinéma, l'un venant réguler la tension que l'autre produit; elle explique en effet comment *La nouba des femmes du Chenoua*, son premier film, a désamorcé une tension créée par l'écriture en langue française et lui a fait "accepter son bilinguisme culturel avec sérénité»: "Mon rapport avec la langue française est aujourd'hui plus clair. Si j'écris en français, c'est parce que je l'ai choisi et non parce que je suis une colonisée"[19]

---

[18]. Formulation de R. Barthes qui, dans une perspective métaphorique, retrace *L'Histoire de l'œil* de M. Blanchot, voir *Essais critiques*, Le Seuil, Coll. Tel Quel, 1967, p. 238.
[19]. Cf. *Jeune Afrique*, déjà cité.

La romancière a dû, elle aussi, emprunter les chemins escarpés de la question linguistique. Celle-ci prend alors l'allure d'un parcours déboublé et le conflit à l'œuvre dans le réseau signifiant du texte est souvent sensible dans les manifestations terroristes de la langue maternelle. Ce phénomène Assia Djebar le compare au ***rebato***:

> *Après plus d'un siècle d'occupation française qui finit, il y a peu, par un acharnement, un territoire de la langue subsiste entre deux peuples, entre deux mémoires; la langue française, corps et voix, s'installe en moi comme un orgueilleux préside, tandis que la langue maternelle, toute en oralité, en hardes dépenaillées, résiste et attaque, entre deux essoufflements.*
>
> *Le rythme du "rebato" en moi s'éperonnant, je suis à la fois l'assiégé étranger et l'autochtone partant à la mort par bravade, illusoire effervescence du dire et de l'écrit* (L'Amour, la fantasia, p.241).

Cette inquiétude autour de la question linguistique n'envahit la romancière que lorsqu'elle entreprend l'effort de remémoration, lorsque devient urgente la volonté de renouer avec l'aïeule, sa mémoire et son dire, car la restitution d'un échange nourri des mots d'amour du berbère et de l'arabe dans une "langue entachée du sang des ancêtres" ne relève pas de l'ordre normal des choses. A l'issue du parcours historique et spéléologique de *L'Amour, la fantasia*, son rapport à la langue française, Assia Djebar l'enferme dans une métaphore violente qui ne fait qu'accentuer l'ambiguïté d'un "amour contradictoire, équivoque". Tunique de Nessus", "don d'amour du père".

D'ailleurs comment pourrait-il en être autrement? La langue "marâtre", "tunique de Nessus, don d'amour du père", transforme l'autobiographie en fiction, dissimule plus qu'elle ne découvre, ou en découvrant augmente les risques de déflagration. Il fallait le dire, il suffisait de le dire pour désamorcer la tension et rendre à l'écriture, quelle qu'en soit la langue, sa positivité et son élan proleptique:

> *Ma nuit remuée de mots français, malgré les morts réveillés... Ces mots, j'ai cru pouvoir les saisir en colombes*

Assia Djebar

malgré les corbeaux des charniers, malgré la hargne des chacals qui déchiquettent.
    Mots tourterelles, rouges-gorges, comme ceux qui attendent dans les cages des fumeurs d'opium...
    Un thrène diffus s'amorce à travers les claies de l'oubli, amour d'aurore. Et les aurores se rallument parce que j'écris (*L'Amour, la fantasia*, p. 244).

Nabile Farès: d'un Exil au féminin

"Poème d'Orient et d'Occident"

> *Et leurs paroles*
> *Inscrivaient*
> *De profonds tatouages*
> *Sur la terre étrangère*
> *A l'accoutumé*
>
> *Délirantes de vie*
> *Elles attendaient*
> *Près du grand feu*
> *La gloire offerte*
> *Au lumineux*
> *(L'Exil au féminin)*[1]

L'Exil au féminin est un recueil de poèmes, qui permet de déceler chez le poète une profondeur secrète non révélée jusque-là. Cette profondeur s'ouvre sur le signe intercalaire entre le sujet, en question dans une langue clandestine, et un féminin familier, mais encore à découvrir dans ses déplacements et ses paroles inédites. Ce signe libère la force d'un mouvement, que le poète reconnaît comme originel, archaïque, d'une histoire qu'il est difficile de raconter autrement que par des morceaux poétiques, défaisant la hiérarchie familiale, sociale et religieuse. La technique du blanc, élaborée de diverses manières, aspire vers le dehors toute convention et toute loi susceptibles de noyer le signe intercalaire dans le signe du Livre premier. La distance entre les deux signes est ainsi assurée au cœur même du poème, qui se constitue librement au gré du souffle de la parole et de la marche féminines.

Chacun des poèmes du recueil propose une scénographie qui fait jouer un geste, une parole, un mouvement, un déplacement, une souffrance...

---

[1]. Paris, L'Harmattan, 1986, p. 78.

Clandestine de la langue

Femme, l'innommée, que l'on atteint par un détour de langue...

Dans le premier poème intitulé "Sortie», le poète emprunte un itinéraire, un détour forcément, pour saisir un regard, une voix. Regard voilé par la pluie, voix, hurlement de la "douleur intrinsèque", l'innommée n'est d'abord que cela, un pronom personnel, *Elle*. Sa sortie est en fait une entrée dans l'espace cognitif du poète. Elle apparaît comme une question qui attend une réponse. Question, ou plutôt ombre d'une question semblable à l'ombre de la voix qui la formule. Le signe intercalaire se dessine petit à petit d'un vers à l'autre et en traversant trois temps de densité croissante: trois vers, quatre vers, puis six vers. Le signe prend forme dans la contemplation de *Elle* par *Je*; contemplation-reconnaissance d'une imminente intimité, qui fouille l'inconnu enfoui dans le cœur et la conscience, en même temps qu'elle parcourt les rides sur le front, saisit le mouvement des lèvres pour le sourire, surprend les doigts qui se pressent. Quelques gestes, quelques faibles manifestations du visage, quelques images futures et pas une seule référence à l'identité de *Elle*. Mais l'ébauche cependant d'un "jeu d'inconnu que l'amour transgresse".

Je s'introduit dans le jeu, perçoit le désir de sortie, acte de transgression en attente, en suspens, accroché à "l'ombre de la voix», au regard posé sur "un jour traversé de longues flammes». Il est encore un monde à dire. Dans l'émotion la plus forte qui écourte le souffle et effeuille la peau "d'un gigantesque automne d'où la vie ne s'est pas retirée".

Le poème "Sortie" est daté d'août 1984.

Laissons là le détour et tournons la page. Juillet 1985, sans titre.

Une autre configuration spatiale. Un fragment de prose sur cinq lignes. Blanc. Reprise en suspension, au milieu de la page du fragment de vers: "... n'existaient plus les rivages". Puis, à la ligne, deux tercets. Le texte n'occupe que la moitié de la page. L'autre moitié est livrée au blanc, à la pensée, à l'attente d'un souvenir, qui prolongerait le premier évoqué à la première ligne, souvenir du premier exil où le corps fut pris d'une longue attente. Quel exil? Quelle attente? La référence s'exile au delà des images qui tournent sans cesse autour de la langue, de la bouche, de la voix en état de claustration temporelle et spatiale; aucune ouverture hormis celle du "bois ouvert des éclats" que frottait "la dure lèvre de sa langue".

Départ en "échardes de navire" conservées dans la bouche malgré le froid, le premier tercet offre une autre version de ce contact entre la lèvre et le bois. Contact qui fait émerger en lieu et place des rivages inexistants, le signe intercalaire de la parole ouverte de l'exil en partage. L'instance poétique du *Je*, en contemplation de *Elle*, cède le pas au *Nous*, engagé dans l'évocation du premier exil. On notera au passage la structure consonantique en **ur, our, or, ir, re, ro, ar**, à raison de deux syllabes identiques au moins par ligne et par vers: *premier, corps, pris, dures chambres, soir, journées, finir, lèvres, dure lèvre, frottait, ouvert, rivages, échardes, navire, conservait, malgré le froid, ouverture, terres*[2].

Le texte reprend sur la page suivante, en accentuation de la même structure consonantique et en accélération rythmique. Six vers au total regroupés dans la partie supérieure de la page en strophe de deux. Au coin de la page, à droite en suspension et en écho "aux rivages disparus", répondent les "...ombres du retardataire" et se ravivent les présences. Et c'est, de nouveau, le détour des langues:

> *Nous fûmes surpris de leurs forces*
> *Au détour de leurs langues...*
> *Ils appuyèrent sur nous*
> *leurs genoux de traîtrise*
> *Nous enlevant les mots*
> *Au fur et à mesure de nos avances* (p. 13).

---

[2]. Cette structure consonantique est dominante dans les romans de Farès; elle exprime la négation de l'autorité et se manifeste dans les moments de profusion de la parole "en-rage" selon l'expression de l'auteur. Cf. *Le Champ des oliviers*,.Paris, Le Seuil, 1972. Il eût possible de procéder comme pour Nedjma de Kateb Yacine et de dégager le dispositif sémiotique du texte farésien. Mais mon objectif était surtout de signaler la sémantisation pulsionnelle dans l'activité des codes et dans l'approche symbolique.

Tournons la page. Le blanc devient de plus en plus envahissant. Quatre vers sur une page et trois sur l'autre qui fait lui face. L'espace de la parole se rétrécit. Le blanc prend l'aspect des voiles perçues du navire, de l'air suave que des "prisons obscures{...}enferment dans les membres". Le vide est en attente, ne semble animé d'aucune signification que celle suggérée par "voiles" et "air suave".

Pages 16 et 17. Trois petits vers à droite, trois petits vers sur la page de gauche. Passivité, attente.

Le blanc qui occupe le reste des deux pages produit un effet différent, il s'inscrit comme limite, comme attente de "la violence de l'élancement". Le décrochement du dernier vers, très prononcé, produit la faille, qui isole l'opérateur sémantique de la composition intitulée "clandestine de la langue".

La construction chiasmique des vers 4 et 5 croise les sens au cœur de l'attente d'une violence future, que confirme la page suivante dans l'étirement du poème et dans l'augmentation relative du volume textuel, le blanc restant plus important, mais cette fois livré comme territoire de la langue à la "jeunesse hostile à s'égarer dans les hymnes du silence".

Le registre de la langue est seul concerné pour le moment. Il évoque, dans un lexique homogène évitant l'ambiguïté et insistant sur leur fonction d'otage, tous les interdits, tous les tabous. Sur la page qui fait face, deux vers, décrochés du poème, avancent à la proue:

Fidèles amies
Des âges insulaires.(p. 19)

L'avancée de ces deux vers provoque une percée dans le blanc, un son aiguisé qui amorce une course vers l'horizon de la page qui suit, dans une sorte de pluralisation des figures

Nous observions les vents
Voyelles insoumises
Nous observions.
Le jour levait
Une constellation pâle
Infinie

*Pluie ample et matinale
d'une lèvre demeure* (p. 20).

Expansion des figures dans l'attente et l'observance. Effets lointains d'un espoir qui aère le texte et l'insuffle dans le blanc. Le poème s'affirme plus nettement comme prise de parole et non mutisme, ou plutôt attente d'une prise de parole. Attente déçue. Trop prolongée. L'espoir est celui de l'Instant à saisir:

> *Un instant, elle attendit que la pluie cesse
> L'instant d'après, nous n'étions que de
> frêles ombres
> sous le jour* (p. 21).

Début d'une fiction poétique compensant l'impossible fiction romanesque. Le récit poétique qui suit, met le texte en expansion. Le blanc retrouve lui-même sa propre fiction dans la réserve des sens en attente.

Poème orphique: Hijra

Du premier au dernier jour se déroule le récit de la Hijra (exil). "Hijra, le premier jour», titre évocateur, rappelle à la mémoire Hagar, la première exilée du désert, et son fils Ismaël, en contemplation. Le blanc était donc ce désert d'amour en rupture qui rapproche de la fin. Le désert d'amour et de parole est toujours là, et surtout dans le "froid intense sur la mer".

Dans ce poème, "Hijra" revient comme un leitmotiv sur "les pointes avides de la langue". Avidité à satisfaire dans un échange entre "nous" qui implique fortement le poète et "Elles" dans les "silences inassouvis de leurs écoutes". Farès récupère alors dans la masse des images disponibles dans la mémoire de chacun ce qui peut faire écho à l'exil au féminin: voiles à lever, simulacres d'entendement, ombres, destruction, lois d'usages et d'échanges à franchir, agression des langues des pays lointains, inentendues et qui rendent apatrides. Sous l'effet de cette forte implication du poète dans l'exil au féminin le "Nous" masculin, en contemplation des femmes, se transforme en "Nous" entièrement femmes. L'emploi vibratoire du "Nous", qui se module en fonction de l'intensité émotionnelle de l'image, parcourt tout le recueil.

> *Nous observions la montée des voiles*
> *Tendues vers le Levant*
> *Et à peine levées*
> *Nous implorions.*(p. 23)

De l'observation à l'imploration, le texte accentue la tension de la montée des voiles, en isolant les quatre vers sur une page et en produisant un blanc entre le "Nous" de l'observance et le "Nous" de l'imploration. Blanc qui articule les sèmes "voilés", en séquences inaugurales et finales. Les voiles au départ et en montée, les voiles à l'arrivée et tendues vers le Levant.

L'imploration est suivie d'un point et d'un long silence. Elle reprend à la page suivante:

> *Nous implorions:*
> *Jeunes femmes nouées*
> *aux armes des voyages...*(p. 24).

Le texte s'épaissit, descend jusqu'au milieu de page. La parole enfle, son rythme s'accélère, et la référence sociale pointe enfin à l'horizon du mythe agarien[3]:

> *Ombres insensées de leurs démarches*
> *Sur la blouse grise des nuits denses*
> *Ecritures diverses de leurs rages*
> *Elles avaient suivi la lente construction*
> *Du centre. Simples attitudes de leurs*
> *Anciennes inconvenances* .(p. 24).

Les références au début de l'immigration féminine sont précisées de façon exhaustive dans les poèmes suivants:

---

[3]. Nous avons déjà vu l'articulation du mythe agarien dans l'ensemble de la littérature maghrébine, ainsi que son rôle dans l'ambiguïté du désir d'exil et de fondation. Cf. Beïda Chikhi, *Maghreb en textes*, Paris, L'Harmattan, 1996..

> *Tels furent sur les quais émouvants*
> *les premiers signes de leur hégire* (p. 25).

Cependant les images conservent leur flou, et la disposition spatiale son arbitraire producteur d'effets rythmiques singuliers, rendant perceptible la forte émotion du poète, toute en secousses. Les poèmes se lisent dans ce mouvement alterné de contraction et d'élan, d'interrogation et de désolation

La contraction se manifeste d'abord dans les ellipses fréquentes du verbe. Le texte poétique se déroule dans la juxtaposition de substantifs et de prédicats qualificatifs. Les verbes, rares, se répètent cependant: implorer, être, avoir.

Ainsi à défaut de paroles, les femmes s'expriment par gestes. Le corps dispose d'un langage d'une étrange expressivité[4]:

> *Elles entouraient leurs corps*
> *D'actes jamais vus:*
> *Exemplaires.*
> *Elles dirent —*
> *Acte — Si en moi*
> *L'Autre*
> *Fut désigné*
> *Entre monde suspendu*
> *Aux regard de l'Intense* (p. 25).

La parole énigmatique du corps féminin en exil, qu'éclatent l'intrusion de l'Acte de l'Autre et son nécessaire marquage, s'assure cependant le soutien de ces "voyelles inévitables" du Nom du "passeur du monde", Allah.

Acte divin, Acte de l'Autre. Comment en assurer le croisement dans la parole aux prises avec les langues multiples inentendues. Langues étranges, insituables, abîmes d'insignifiance qui désamorcent le secret, ou langues étranges situables dans le sentiment à peine perceptible d'une

---

[4]. Il est vrai que cette expressivité n'est accessible qu'à un regard du dedans. Mais Farès cultive volontairement l'énigme pour susciter le désir de déchiffrement: "La larme de l'exil jaillissant est comme l'énigme placée aux alentours... comme jeu de l'être placé ou inscrit... comme rêve dénommé sans nom... aux caprices du langage". (*L'Exil au féminin*, p. 81).

aventure à risque, dans "L'entre-monde suspendu" et "Aux regards de l'Intense".

Suivent les métaphores opaques qui relatent l'entrée dans "L'Entre-Monde", l'Autre-monde ou l'Antre du monde de l'Autre, celui de la mère-offrande, "Au moment le plus vrai", pour y découvrir les acteurs, ces:

> *Hommes installés sur les grèves*
> *Comme de vieux oiseaux de sable*
> *Esseulés...* (p. 26).

Les images, brèves mais efficaces, restent au niveau du constat. Le regard féminin des épouses ouvre les portes des visions infinies de leurs pensées, jusqu'aux confins du miroir où les destins des exils fusionnent dans l'image de Agar, laissant s'énoncer "les noms de franchisseurs infatigables", fascinés par les grands larges illuminés par "l'anneau d'or dessiné sur leurs fronts".

Puis c'est l'entrée dans les signes urbains: "rues éparses", "langages venus des horizons hâtifs", "rues serres". Avancée des femmes, légères et vulnérables "dans la caducité de leur ombrage".

Le texte s'amenuise de nouveau, comme un effet de "rues serres" ou de "rues éparses", pour laisser l'inconnu de la page blanche s'étaler devant le regard inquiet de l'interrogation féminine. Signes inconnus, signe-désert, les mots inaudibles, les configurations spatiales sans repères entourent leur avancée incertaine, leur itinéraire désarticulé, façonné par le silence des codes.

Il s'agirait de traduire le silence par n'importe quoi; des signes de sa langue propre ou des versets, tout ce qui est disponible dans la conscience et qui pourrait combler les vides, en expansion totale, de la ville de l'Autre:

> *Marches absurdes*
> *Des pouvoirs de l'Aube*
> *Nuit active abondante*
> *Où l'écoute aurait lieu*
> *Dans l'étouffe*
> *Sur la scène transgressive*
> *D'une voix autre* (p. 30).

Ratures

L'entreprise de ratures intempestives des codes silencieux se double d'un long désenchantement. Série d'images de l'attente déçue, reprises dans la saisie d'incidents de codes qui émaillent la trame de la substitution d'une langue connue à une langue inconnue, le poème se fait "chant double", sur une scène transgressive, donnant à voir et à écouter le récit ancien de l'esprit d'enfance "lancé sur les rêves", et son versant déceptif, "tissu d'ombre (...) sur l'inconsidéré critère des sables"

Contraction, expansion pulsionnelle, le jeu alterné de ce poème intitulé "signes, ou versets", occupe trois pages et implique, toujours de la même façon, l'espace blanc comme encerclement, désert, césure visuelle et sonore. En tout cas comme décision, souvent plus forte que celle de la parole surimposée tout à la fois par le silence des codes inconnus et leur seul substitut disponible dans un désert: la prière. La prière, signe ou verset, Nabile Farès lui restituera sa poésie enfantine, sens de l'imploration première dans la peur de l'enfant en quête de repères. L'Etre imploré sera, comme dans l'esprit d'enfance, la lune-mère, "Agur" en berbère.

L'esprit d'enfance, dans l'imaginaire de l'exilée se colore du rouge de l'entaille ouverte sur la langue clandestine:

> *(...) tu écrivais chaque jour*
> *De l'ocre ouverture l'effeuillement*
> *qu'une langue parlait sur le bas*
> *De lune-rouge blessée: ô mot*
> *d'Agur...* (p.3).

"Agur", la lune, se confond avec "Agar"; Lune-Rouge blessée de l'exilée du désert, mais aussi signifiant inversé de Agur/Rouge. Mots inconnus, raturés par le regard et le geste, regard de la main, ou main du regard, qui raturent à leur tour les mots de cet "amour ancien où subtil Je joué". La ressouvenance donne au texte des images euphoriques de l'ancienne passivité enfantine. Se laisser-jouer à partir de cette indiscernable origine dont on ne retient que l'image de soi-joué "tel un jouet lancé sur le matin des rêves".

Farès s'adonne ainsi, dans cette euphorie passagère du souvenir de l'Esprit d'enfance, à la fabrication de figures surprenantes, autonomes, issues directement de l'énonciation enfantine, mais susceptibles de fournir des prises inédites pour une sémiotique du montage langagier, auquel ont recours les exilées de ses poèmes. Les modes divers de conversation du soi féminin, Farès y a accès par le retour aux paroles premières recueillies auprès de:

> *La mer joyeuse*
> *celle qui pourrait*
> *Devenir un jour*
> *L'épure de [ses] élancements*(p. 33).

Des paroles révélant une position d'Incidente, une ligne placée sur l'ensemble disséminé des villages de l'enfance remémorée, une enfance tout en "voyages d'écoutes", comme une préfiguration des destins d'exilés. Telles sont les paroles, dites et écoutées dans la métaphore de la Lune-Rouge encerclant le mot originel d'Agur, "jouet subtil de l'exclusion", "phonème aigu" s'écoutant s'intituler dans "l'œuvre de la langue". La langue se dédouble ainsi dans le phonème Agur/Agar, signalant la perte de l'espace originel. L'interstice Agur/Agar[5] s'ouvre à un signe dé-nommé Autre, comme silence, comme retrait, comme espace hasardeux entre la lune de l'enfance et l'exilée du désert. Le lieu du retrait formule des figures spatiales qui creusent la blessure, dans un mouvement marin, ondulatoire, jusqu'à atteindre le "cri-terre inconsidéré des sables". Le recueil se projette alors, dans un élan anaphorique, vers son antécédent, intitulé *L'Exil et le désarroi*[6] qui donnait à lire un état semblable à travers la figure de l'Arbre:

---

[5]. Pour engager la recherche de codes nouveaux à partir de présupposés analytiques, Nabile Farès table sur cette frange de sens, non négligeable, que génère l'analogie signifiante. La poésie est le fait du "laisser-parler la voix intérieure".

[6]. Paris, Le Seuil, 1974.

Traversée d'un rêve
De langue blessée
Sur la langue de l'arbre (p. 35).

D'un poème à l'autre, se relate l'histoire du berceau, désormais inoccupé et relayé par "la venue nomade" et l'errance; un second mot berbère, désenfoui, s'ajoute au premier Agur,... Iguenni[7] (ciel) pour aider à réentendre cette langue incidente du vieux berbère, déjà rencontrée dans l'écorce de l'arbre de *L'Exil et le désarroi*. Dans ces deux mots Agur... Iguenni, *Je* se trouve originé et "Prisonnier du solaire, sous forme de ciel ou de lune», comme une dédicace pour "Elle".

Agur, Iguenni sont de ces mots qui, dans la poésie berbère, expriment la durée ineffable de la subjectivité selon les lignes des voyages ascensionnels, tracées dans le vent, de l'espace infini et de la porte vive du ciel et de sa lune, qui gèrent le social: discours, assemblées, moissons, cueillettes, vêtements, gestes. Ainsi, quelques flashes de socialité se glissent çà et là au gré de la ressouvenance et du songe, "Entre les arbres et la nuit" illuminés de présences féminines, flashes qui fonctionnent en relais des textes précédents de Farès et plus spécialement au mouvement de *L'Exil et le désarroi*. Mais si la présence féminine fait accepter la perte du sens, c'est qu'elle est capable par ailleurs de le retisser dans le lieu même du sacrifice et en jouant le rôle de l'interlocuteur qui fait pousser le sens.

Cette technique de relais de récits imbriqués se poursuit dans le poème *L'Exil au féminin* mais dans le sens de regards croisés, de regards-paroles féminins et masculins, moulés les uns dans les autres, de visions enfantées les unes par les autres, arborescentes comme l'arbre de la mémoire, qui fait partir les paroles différentes, parfois opposées, ou incompatibles, des mêmes racines.

---

[7]. La lune, le ciel, le soleil, l'étoile, participent de ces constructions archaïques de l'imaginaire poétique maghrébin. On remarque que ces lexèmes sont énoncés dans les langues d'origine. Cf. "Nedjma" chez Kateb, "Shams" chez Meddeb, "Agur", "Iguenni", "El Bahar" chez Farès.

Mais l'exil brouille cette vision de l'étroite imbrication sociale inspirée de la nature au plus près, car gestes et paroles prennent en exil "la forme des villes".

Départs, au-delà des exils

"Le récit des jours" de Farès s'oppose au récit des nuits de Shéhérazade. De la culture savante des *Mille et une nuit*, quelle leçon à tirer pour ces exilées sorties de leur nature? Aucune. "...Au-delà des exils de l'œil et du khôl... Au-delà de la pierre d'ambre... Au-delà des chevilles que le bracelet prend... Au-delà des poignets que le cuivre entoure... Au-delà de la robe de taille large... Au-delà du roulement incessant des écumes où l'homme éclaboussé interroge le destin des encres pierres délaissées".

Le récit des jours n'emprunte rien à l'illusion et aux artifices des nuits. Il suit les méandres des espaces hostiles des exils. Le seul artifice autorisé est celui de la figure de style, qui saisit et restitue des fonctions micro-spatiales, lieux, personnages, indices temporels du tout social de l'exil. Les effets sémantiques de la figure, travaillant et retravaillant le cliché, dé-positionnent les codes habituels de l'écriture de Farès qui, jusque-là, pour soutenir le discours politique de contestation ou de revendication, s'émaillait de figures immédiatement reconnaissables et déchiffrables. La complexité et l'énigme dans les textes précédents n'obscurcissaient pas le sens. Elles le démultipliaient dans le mouvement de ses compositions auditives, visuelles, tactiles; le feuilletaient mais ordonnaient son enchevêtrement, pour une lisibilité la plus large possible du sens idéologique à faire valoir.

Dans *L'Exil au féminin*, le mouvement tournoyant des images prenant leurs sources dans des catégories et des références à une réalité plutôt insolite, affectent le texte de caractéristiques surprenantes qui ne peuvent se décoder que sur les modes complexes d'une intériorité féminine. Cette intériorité est visée, jusque dans l'intimité la plus secrète, par un regard, une écoute, une auscultation radicalement masculines, et en définitive suspendues au seuil d'une entrée interdite. Les images toujours les mêmes, mais formulées différemment, vont et viennent sur le seuil, en attendant la faille qui va délier le fil narratif des départs[8]:

> *Calligraphie de la voyante lune*
> *que de foisonnantes harpes accompagnent...*
> *Silence éblouissant du mortuaire...*
> *... Nos routes installaient des distances*
> *précises... sur les lignes... des campements...* (p. 40).

Tout un discours secret se formule derrière ces points de suspension qui ponctuent chacun des trente-quatre vers du poème intitulé: "Départs, le premier jour"

Mais quel est ce discours? Celui de la douleur de l'enfantement, cri intérieur, étouffé. Celui de la souffrance des nouveaux-nés. Celui de "l'œuvre de l'hésitation stellaire" qui désoriente le chemin du voyage. Celui, encore, de cette femme "vibrante", appuyée sur le bois, un cordage en main et qui dit: "Même l'orage ne peut arrêter notre... avance".

Le discours de *L'Exil au féminin* est à peine ébauché; au seuil de la souffrance, il rêve de son propre inachèvement, préférant parcourir les espaces d'où partent les histoires de migration; comme ce bilan défait par un agencement autre, rêve des autres qui se concrétise au-delà de ces "pleureuses défaites", lançant leurs paroles en lignes de combat, et en écho aux "murmures des cèdres".

> *Œuvre du poème inachevé*
> *Espace et mains brûlés*
> *Scandale infini de l'être errant*
> *Parmi leur gloire d'une Quacida*
> *Avançante guide étoilé*
> *De l'île de Tynos* (p. 43).

> *O vous ! Frères*
> *Appuyés par le singe*
> *De l'Agenouillée*

---

[8]. On retrouve chez Farès le même désir transsexuel de l'écriture que chez Assia Djebar, Dib et Meddeb. Cf. Beïda Chikhi, *Maghreb en textes. Op. Cit.*

> *Vous franchirez la scène ancienne*
> *D'une terre vue*
> *Entourée*
> *Ecrite par les Livres*[9].
> *Réponses*
> *Des rames perçues*
> *De chaque côté des risques*
> *Nous longions les rivages*
> *Traversions les isthmes*
> *Interrogeant à nouveau*
> *Vivantes*
> *Nos voyelles*
> *Etres de plus de cercles d'échéances*
> *Leurs montures essoufflées*
> *Sur la loi des Genres*
> *Paroles actives de l'étendue*
> *Des mers*
> *Lieu insatiable de ta durée* (p. 43-44).

Les images juxtaposées se renforcent dans l'absence même de leur enchaînement syntaxique. La vigueur des associations qui conduisent les signifiants surgis dans le désordre de l'émotion et de sa mémoire, jusqu'au final escompté, est due à l'effet de martèlement des compositions brèves: un mot, deux mots, trois mots, rarement plus. Le blanc qui les entoure s'active au contact des stimuli ambiants comme ces "paroles actives de l'étendue des mers".

Les poèmes s'articulent à un espace sémiotique qui se constitue à l'arrivée des signifiants dans le blanc. Les interlignes, au fur et à mesure que l'on avance dans le recueil, mettent en place un rythme sémantico-pragmatique qui obéit, d'une part, aux effets de sens déjà rencontrés dans l'œuvre de Farès, d'autre part, à la notion d'absence, de vide des terres traversées, et surtout de l'exil, motif essentiel de l'expérience relatée par les figures.

L'espace médian du recueil est occupé par quatre poèmes de très forte densité:

> *Cités, le quatrième jour*

---

[9]. On constate en définitive que Farès subit la pression de la présence du livre comme s'il en avait tenté la traversée. Toutes les autorités à dénoncer ont quelque chose à voir avec les codes restrictifs des Livres.

Ondes, cinquième jour
Brumes, le sixième jour
Opacité, le septième jour

Insatiable querelle de l'échange

Nous sommes au cœur de la traversée de ces "voyageuses infatigables". Cités houleuses "de versants à versants", "de quais à quais" de "douanes à douanes"; le poème architectonise la vision de ces cités cosmopolites où se répandent toutes les langues clandestines du monde, où s'identifie "le jeu d'exil au-dessus des paroles", et où s'édifie "la durée amère des lendemains incertains". Une évaluation des cités se fait à partir de figures incisives, brassant le monde intérieur et le monde extérieur de l'exilé; l'un et l'autre surplombés par cette "insatiable querelle de l'échange», thème-clé de l'œuvre de Farès, avec ses corrélats d'inégalité sociale, de civilité dominatrice, de refoulement des paroles minoritaires.

"Ondes, cinquième jour" est le poème des "jeunes mariés de l'exil".

L'anneau de Tislit (mariée en berbère) encercle des objets hétéroclites, ramassés au cours de la traversée des terres de transition, objets concrets des pérégrinations, oiseaux, houle mouvante, roches, sources, rivages de brumes, embruns de lieux d'accueil, et objets abstraits de la joie et de l'angoisse conjuguées des "versets obscurs", de la "syntaxe multipliée», "d'une première différenciation".

Farès, comme Kateb dans *Nedjma* et *Le Polygone étoilé*, renonce à toute transparence des signes. Dans cette partie du recueil, les signifiants s'accumulent de façon baroque, en travaillant l'inscription lettrée d'une subjectivité en crise. Les variations multiples des rêves des jeunes mariés de l'exil, arrachent l'espace au blanc, au vide qui menaçaient les paroles féminines des poèmes précédents. Les expansions valorisent une batterie minimale de signifiants: rêve, langue obscure, exil périlleux. Ces signifiants sont glosés par une multitude de lexèmes qu'ils ont eux-mêmes générés et qui deviennent à leur tour générateurs. Le lecteur retrouve la forme en spirale et en trois temps, comme dans la minéralogie et la structure consonantique katébiennes:

>   -*Rêve repris de l'écriture*
>   -*(...)*
>   -*Rêve repris de la Colombe*
>   -*(...)*
>   -*Et la colombe habituée des villages*
>   -*(...)*
>   -*Et la colombe surprise par le geste*
>   -*(...)*
>   -*Cordes des vaisseaux*
>   -*(...)*
>   -*Assemblage*
>   -*(...)*
>   -*Ressemblait*
>   -*(...)* etc. (p. 49)

Dans "Opacité, le septième jour», la même primauté des signifiants majeurs du recueil, majorés de façon baroque et dans une composition plus régulière: six strophes contenant entre trois et six vers et recourant à une composante musicale plus accentuée, et à une fonction spéculaire de certains dispositifs optiques et acoustiques, des images et des rimes. La fonction référentielle de l'exil est promue à une sorte d'intellection qui oblige à passer par la trace matérielle, soutenue dans son existence visuelle et graphique. La répétition inlassable des mêmes thèmes, des mêmes signifiants, à travers une multitude de variations, provoque, non la lassitude, mais la recherche des effets spéciaux que la répétition est censée camoufler. Comme chez Kateb, le mouvement tournoyant des images baroques vise, en fin de compte, à rassembler le sens en s'aidant de toutes les combinaisons possibles; l'accès au sens ou au non-sens de l'exil au féminin passe par des imageries procédant par fracture puis par recomposition. L'expansion naît de la fracture, se met en effervescence, déploie des perspectives spatio-temporelles, les met en paroles d'exilées, véritables paroles-valises transmutant d'une phase à l'autre du voyage jusqu'au "lieu instable de la contrée lointaine" où se découvre la mer sous "l'étonnement des étoiles".

  L'opacité de la trame des signifiants sert d'écran à la projection subjective du poète en quête de poésie et de parole "révélante". Une subjectivité qui octroie une parole à la mer, trace de son désir et de l'objet de son désir, qu'il voudrait voir se graver sur "les longs fronts de la mer", qui perçoit "l'étonnement des étoiles" gravées, les "percées de la houle rugissante", traduisant les vieux destins d'exils, usés par les vents, "ces passerelles de l'orage".

  Les poèmes se font passerelles entre les rives et les rivages, et le poète se fait passeur comme ce grand passeur du monde, invoqué, imploré dans le poème à la proue du bateau des exilés, à la différence près que le poète fait passer à un sens autre, pour que l'Autre soit "Autre chose que l'aveugle exil de l'Autre".

  La vision katébienne continue de susciter des images baroques, derrière lesquelles renaît la "ponctuation de l'enfance", cet "âge neutre des disparitions syllabiques». Franchir l'opacité baroque pour retrouver la "langue où le langage s'installait dans la coupure des mers", c'est retrouver la durée katébienne de "l'astre errant", inscrite par le vent de la passion entre les césures, les points de cassure de la langue clandestine, les points de meurtrissure de la perte du langage maternel, qui conduit à la nécessaire traduction:

> *Eloge*
> *où l'effervescence*
> *Donne à lire l'exploit*   *ma traduction*
> *Du mot*
> *Ton voyage*
> *J'ai vu les amarres*
> *de ma terre*
> *Trembler*
> *Au choc*
> *De l'invincible* (p. 52)

Désir d'histoire et esthétique

Un paradigme de titres à opérateurs divers (espace, langage, notion, temps) nous est offert, qui clôt la première partie du recueil et la plus importante, et montre la constance thématique à laquelle correspondra la même esthétique et le même mouvement rythmique:

"Madinat Zahara"
"Sourate"
"El Hijara"
"Rekaa"
"Le huitième jour"
"Dernier jour"

"Madinat Zahara" évoque Jérusalem, blessure des "pensées des mères». La ville nommée est à la fois ville où l'on arrive et ville d'où l'on part. Elle est toutefois ville nommée de l'exil, au sein des "lieux contraires"; on n'y voit que des mains agitées offertes à la tendresse. La vision se pluralise et offre autant de visions que de mains, chacune s'agitant d'une façon particulière et sollicitant le regard pour elle seule. La ville nommée fait surgir sa métaphore végétale, celle de la poussée vers le ciel, des racines aux prises avec les convulsions de l'histoire. La ville se donne par intermittence à la jeune épousée. Le signe emblématique de Madinat Zahara reste proche de l'idée du bonheur à son commencement, commencement du nom, commencement de l'amour. L'aurore est son temps privilégié. Ville en poussée, elle reste en devenir entre les pensées des mères et l'offrande à l'épousée.

Madinat Zahara se prolonge dans la suite poétique à travers le thème de l'aurore et de la jeune épousée. L'imaginaire de la navigation tente d'élire un lieu parmi tous les espaces traversés, et la vertu dramatique est dans cette double marque, qui caractérise les lieux: attraction et rejet. Double marque qui trouble le sujet et fragmente son discours en même temps que sa pensée. Les images se délient sans aucune articulation logique et sémantique:

O Voile vibrant de l'Amant

> *Au ventre de l'Epousée*
> *Sur l'emblème du dégoût*
> *Nous dormions*
> *O solitudes nécessaires*
> *de la terre abandonnée.* (p. 56-57)

Ces vers sont répartis sur deux pages. Et le blanc s'étale de nouveau comme réserve de silence et de paroles: sommeil, solitude, abandon. Puis c'est de nouveau l'explosion verbale. La rage du souvenir d'El Hijra redonne au mouvement sa force de dérive, et lui assigne une direction: la déflagration de la loi, celle qui expulse, celle qui déporte, qui décharge les passions, mais dans le même mouvement s'inscrit en creux l'exil constructeur, à partir de l'image généalogique de la mère obscure, de la jeune épousée, mère des jeunes enfants, en "lumière étagée".

El Hijra, "signe voulu de l'étendue nominale", fixe et tranquille désormais, reprend de loin l'itinéraire de la mère obscure des jeunes épousées. Souvenir évoqué des voyages, des traversées, des pensées au-dessus des "villages tendus". A l'arrivée, le huitième jour, à la huitième lettre d'El Hijra, c'est la clôture de la pensée de l'exil, et le franchissement de la marque errante; le poème se déroule comme le fil d'une conquête, celui d'un état d'apaisement qui valorise les détours et relie les lieux des départs et ceux des arrivées. La nostalgie et la sympathie cohabitent au carrefour des enseignes éclairées par de "petites lampes posées".

Dans "Reka'a" (génuflexion), fragments d'images, de figures, de mots, en suspension dans l'espace, inscrivent à la fois la proximité des rituels de la prière et la distance exigée par la configuration des nouveaux lieux habités. Marquage et effacement des indices référentiels, le texte, à la recherche d'un nouveau centre, exhibe des points de suspension après chaque mot, appelant ainsi une autre formulation, qui n'évoque, en fin de compte, rien d'autre que l'oubli et la formulation de cet oubli.

Le poète ne désire plus qu'exprimer son désir:

> *Mon désir... Attaché*
> *A sa hanche...*

Désir d'histoire et esthétique

> *Cette femme... qui passait*
> *... Dans la douceur maghrébine* (p. 60)

Le poème appartient ainsi au-dehors de l'histoire et au-dedans de la subjectivité. Il laisse pressentir leur point d'articulation, le langage poétique qui fraye le passage vers la compensation du manque, rêve de tout récit. Litanie intermittente, la parole du poète, investie dans ce "Nous" tremblant des femmes en exil, tente de réinstaurer le bonheur au cœur du malheur, le passé édénique de l'esprit d'enfance au cœur du présent déploré des quais de l'exil, le futur étant à conquérir dans ce tracé qui conduit le monde vers la naissance d'une histoire.

Détour inaugural, *L'Exil au féminin* interrompt la vision dégradante et mortifère, qui fait régresser tout sujet vers un état de mélancolie totale, pour retrouver le mouvement fondateur qui passe et repasse par les mêmes mots, les mêmes thèmes, les mêmes images des grands voyages de la mer, de la langue, des femmes et des hommes.

> *Premier coquelicot de la saison*
> *Que l'œil prend ouvert*
> *Ta main décrivait le modèle*
> *D'un instant disloqué*
> *Un parfum de café posé sur la nappe*
> *Et cette fleur tôt levée*
> *Dans ta bouche*
> *L'oiseau dénoncé*
> *Car nous aimions prendre temps*
> *Sur le passage du souvenir*
> *Parmi les embruns*
> *Que les vagues portaient*
> *Et grâce à eux*
> *Nous avions eu quelques nouvelles*
> *De notre frère le poète*
> *Qui écrivait encore*
> *Des choses très douces...* (p. 61)

Il s'agit donc de laisser le souvenir affluer et de prendre acte de la nouvelle naissance car "de fortes barrières avaient été dressées pour interdire la venue d'autres mondes".

Prendre acte de sa nouvelle naissance, c'est reconsidérer d'abord son corps-social; son trouble infini dans tout nouvel espace est une parole inassouvie qui appelle à l'avènement du lieu en tant qu'ailleurs, et ailleurs corporel et verbal. Parole aussi, appelant la liaison du corps, du lieu, et l'infini du nom.

Elles disaient... Elles murmuraient... Elles énonçaient... Elles regardaient... Elles approuvaient... puis Elles disaient de nouveau. Ainsi d'une page à l'autre, "Elles" prenaient acte de leur propre naissance.

Enoncée "par Je égal de l'indicible", par le "chant d'une langue inavouée", la naissance est un signe d'ouverture "sur la porte de l'innommable". Le regard lui se porte sur "le corps ouvert à mesure de paroles". L'approbation concerne la reconnaissance qu'il n'est pas d'assouvissement à la plainte d'origine. Se déploient alors dans les nouveaux espaces, les rites, les gestes et les paroles, aussi anciennes que de profonds tatouages. Elles, délirantes de vie, attendent "près du grand feu... la gloire offerte... au lumineux". Tout consiste, comme dans l'ancien temps, à conjurer la perte et le danger et à préserver le corps-social menacé dans son intégrité et son existence.

Farès une fois de plus, appelle à l'affirmation d'une nouvelle position, d'un geste fondateur issu de la séparation. *L'Exil au féminin* montre ce qui doit se préserver et ce qui doit symboliquement se dépasser. Point de mélancolie, mais réinvention du nom. La traversée est autant constructrice que séparatrice, autant naissance que mort. La traversée reste cet aller-retour dans le temps et l'espace, dans la pensée et la mémoire, dans le sens et l'épreuve du sens:

Jamais plus ! Jamais plus !
Nous n'appartiendrons aux Rois-morts
Des îles et des perroquets
Jamais plus !
Et elles lançaient leurs voiles
Dans l'étincellement des vagues
Qui envahissaient les rivage. (p. 93).

Rachid Mimouni

De la fable à la mise en spectacle

> *Les racines sont toujours vivaces. Vois les jeunes pousses qui prennent. Survivront-elles? (L'Honneur de la tribu)*[1]

Dans *L'Honneur de la tribu*, Le rêve philosophique prend forme dans la structure temporelle: le temps ancien avant l'arrivée du Messager et le temps encore plus ancien qui se perd dans l'obscurité de la mort et donne envie de mourir. Car la mort possède un code particulier dans la mesure où elle articule, par les vides mêmes qu'elle instaure, des fragments de l'histoire discontinue; elle offre dans le même temps une série de passages vers un *au-delà* de l'imaginaire, de la légende et des métaphores religieuses. Ainsi, par exemple, la "soura", autrement dit le verset coranique, lien verbal sacré entre le monde et l'autre monde, devient une unité de mesure, l'étalon qui permet d'apprécier jusqu'à la complexité des mécanismes modernes qui font intrusion dans l'espace de la tribu, comme *ces mystérieux mécanismes, plus complexes que la plus complexe des soura du Coran....*

Le grand livre du monde[2]

Le roman refait à sa manière, à partir des différents modes d'intrusion culturelle et historique, le parcours des mythes fondateurs et de la généalogie, constamment déplacés par les récits rapportés des voyages ancestraux. Déplacements singuliers annoncés par le traitement, proposé

---

[1]. Les numéros de pages renvoient à la seconde édition, Alger, Laphomic, 1989. Première édition, Paris, Laffont, 1989.
[2]. C'est ainsi que le narrateur et les personnages du roman nomment le Coran.

en texte, de l'exergue: "Toutes les histoires s'approfondissent en fable". Le roman a le pouvoir de creuser l'histoire, toutes les histoires, celles des individus comme celle, collective de l'Algérie. Le texte emprunte ses procédés à la fable classique: flash-back légendaire, prévisibilité-prédiction jamais démentie, personnages fantastiques, combinaisons d'êtres monstrueux... Le récit des images se substitue au récit premier, impose son jeu pur et fait de l'espace un défilé d'images produites par une rhétorique de la métamorphose.

L'histoire accède au surnaturel, pour ne pas dire qu'elle se dégrade en surnaturel. Mimouni joue de l'ambiguïté entre accession valorisante et dégradation; ambiguïté qui se met en place avec le récit de la naissance surnaturelle d'Omar El Mabrouk. Le gage de modernité se situe à la frontière de ces deux espaces sémantiques contradictoires: disqualification de la société présente et évocation nostalgique des mythes anciens, parmi lesquels on retrouve une fois de plus l'Andalousie "le lieu d'où ils furent chassés". A cette frontière, lieu de l'ambiguïté, les racines se mettent à parler entre la vivacité de leur sève et la mort et l'oubli qui menacent. Discours problématique, il faut le dire, car l'avènement des temps nouveaux est au prix d'un apprentissage, d'une transformation de la topique du "merveilleux message". Le lieu d'élection palingénésique est Zitouna, mais seulement après le passage apocalyptique et l'appréhension par la conscience collective d'un nouvel absolu.

Ainsi posée, la problématique des racines qui parlent de leur profondeur et à travers la fable se détourne complètement des concepts et outils de l'histoire et de la science. Ces concepts n'ont aucune prise, semble dire le texte, sur une "langue qui tombe en désuétude", ni sur un discours qui ressasse l'oubli, non plus sur l'incommunicable et l'incompréhensible. Seule la fable peut renforcer la sève des racines. La fable, qui à la manière de Shéhérazade, s'approprie subrepticement l'Histoire:

> *Les arbres ont disparu. Une étrange maladie a rongé la base de leur tronc, et un jour de grand vent, ils se sont écroulés, toujours enlacés comme d'éternels amoureux.*

Fable de l'amour, qui montrera à la fin du roman les jeunes pousses en train de "prendre ". Mais la question de la fin concerne la survie. La survie est tributaire du mode d'intrusion des mécanismes de la modernité. Intrusion mais aussi réception toujours problématique du savoir, savoir fragmentaire, pas toujours sollicité selon les besoins, savoir déversé et spoliateur, savoir factice ambigu, à la limite du non-savoir. Et que faire de tous ces savoirs qui viennent d'ailleurs, puisque tout est consigné dans le grand livre du monde? Ainsi l'histoire de la tribu est cernée par l'histoire sacrée et ses interdits, c'est ainsi que la fable, prenant comme référence le grand livre du monde, devient histoire. Histoire de la crainte qui désarme, qui oblige à revenir à une sorte de pureté enfantine et donne naissance au personnage du vieillard-enfant qui cache "cette part essentielle mais subtile de vous-même". Cette part, c'est curieusement la machine et son idiome qui auront le pouvoir de la ressusciter:

> *Et quand vous prendrez conscience d'avoir à retourner vers l'amont pour retrouver cette part essentielle de vous-mêmes, vous irez exhumer ces vieilles bandes qui ressuscitent nos voix. Cependant, pour nous retrouver, vous devrez au préalable apprendre à déchiffrer notre idiome.*

Le sens de l'histoire est en amont. Il s'agit d'abord de retrouver cette "part subtile" et désirer mourir, c'est-à-dire quitter le cœur de l'histoire pour écouter les voix d'outre-tombe, les voix de la survivance. Mode de connaissance proche de ces philosophies de la sagesse qui consistent à se mettre à l'écoute du récit de ses faiblesses, de ses fautes, de sa chute en léthargie.

Apprendre, s'instruire, scruter, interpréter sont les gages de l'avenir en tant qu'ils développent l'esprit de discernement entre le grand livre du monde et le monde.

Roman de la clôture du *grand livre du monde* et du commencement du monde, son esprit de discernement n'est pas le fait des personnages mais de certains effets de retournements subtils du texte, une certaine manière de narrer en produisant de la fable et des énigmes à fausses clés comme dans les récits du saltimbanque et de Georgeaud, "le sagace analyste des passions humaines", dans lesquels les résolutions sont énoncées par des propos modalisateurs exprimant le doute, la méfiance, l'hésitation: *nous supposions que..., nous savions bien que..., on nous raconte...,* qui annoncent que l'auditeur impliqué indirectement dans la fable initiatique sera "floué". Celui-ci devra bien se rendre compte que ces récits immergés dans la métaphore de l'eau ont besoin d'être déchiffrés. L'épreuve initiatrice passe par le discernement entre les eaux souillées et intestines et les eaux pures de la connaissance et de la vérité:

> *Bois donc, ô ma terre craquelée, que se cicatrisent tes blessures et nous retrouverons la vallée heureuse et la verdure qui repose l'âme. Qu'enfin se dilatent nos poitrines!*

L'imprégnation par les eaux de la vérité, la machine en a le secret; elle s'imprègne de mots, ceux du corps social qui peu à peu donnent de la cohésion au roman, et montrent que la fable est un subterfuge qui autorise à scruter le secret du monde (entendre: du *grand livre du monde*) en suivant le sillage du Juif errant et traducteur qui fait le tour de tous les continents, de toutes les villes, corps et âmes. Mimouni n'échappe pas à l'attrait kabbalistique auquel ont répondu d'autres écrivains algériens.

Le corps du monde et le corps social sont à explorer comme le corps tout court, dans toutes leurs dimensions, et sous toutes les latitudes. Projet tautologique de toutes les soifs de connaissance à l'origine des discours initiatiques de Mimouni, *L'Honneur de la tribu* reste profondément tributaire du désir paganique très fortement intégratif et confondant dans ses moments forts le monde spirituel élevé et sublimant, le monde du corps et des sens et... de la machine finalement sacralisée puisque magique et aussi complexe que le Coran.

De plus, cette machine incite à une "arrogante soif de savoir" qui fait "une hérétique concurrence à l'omniscience divine". C'est cette hérétique qui engrange la "chose" politique, amenant des questions par flots. La magie de la mécanique a le pouvoir de faire jaillir les jets d'eau de la résurgence aux accents libidineux:

> *En une mystérieuse résurgence, jaillit le jet furieux, plus fort que liquide nacré d'adolescent pénétrant sa première femme. En notre source, nous avons l'eau chantante et minérale, plus joyeuse que vierge au jour de ses noces.*

A ces moments-là, les registres deviennent hybrides: mécanique, minéral, sexuel, politique... Et tout, par le miracle de la machine, est diaboliquement gadgétisé, surtout à travers les visions saugrenues de Georgeaud:

> *Fort heureusement, les diaboliques gadgets se déglinguent rapidement. Cessant ainsi de troubler l'entendement de notre avide jeunesse.*
> *Mais ce qu'on avait mis dans son crâne se révéla plus résistant.*

Les séquences aquatiques s'ouvrent sur l'Algérie adolescente en position de défiance et de fracture:

> *Certains d'entre eux eurent l'idée saugrenue de mettre à contribution ce corps dernier-né composé d'éléments qui croyaient bénéficier du prestige du maquisard sans avoir à fusil tirer.*

Là encore, l'ambiguïté s'installe et le déplacement des catégories et des registres (identité, sexe, société, politique) produit des effets de contamination, de confusion puis d'éclatement. Eclatement des codes bien entendu. Ainsi le religieux qui produit le thème de l'Election se trouve confronté au politique qui a aussi son "élection", celle du maire par exemple, et la magie de "ses urnes". La nouvelle souveraineté fait vaciller l'ancienne, celle du Livre. S'installe alors la rhétorique du partage du pouvoir, des lieux, de la parole. La modernité est aussi à ce prix. L'eau n'était-elle pas assimilée à ce liquide nacré des adolescents pénétrant leurs premières femmes? Que dire alors lorsque cette eau vient d'ailleurs, de France par exemple, pour féconder le désert algérien ? Une histoire de partage encore où le sexuel et le géopolitique fomentent le discours qui circule entre l'administrateur et ses administrés. Le partage, produit d'une logique administrative bouffonne, intègre à la fois l'idéologie "moderniste" de l'étranger et l'étrangeté bouffonne, grotesque, sans aucune spiritualité. Hérésie moderniste donc, qui bat en brèche toutes les élections et s'impose comme exigence pour la survie. Hérésie moderniste qui dévie les codes naturels de la solidarité communautaire au profit d'une instance corruptible et d'un corps surcomposé en éléments hybrides, "grotesque déguisement», à combattre par "la parole du livre sur le cœur", une parole qui ouvre et ferme le livre et se déploie en propos vifs et efficaces.

Mimouni cherche la "bonne voie" du côté de la présence mystique, qui restaurerait la profondeur et les valeurs authentiques, riches, immuables, et qui orienterait la parole dans le sens de "l'élection", ce vers quoi devraient se tourner l'histoire et le discours politique. La topique mystique opère toutes les médiations pour un accès "élu" vers la modernité, comme préservation de valeurs authentiques et ouverture "co-naissante" vers la technique. La lecture de la modernité se ferait à partir de l'intérieur d'une sensibilité des profondeurs que seule l'image-mouvement peut donner à voir, mais non à critiquer.

L'image-mouvement[3]

---

[3]. Ce concept formulé par Gilles Deleuze serait un "ensemble a-centré d'éléments variables qui agissent les uns sur les autres". Cf. *L'Image-mouvement*, Paris, Minuit, 1983, p. 291.

> *Notre langue est tombée en désuétude, et nous ne sommes que quelques survivants à en user. Elle disparaîtra avec nous.»*

A cette chute en désuétude de la langue, formulée en diégèse, correspond un net recul, chez Mimouni, de cette matière scripturale qui a prévalu dans ses romans précédents. Récit à l'emporte pièce, *L'Honneur de la tribu* se constitue comme discours laminé et tente par les figures canoniques de la tradition orale de renouer avec des procédures de mise en procès du récit pour l'accession à une forme de visibilité. Sans doute l'intrusion impromptue de la mécanique dans l'univers chthonien aura-t-elle rapidement imposé ses exigences: "Laisse donc tourner ta machine".

Risquons donc l'hypothèse d'un horizon de l'écriture minée par la présence d'une forte configuration d'images en mouvement, qui récupère à son profit le travail prévu sur la matière scripturale. Sans aller jusqu'à affirmer que la visée était l'insertion de ce roman dans une rhétorique de l'image ou dans une sémiologie du cinéma, ce qui supposerait un écrivain ayant une expérience de la substance cinématographique et capable, dans ce contexte, de produire un récit filmique comme le ferait Robbe-Grillet ou Duras, nous pouvons envisager la possibilité d'une élaboration syntagmatique d'une matière écrite tenant compte d'un montage cinématographique éventuel et de ses déterminismes.

Témoins de cette éventualité, ce par quoi l'image sollicite une saisie rapide, immédiate; ce par quoi l'écriture s'omet comme écriture pour se manifester comme imagerie; ce par quoi le rythme d'une voix-off emporte le lecteur-spectateur vers l'avant sans possibilité de retour vers l'arrière. Aucune fissure ne justifie ce retour. Ce par quoi aussi, l'image est comme soumise au déterminisme mécanique d'un œil-caméra, tantôt mobile, tantôt fixe. Un roman-film à prendre donc dans sa première phase d'élaboration syntagmatique. La voix-off, qui organise l'entrée en matière et ses différents topoï, annonce les couleurs puis se retire. Le cadre dès lors se conçoit de façon quasi-autonome à la manière d'une construction dynamique où l'on verrait une scène étaler sa durée et se lire comme une "image-temps"[4].

> *Tout commença par un mois de juillet dont la vindicte caniculaire avait fini par avoir raison des hommes et des bêtes* (p.12).

Processus narratif se déployant en actes selon une nécessité dramaturgique, l'enchaînement des images qui suivent l'énoncé précédent produit un effet de gradation physique et comme dans un film, il induit des ensembles divisés en zones d'ombre et de lumière:

> *Nos oisifs vieillards passaient leurs journées entières à passer d'ombre en ombre, essayant de se soustraire à des rayons solaires plus cruels que dards de guêpes... Nous supposions que nos adolescents étaient en train de trimer aux champs. Car chez nous un honorable père de famille doit cesser de travailler dès que son premier mâle est en âge de le remplacer. En fait, ils roupillaient tranquillement sous les oliviers, ne se réveillant, sous la morsure du soleil, que pour ramper vers l'ombre déplacée. Les mouches elles-mêmes avaient cessé de harceler les vivants, sans doute assoupies en quelques lieux de clémence.* (p.13)

Gradation donc dans la mesure où, aux parties floues et amorphes, succèdent des parties intensives comme ce surgissement, au dernier détour de "l'unique rue qui disséquait la bourgade", de la silhouette agitée d'Ali fils d'Ali le postier. Cette partie intensive se réalise dans une série de gros plans sur les différents personnages donnant à voir, sur les visages et les attitudes, cet écart entre une action perturbatrice et les réactions qu'elle provoque[5]. L'image est ainsi toujours à l'intérieur d'un ensemble clos, suggérée dans sa durée à travers des actions et des perceptions et ne s'engloutit pas dans des effets d'accumulation lexicale comme dans les autres romans de Mimouni. Le récit peut alors se réduire à une série d'énumérations qui n'obéissent

---

[4]. *Ibidem*, p. 46.
[5]. Deleuze l'appelle image-affection. Elle "occupe l'écart entre une action et une réaction, ce qui absorbe une action extérieure et réagit au dedans". *Idem*, p. 291.

qu'au seul critère d'homogénéité de l'image:/*Il avançait à pas rapide... L'insolite fébrilité du facteur... La question suscita la curiosité de quelques turbans...Tous étaient nés et avaient grandi dans ce village/.*

L'exploration des lignes et des couleurs, des mouvements, des gestes et des attitudes, va dans le sens d'une sélection sériée et d'une combinaison qui assure une translation visible, sans équivoque, entre deux positions, deux instants. Est ainsi préservée l'impression de continuité et de succession des images dans un temps quasi mécanique. La translation a lieu dans l'intervalle de passage d'une image à l'autre comme dans le flash-back qui évoque l'équipée militaire de Georgeaud:

> *Confus piétinement (..) indescriptible désordre (...) suite d'errances et de bivouac en bivouac, de centre en centre, de caserne en caserne, d'une succession d'attentes, sac au dos, arme au pied, d'une cacophonie d'ordre et de contrordres...*

Le récit donne tous les éléments pour l'ordonnancement, après enregistrement de tout ce qui, personnages, objets, temps, mouvements, entre dans la détermination de l'image, avec extraction de mouvements privilégiés et production d'une durée qualitative et d'un effet de pathétique:

> *La plupart rendirent le contenu de leurs entrailles, et ceux qui fuyant les miasmes nauséabonds, eurent le courage de monter sur le pont, connurent la panique au spectacle de l'immense étendue d'eau qui les environnait. Ils s'attendaient à voir surgir à la surface les monstres marins des contes ancestraux rapportant les récits de voyage de leurs lointains ancêtres qui eurent la témérité de s'aventurer sur les mers les plus dangereuses.*(p.18).

Prêt pour la visualisation, le récit invite "l'œil" à parcourir l'image elle-même, qui offre sur "grand écran" un champ profond fait d'informations visibles et sonores, et parfois jusqu'à saturation. Les jeux alternés de plans temporels (flash-back et présent), de points à peine signifiants et d'autres singuliers, découpent la vision en

Désir d'histoire et esthétique

diagonales, chaque paragraphe du plan discursif correspondant à un espace-temps parcouru et possédant sa propre unité organique. La voix-off[6] continue évidemment de soutenir les images-actions répétitives et de régler leur durée, laquelle est obtenue par saturation du champ ou au contraire par un procédé de figure en train de se faire et se défaire: marches harassantes se répétant, attentes se renouvelant, régiments traversant une succession de villages "assoupis dans une grisaille si prégnante qu'elle décourageait le sourire et l'espoir..." (p.19).

La forte narrativité de ce passage évoque un procédé de segmentation filmique: une succession de scènes prises dans un syntagme fréquentatif (recommencèrent... traversèrent une succession de villages...) et regroupées en séquences[7]. La successivité qui caractérise *L'Honneur de la tribu* produit par moments, toujours à l'intérieur des syntagmes fréquentatifs, des impressions "d'arrêt sur image", certes à peine perceptibles, mais qui marquent les moments d'hésitation du récit devant la panoplie des possibles narratifs[8]. Ce phénomène se traduit au niveau diégétique par l'hésitation, par exemple, sur le choix d'une direction: passer par le désert de sable, le désert de pierre, la brousse désolée et le pays des Zandjs pour enfin aboutir au pays de Tombouctou, ou franchir montagne après montagne, "des fleuves en crues et des plaines arides, des forêts, où pullulent les bêtes sauvages dans l'espoir de rejoindre l'admirable Fès et ses vergers d'amandiers...". Le cadre donne, dans la successivité, deux séries d'images en tablant sur l'état hypnotique dans lequel

---

[6]. Nous verrons un peu plus loin le rôle de cette voix dans l'énonciation, et la nécessité de son rôle dans les procédés de transit d'une séquence à l'autre. La voix-off remplace la musique et certains procédés spécifiques à la substance filmique dans l'optique de la simultanéité des effets destinés à produire du sens à partir d'un nombre assez limité des codes hétérogènes qui occupent habituellement différents niveaux du discours littéraire. La simultanéité du système codique (par exemple, le bruitage, la musique, les paroles et les images produits en même temps) peut être annoncé, désigné par la voix-off.

[7]. On peut parler d'euphorie narrative qui donne au lecteur-spectateur l'illusion que le produit lui parvient "fini" et que tout se passe dans une totale connivence avec le sujet de l'énonciation.

[8]. Qui accentuent l'euphorie narrative et donnent l'illusion d'une importante densité.

peut se trouver le lecteur-spectateur. Et le rêve qui s'implique dans l'image[9] fonctionnera comme un rêve dans le rêve, obtenant un ralentissement considérable de la lecture, donc de l'enregistrement des images dans une double détermination de l'imaginaire, qui correspondrait à une recréation diégétique d'un temps révolu et à une suggestion de cette recréation dans l'esprit du lecteur-spectateur:

> *La nostalgie aidant, nos aïeux crurent pouvoir, à force d'acharnement au travail, recréer une seconde vallée heureuse où foisonneraient les primevères et les fauvettes et toutes ces choses qui en faisaient une rivale terrestre du paradis, hors les fleuves de miel et les vierges aux yeux noirs* (p. 45).

L'image-perception

Le récit dirige le montage: deux images l'une dans l'autre et de puissance différente, l'une renvoyant au temps passé avec un gros plan sur les aïeux immobiles au fond du champ, l'autre plus floue défilant sur elle, celle de la vallée heureuse évoquée en lignes et en couleurs. Cette séquence de l'évocation de la vallée heureuse laisse aussi entrevoir la possibilité d'effets de relais transspatiaux, qui ouvrent sur le monde intérieur de la pensée:

> *Ce fut à ce moment-là qu'ils appréhendèrent réellement les déchirantes nécessités de la conversion... Ils comprirent surtout qu'ils ne fouleraient plus jamais ce champ de bataille.*

Ces relais sont liés à l'acte de perception et varient en suivant son mouvement. L'œil-caméra suit les regards des personnages: regards fixant inconsciemment l'horizon,

---

[9]. On pourrait s'attarder sur des syntagmes en accolade, dans lesquels une succession de brèves évocations portant sur des événements qui relèvent du même ordre d'idées (rêves, évocations historiques, etc.) et qui contribuent à ralentir considérablement le rythme de l'écoulement des images. Ainsi se constitue une diégèse épaisse, qui fait défaut dans les films de facture essentiellement plastique.

regards surpris à surveiller la route par où des compagnons avaient disparu engloutis par l'horizon, regards percevant la plus vague ombre mouvante jetant l'émoi dans le village (p.48). L'œil-caméra se règle tour à tour sur le centre percepteur, c'est-à-dire sur le personnage regardant, sur l'expression de son regard, sur le mouvement de son regard parcourant l'espace, puis sur l'objet de la perception. Les angles de cadrage sont réglés en fonction de la saisie de ce double objectif et simultanément. Le mouvement de l'image-perception assure la conversion de la durée qui passe du réel au fantastique et inversement. L'espace imaginaire, qui était en attente hors-champ, se trouve sollicité, convoqué comme une présence inquiétante qui modifie totalement le rapport du lecteur-spectateur aux images qui défilent devant ses yeux comme dans "la fantastique réapparition", "l'incroyable résurrection" de Omar El Mabrouk que tous croyaient mort.

  L'intrusion de l'effet de fantastique dans la diégèse entraîne la démultiplication des espaces et des temps: présence envahissante du souvenir, récit flash-back dominant et imposition forte de la voix-off. Cependant l'intrusion d'un temps autre, qui dilate la durée et ralentit le rythme, n'opère aucun changement dans les procédés de cadrage et de réalisation des objectifs. C'est toujours le mouvement du regard saisissant un espace parcouru qui prévaut, mais le tout se confondant en une perception unique et affranchie de l'accumulation lexicale, qui bien souvent dans les romans encombre, opacifie et noie l'image au profit de la richesse des figures de style. Par exemple, dans la séquence de l'enlèvement de la pucelle par Hassan, on voit la porte s'abattre d'un coup de pied, livrant passage "au double canon qu'éclaire la chandelle allumée par le père d'Aïssa". A partir de là, des images visuelles et sonores défilent dans le prisme d'un regard et d'une oreille. L'acte percepteur échappe ainsi aux faux raccords imposés par le hors-champ. L'action dans ces cas là ne peut être que solidaire de l'acte percepteur. Ce qui permet d'entrevoir l'aspect matériel de la subjectivité car, comme l'écrit Bergson dans *Matière et Mémoire,* la perception "n'est pas plus dans les centres sensoriels que dans les centres moteurs, elle mesure la complexité de leurs rapports"[10]

Mimouni met cette complexité à l'épreuve du double témoin de la perception et de la mémoire. Ainsi l'apparition d'Omar el Mabrouk entraîne la motivation du souvenir de "cet étrange bohémien mi-camelot, mi-saltimbanque, avec sa barbe folle de prophète et ses longs cheveux flottants aux vents..." (p. 69). L'incurvation des choses perçues et le traitement de cette incurvation produisent un effet perceptible dans le double mouvement qui mène de l'apparition d'Omar El Mabrouk au saltimbanque. Ce qui rend possible ce double mouvement c'est, comme le précise Deleuze, "l'opération qui permet le passage insensible de la perception à l'action et qui n'est plus l'élimination, la sélection ou le cadrage, mais l'incurvation de l'univers, d'où résultent à la fois l'action virtuelle des choses sur nous et notre action possible sur les choses".

Le texte de *L'Honneur de la tribu* rend compte surtout de l'entre-deux de la perception et de l'action qui ouvre cette zone d'indétermination entre sujet et objet et qui indique comment le sujet percepteur se perçoit lui-même. Le mouvement qui conduit de l'un à l'autre doit devenir alors qualitatif, s'ouvrir sur un "état vécu". Les indications, comme dans un scénario, semblent ici donner la marque de cette qualité de la façon la plus dépouillée et la plus précise possible:

-Il marquait une pause pour nous laisser frissonner...
-Les réponses provocatrices du saltimbanque plongeaient ses tourmenteurs dans la perplexité...
-Ses discours nous narguaient...
-Une autre fois, il ramena dans sa roulotte un monstre effrayant...
-Et nous fûmes étonnés d'entendre une belle et douce musique qui semblait exprimer parfaitement notre nostalgie de la vallée heureuse...
-L'orateur figeant son geste, se tut, laissant l'auditoire se pénétrer du sens du point d'orgue de son discours... (p.69-79).

Nous avons dans cette dernière indication un procédé emprunté à la photo ou à la peinture et fréquemment utilisé

---

[10]. Cité par Deleuze, *ibidem*, p. 95.

dans le cinéma contemporain: le figement du geste ou la suspension de l'image, qui permet le prolongement de "l'état de vécu" et l'appréciation plus longue de sa qualité. Ces indications ainsi formulées font passer d'une séquence à l'autre en faisant fonctionner ce que Ricardou appelle le transit[11] et en apprivoisant ce qui menace l'unité fictionnelle[12]. Un effet semblable est obtenu par les nombreux dialogues qui masquent les hiatus en les faisant passer dans la diégèse comme dans la réplique suivante:

> *Ne nous énervons pas, répondit-il. Je propose que nous allions d'abord dans mon café nous préparer un thé bien chaud. C'est moi qui vous l'offre.* (p. 123).

Cette réplique transitaire introduit une nouvelle séquence montrant les interlocuteurs dans le café avec un verre brûlant dans la main. Ainsi, plusieurs séquences pivotent sur les répliques qui font partie d'un même dialogue. Les dialogues, souvent très longs, donnent une illusion d'homogénéité et couvrent tous les hiatus et toutes les fissures qui menacent l'illusion référentielle. Les dialogues contribuent donc à renforcer l'effet de représentation visuelle en s'inscrivant dans la continuité des codes dominants de l'image-mouvement et de l'image-perception[13].

---

[11]. *Le Nouveau roman*, "Ecrivains de toujours", Paris, Le Seuil, 1973.

[12]. Unité fictionnelle qui s'appuie d'abord sur l'axe de consécution et sollicite une lecture linéaire selon le déroulement filmique. En revanche, une lecture oblique déconstructrice de cet univers de signes devient possible, si le lecteur-spectateur réalise lui-même des cadrages plus serrés, une fragmentation des plans, tout ce que la narrativité tente de camoufler.

[13]. Les hiatus diégétiques comme camouflages de hiatus de montage sont plus fréquents dans ce roman; voir, par exemple, dans la séquence de l'enlèvement de la pucelle par Hassan, la succession de trois ou quatre scènes se déroulant sur plusieurs lieux (p. 51-52). Les lieux de l'enlèvement sont donnés dans la successivité avec des impressions de hiatus diégétiques. Ce qui peut donner lieu, à l'écran, à une série de vues partielles reliées par des fondus-enchaînés qui, comprimées dans le temps du spectacle, sont approfondies dans la diégèse.

L'énonciation

L'un des codes dominants de l'image-mouvement et de l'image-perception dans *L'Honneur de la tribu* est le support subjectif, à la charge d'un personnage impliqué qui, du dehors, raconte ce qu'il a vu et ce qu'il a vécu. La subjectivité est introduite par le narrateur lui-même, qui énonce et rappelle constamment son rapport personnel de regardant à ce qu'il regarde: "Nous fumes frappés de stupeur en les voyant..."

L'œil opère dans le sens du regardant vers le regardé. L'objet du regard est saisi à partir d'un angle de vue permettant au regardant de s'introduire dans le champ. L'idée d'un travelling en circuit fermé se déplaçant dans cet intervalle a dû inspirer pas mal de séquences dans ce roman. La séquence exemplaire est celle de la page 128 donnant à voir la population amassée sur la place aux figuiers et guettant le retour de ses envoyés. De cette population "regardant" se dégage le *nous* du narrateur qui impose à tous son propre rapport aux choses. Tout le discours décrivant l'effet de travelling est émaillée de modalisations émotionnelles qui renforcent cette impression de pathétique que j'ai évoquée plus haut.

Cependant, le point de vue reste anonyme, il appartient à quelqu'un de non identifié parmi les personnages. L'œil-caméra ne se confond pas avec lui. Ici l'énonciation fonctionne selon une théorie de Bakhtine reprise par Pasolini comme énonciation agissant sur deux axes de subjectivation solidaires, l'un qui permet l'émergence d'un personnage qui parle à la première personne et l'autre le regardant naître et mettant en spectacle cette naissance. Chez Mimouni cette naissance est celle d'un sujet collectif. Le phénomène reste le même dans ce qui se trouve être la préoccupation essentielle d'un Pasolini, à savoir le dédoublement d'un sujet dans le langage où un moi s'érige en spectateur hors scène et agence les objets et les éléments de sa vision. Il serait, ce personnage, le double de l'auteur-metteur en scène, sujet omniprésent mais hors-champ, conscient de sa liberté et de son pouvoir. L'autre double serait un individu impliqué pris dans les jeux des images et des discours. Le lecteur-spectateur se trouverait alors pris dans le mouvement d'oscillation d'une situation névrotique. C'est le cas, dans les œuvres de Pasolini, qui à partir de ce programme de dédoublement des sujets et des énonciations suscite une définition du "cinéma-poésie" dans lequel le personnage et sa vision se réfléchiraient et se transformeraient par le truchement d'une autre vision, celle de l'instance de l'œil-caméra.

Chez Mimouni le phénomène est certes beaucoup moins complexe. Sa préoccupation esthétique ne correspond pas à cette inquiétude que l'on enregistre chez Pasolini, Antonioni ou Godard[14]. La perspective névrotique de l'énonciation est posée mais elle reste inachevée dans sa formulation même. Elle semble être le produit fortuit d'un agencement motivé à l'origine par la recherche d'une technique narrative suggestive propre aux récits filmiques classiques, lesquels sont entièrement gérés, comme nous l'avons vu, par des images-mouvements, alors que chez les cinéastes cités c'est la méfiance à l'égard des procédés usés qui a été à l'origine de la recherche d'une forme de cinéma-poésie, où l'œil-caméra accède au statut d'une conscience-caméra avec une très grande détermination formelle. Et l'élaboration de ce cinéma nécessite une conception "écrite" du scénario et toutes les déterminations et possibilités mécaniques nourrissent la totalité de la matière narrative.

L'Honneur de la tribu semble relever de cette conception très écrite du scénario qui montre comment les transformations, dans les relations névrotiques de l'énonciation sont prises en charge par un registre de déterminations mécaniques qui fait oublier le narrateur au profit d'un regard quasi autonome. Cela est net dans les passages dialogués où la réplique d'un personnage joue comme un procédé de confiscation du point de vue et du pouvoir de décrire:

---

[14]. Voir à ce propos, l'analyse de Deleuze, *op. cit.*, p. 46.

> *Faut-il vous décrire ce sanctuaire du plus élevé quartier de la ville des villes, au sommet du plus élevé des immeubles, où vivent des hommes si puissants que le plus léger froncement de leurs sourcils provoque des séismes dans tout le pays, si terribles qu'ils intimident les rayons du soleil qui craignent d'assombrir le diaphane de leurs joues. Ainsi leur visage n'a plus que la pâleur cadavérique du pouvoir. Omar El Mabrouk est de ceux-là.*

Le narrateur est ici dépossédé de son pouvoir par la réplique du personnage, en l'occurrence le Maire, et par les effets insistants de cadrage que son propos suggère et qui correspondrait à l'usage du zoom.

Ce procédé de confiscation renforce la relation névrotique. Le personnage entre directement, en même temps que son propos, dans la vision du narrateur et, par delà, de l'auteur, qui chemine et se réfléchit à travers les fantasmes de tous les ayants droit à la parole. Certes le rôle déterminant reste celui que joue le "nous" inclusif et divisible de la névrose procédant de la technique des vases communicants. C'est ce même "nous" qui fait passer du discours littéraire aux images, développe la possibilité d'une "conscience formelle" d'une caméra en rétablissant la circulation naturelle entre le mot et l'image. Cette circulation est gérée par le commentaire qui traverse les visions de part en part de l'incipit / *Laisse donc tourner ta machine* / à l'excipit / *Tu peux arrêter ta machine*/.

Mais le statut névrotique de l'énonciation n'est pas recherché dans le sens d'un acte de transformation de la vision, et le dédoublement ne correspond pas en texte à ces procédés systématiques et maîtrisés de technicien rompu à l'écriture filmique. Le texte vers la fin se constitue, peut-être à l'insu de l'auteur, en lieu d'affrontement entre deux stratégies (littéraire et filmique) mais qui finissent par agir en surimpression, préservant l'équilibre précaire entre l'exigence de la figure et celle de l'image. Précaire dans la mesure où le discours, en tentant de se procurer l'intensité poétique la plus forte, conspire en fin de compte pour former un agencement filmique travaillant essentiellement l'image-mouvement et l'image-temps.

Désir d'histoire et esthétique

On peut avancer, au terme de ce parcours des possibilités, ouvertes par le texte, d'une réalisation cinématographique de *L'Honneur de la tribu*, que la stratégie de l'écriture filmique, comme horizon de l'écriture, s'est produite grâce à l'émergence d'images attractives qui émaillent l'univers romanesque et qui déploient des représentations plastiques, faisant travailler la métamorphose dans un rapport figural du passage de la tradition à la modernité, et métaphoriquement exprimé par le récit consacré aux "civilisées expertes dans l'art de se transformer...". Nous avons ainsi un code de l'image, qui fonctionne sur deux conceptions distinctes et conjointes relevant de clichés psychiques visuels et sonores, et se nourrissant mutuellement en circuit fermé et dans un temps qu'il s'agit de reconnaître comme transitaire. La stratégie du circuit fermé empêche l'engendrement, à l'arrière plan, d'un monde antérieur ou futur, complexe et complètement débarrassé des clichés de la formulation subjective. Les possibilités, ouvertes par le récit, d'un cinéma-poésie à la Pasolini ou à la Scorsese avortent avant même d'avoir produit quelques effets parmi les plus attendus.

Le caractère passéiste de l'enchaînement des images fait évoluer celles-ci vers l'insignifiance, au moment même où l'on s'attend à l'émergence des images de la mutation future qui serait à lire derrière les mutations passées. Les images attractives elles-mêmes se désamorcent et ne permettent pas la naissance de ces figures surprenantes qui viendraient briser l'illusion référentielle au profit d'un temps et d'un espace autres. La cause en est le maintien du récit dans une plate conscience critique et parodique. De toutes les images qui s'enfilent les unes dans les autres n'émerge aucune image mentale autonome par rapport au système traditionnel perception-action-affection. La situation névrotique voit son développement empêché par ce système. La perception reste solidaire du prolongement qui la motive, l'action tributaire de la situation qui l'a fait naître et l'affection demeure émanation des personnages.

Cette perspective de mise en images aurait gagné, dans *L'Honneur de la tribu*, à s'élaborer dans la mise en crise de l'image-action et de l'image-perception et dans l'exploration des possibilités de l'énonciation et de la rhétorique qu'offre le discours littéraire, ne serait-ce qu'au niveau de la contestation du récit par lui-même ainsi que de la brisure de toutes les illusions, celle du reflet, celle de la logique des causes, celle de la transparence, au profit d'une culture de la distance produite par la complexité de l'image qui dénoncerait les clichés culturels et structurels et les ferait tomber en syncope dans le sens d'une action critique plus efficace. Mais ce n'était l'objectif de Mimouni, lequel a surtout tenté, de retrouver une fois de plus, à travers un autre traitement du récit, le fil conducteur de sa propre subjectivité, au coeur de l'histoire de la tribu.

Les Tragiques

Cet ensemble a été rédigé entre 1987 et 1990

Nous sommes en 1997. L'histoire s'affole et accumule les catastrophes. Dès 1992, des écrivains, artistes, juristes, sociologues, journalistes, psychanalystes algériens furent les premières victimes d'une culpabilité que se rejettent, comme dans l'antique tragédie, l'humain et le divin.

Les intellectuels algériens sont-ils allés trop loin dans la formulation subjective des questions fondamentales de l'histoire? Ont-ils, par leurs métamorphoses apuléennes, frôlé l'Essentiel? Le Bonheur? La Beauté? La Vérité? La Liberté?

Si "l'action tragique est l'histoire d'un retour à l'ordre que nécessite toute violation de la limite"[1] l'entreprise artistique et intellectuelle en Algérie ne pouvait que déranger ces forces totalitaires et régressives qui se projettent dans une généalogie hors histoire et minent la totalité du monde contemporain, s'attaquant en priorité aux expressions de la liberté.

Pourtant, et alors même que la tuerie s'abat sur toutes les catégories de la société, l'Algérie oppose au tragique, porté au coeur du quotidien, le jeu de la vie qui poursuit inexorablement ses reconquêtes. La littérature, au pays ou en exil, semble plus vivante que jamais. Les textes s'accumulent sous des formes décapantes. Les éditeurs s'activent, diffusent, les revues culturelles prolifèrent, les mouvements associatifs se multiplient, font acte et prennent acte par l'écriture, les débats publics s'animent, questionnent, interprètent, polémiquent, se transcrivent. Les lecteurs lisent et relisent comme ils ne l'avaient jamais fait auparavant, comme si l'écrit était devenu brutalement le lieu d'une haute théâtralisation de l'histoire. Comme si la connaissance de son

---

[1]. Jean Beaufret, cité par Jean-Marie Domenach, *Le retour du tragique*, Paris, Le Seuil, coll. Points, 1967.

Désir d'histoire et esthétique

monde, un monde qui change trop fort et trop vite, était liée au tragique. Car connaître, "c'est entrer dans une joute incertaine avec un ennemi sans consistance et sans visage, qui est parfois nous-mêmes, et parfois la vérité". Ce propos de Jean-Marie Domenach se prolonge dans une appréciation pertinente des rapports qui peuvent exister entre tragédie et politique:

> *Ainsi plutôt qu'il n'écrase l'homme, le tragique le suscite! Comme les Grecs l'avaient senti, la tragédie apaise, délivre, mais aussi elle introduit à une dimension qui ne peut-être emplie que par la mise en oeuvre de toutes les possibilités humaines. C'est pourquoi il est vain d'opposer le monde de la tragédie à celui de la démocratie, du moins si l'on entend par démocratie davantage qu'un système de gouvernement majoritaire. Nous avons appris, d'histoire et d'expérience, que la démocratie est éminemment tragique, puisqu'elle suppose ce qui n'existe pas encore, puisqu'elle exige du plus grand nombre des vertus qui sont ordinairement l'apanage de quelques uns. Saint-just a vécu cette contradiction jusqu'à la mort. Et quel démocrate n'a pas éprouvé au moins une fois, cet abandon, cette nuit? S'il est une chose que nous enseigne l'expérience tragique, c'est bien de recommencer, sans foule ni drapeaux. Car les choses iraient facilement, s'il y avait d'un côté la liberté, de l'autre les ennemis de la liberté*[2].

La vision tragique impose un face à face avec la mort que seules la création, l'histoire et la philosophie peuvent assumer et conduire jusqu'à sa limite, là où les effets s'inversent pour affirmer la vie par delà la mort.

Cette vision, Kateb Yacine a su la réinstaller dans le seul lieu qui lui convienne vraiment, le théâtre, largement ouvert au public. *Il nous faut revenir au grand espace des Anciens et aller au-delà, sur les voies les plus larges*, a-t-il écrit.

Kateb Yacine s'est ensourcé à l'histoire de son pays et, dépassant la nécessité chronologique et l'immédiat des événements, il est parti en quête de ce qui, dans ces événements, est resté encore inexpliqué. Cet encore inexpliqué est appelé par l'historien français, Michel de

---

[2] *Idem*, p.286.

Certeau, "L'absent de l'histoire"[3]. C'est à partir de cet *absent* que Kateb a tenté de mesurer la force de connexion des événements "catastrophiques" de son pays. Mais en passant du roman au théâtre, l'oeuvre a cassé la clôture nationale pour s'élargir à la planète. Ainsi le cycle des révolutions dans le monde nous conduit à travers le Viet Nam, l'Algérie, la Palestine, et sur un axe généalogique, vers une vision théâtrale de la révolution française.

Si Kateb Yacine a inscrit son histoire algérienne sur le palimpseste mondial, en montrant la solidarité et la force des courants qui se tissent au niveau des rhizomes, c'est bien pour satisfaire, au delà du désir d'universalité, le désir de mieux comprendre ce qui fait bouger la machine historique. Et lorsqu'il est invité à écrire une pièce sur l'une des plus importantes des césures de l'histoire, la révolution française, inscrite dès son début dans le tragique, il rend compte d'abord de l'effet de fragmentation tel qu'il l'a ressenti au coeur même des références les mieux ancrées de l'histoire et de la littérature; il nous donne alors: *Le Bourgeois sans culotte ou le spectre du parc Monceau*[4]

La scène élabore, à travers l'histoire française de la révolution, cette vision subjective de la tragédie, qui fait que plus rien ne sera comme avant.

Fondatrice du principe révolutionnaire, la révolution française appartient au monde. Pour sa part, Kateb se contente d'interroger sa mémoire historique, littéraire, philosophique. Il retrouve le sens tragique dans le lien générique qui relie, entre autres, Robespierre, Hölderlin, Lakhdar, La femme sauvage, et tous ceux qui, dans son peuple, forts de ce lien, ont su interpréter le souffle de la tragédie.

Dans le sillage de Kateb, les romanciers algériens inscrivent l'histoire dans leurs fictions avec plus ou moins de force, la font bouger pour qu'elle ne se fige point dans la répétition et ni se transforme en destin.

---

[3] Cf. *Faire de l'histoire*, volume I, Gallimard, 1974, p. 33.
[4]. Pièce créée à Arras en 1989 à l'Abbaye Saint-Vaast et en avant première au musée Calvet à Avignon. Mise en scène de Thomas Gennari. Non publiée à ce jour.

Tout en effectuant sur leurs oeuvres un important travail formel, les créateurs algériens témoignent de leur volonté de faire courir sur la scène théâtrale, lieu fictionnel et symbolique, ce sens tragique qui met en mouvement leur histoire:

> *Toute oeuvre est cela même qui vient sur fond de ruine, par quoi l'écriture se ligue à la catastrophe pour ouvrir la voie à des modalités alternées de sens et de savoirs.* [5]

En bon acteur de soi

Au cours de ces années tragiques les femmes ont, une fois de plus, animé intensément la scène historique et médiatique, clamant leur refus de mourir.

En lisant les oeuvres posthumes de Taous Amrouche, les nouvelles publications d'Assia Djebar[6], les romans de Malika Mokeddem[7], de Nina Bouraoui[8], l'émouvant récit de Dakia[9] la benjamine à peine âgée de treize ans, on penserait volontiers que les fictions s'engagent dans la direction métonymique élaborée par les romanciers, au sens où l'histoire individuelle féminine s'emboîte dans l'histoire nationale, et mondiale par le fait des destins migratoires des personnages. En effet, l'histoire individuelle dans le roman féminin ne se détache pas de la logique de l'emboîtement, en revanche elle affiche nettement son refus de se laisser absorber par le mouvement collectif, qui la mettrait en retrait en emblématisant les personnages et les situations. Les romancières produisent un éclairage plus intense sur une subjectivité perdue, qu'elle tentent de

---

[5]. Cf. Daniel Vidal, "Institutions du sujet et sites de modernités", *Penser le sujet. Autour d'Alain Touraine*. Colloque de Cerisy, Paris, Fayard, 1995, p.135.

[6]. *Loin de Médine*, Albin Michel, 1991, *Vaste est la prison*, Albin Michel, 1995. *Le Blanc de l'Algérie*, Albin Michel, 1995.

[7]. *L'Interdite*, Grasset, 1993.

[8]. *La Voyeuse interdite*, Gallimard, 1991. *Poing mort*, Gallimard 1992. *Le Bal des murènes*, Fayard, 1996.

[9]. *Dakia, fille d'Alger*, Flammarion, Castor poche, 1996.

reconquérir. Autrement dit, tout roman féminin part d'un double constat:
  - que la femme est séparée de son propre lieu d'énonciation et de sa capacité à mettre en jeu sa propre histoire.
  - que cette séparation est historique et causée par la relégation aux frontières du mythe, d'un très ancien pacte social, où la femme décidait d'elle même, écrivait, régnait, conduisait des armées[10]

La séparation est toujours inscrite au début du roman. A la fin, c'est un sujet puissant, plein de son avenir qui sort de son autofiction réparatrice pour faire irruption sur la scène de l'histoire.

Malika Mokeddem entame ainsi son roman intitulé *L'Interdite*,

> *Je suis née dans la seule impasse du ksar. Une impasse sans nom. C'est la première pensée qui me vient face à ces immensités. Elle couvre mon trouble d'une cascade de rires silencieux.. Je n'aurais jamais cru pouvoir revenir dans cette région. Et pourtant, je n'en suis vraiment jamais partie. J'ai seulement incorporé le désert et l'inconsolable dans mon corps déplacé. Ils m'ont scindée. (p.11)*

La suite du roman formulera la traversée[11] de ce *je* scindé, qui tout en expérimentant le pacte mélancolique noué autour d'un amour perdu, tentera de transformer le fatum social en liberté.

Au commencement de toute reconquête féminine est l'Amour. Et quels qu'en soient le vécu et l'issue, le récit d'une histoire d'amour entraîne l'émancipation du sujet et avec elle la saisie du bonheur; car au coeur de la tragédie, il est question de bonheur, et peut-être n'est-il question que de

---

[10]. Les figures des reines berbères Tin Hinan, Kahina, Lala Fadhma Nsoumer sont emblématiques de la transmission mnémonique de cet ancien pacte. La littérature, relayant la tradition orale, illumine régulièrement ces figures.

[11]. Après avoir été interrogé dans le cadre mythologique, le thème fécond du déplacement spatio-temporel du corps féminin, qui redouble la scission du sujet, reste à interroger dans le cadre spécifiquement historique. Assia Djebar, dans *Vaste est la prison*, nous propose une belle galerie de portraits des femmes "fugitives et ne le sachant pas".

cela? C'est principalement à travers cette reconquête subjective par le récit que la romancière algérienne entame la conquête du savoir historique collectif, qu'elle s'approprie pour raffermir l'histoire de sa vie et de sa parole, et la faire jouer comme le ferait un "bon acteur de soi", selon la prescription de Mallarmé

Il faut préciser que ces histoires d'amour, souvent problématiques au yeux d'une certaine morale, ont été vécues en silence, en cachette, puis brutalement livrées au public. Livraison publique qui tourne parfois au tragique dans le roman comme dans le réel et cherche à susciter une sensibilité ambiante autour de ce qui serait à interpréter comme une quête de bonheur et non plus un défi à la loi.

Le roman féminin algérien s'engagerait dans une histoire de détournement du sens institutionnalisé de l'histoire officielle, en stimulant ce qu'on pourrait qualifier de conflit d'interprétation[12]. Ce qui apparaît dans le roman féminin en tout cas, c'est une structure duelle de l'univers symbolique; structure produite par des lectures contradictoires de l'histoire émanant d'une part du sujet à la recherche de son bonheur, de l'autre du corps social soucieux de la préservation d'une "loi révélée mais non écrite" comme l'écrit Assia Djebar, qui a poussé à son plus haut degré d'élaboration la vision de ce conflit.

A la recherche de l'alphabase

Aujourd'hui totalement impliquée dans l'histoire, Assia Djebar s'engage à fond dans la récupération des bribes d'histoires d'Algériens et d'Algériennes, perdues dans le temps, ensevelies dans l'espace, en retrait dans les mémoires et la tradition orale, en attente de lecteurs dans des livres

---

[12]. Au sens où les projections opérées par le texte sacré et les institutions légiférantes entrent en confrontation avec le désir d'un sujet qui ne se reconnaît pas dans le cadre symbolique que la société lui impose. Ce conflit a généré "cette désespérance gelée depuis longtemps entre les sexe" dont parle Assia Djebar dans "le silence de l'écriture", *Vaste est la prison, op. cit.*

étrangers, dans des musées étrangers, dans des archives étrangères etc... Entreprise donc de reconquête, qui se déroule dans un univers polyculturel stratifié en langues et dans lequel la romancière évolue avec aisance, armé de connaissances solides et d'une démarche méticuleuse, sans jamais sacrifier la poéticité ni la théâtralité qui ont donné à ses oeuvres passées leurs lettres de créance.

L'objectif de Djebar est de faire participer la littérature à la résolution du conflit d'interprétation, qui a entraîné selon l'historienne *"la désespérance gelée depuis longtemps entre les sexes"*. Cette résolution Djebar la programme sur deux paradigmes entrecroisés: un premier, qui formule le désir d'histoire comme constitutif du sujet féminin, un second, celui de l'écriture, qui libère le jeu de la vie.

Tout en puisant ses ancrages principaux dans l'actualité algérienne *Vaste et la prison*, fait de l'écriture un véritable enjeu historique.

Le roman s'ouvre sur ces mots
"Longtemps, j'ai cru qu'écrire c'était mourir...."

En dehors d'éventuelles attaches postmodernistes, ce propos pourrait surprendre plus d'un. Mais Djebar s'est longtemps identifiée à ce paradoxe de l'histoire contemporaine, qui au nom de la vie et de la science, programme une écriture du tombeau pour ne pas dire de la mort. Autrement dit, l'historiographie contemporaine *"sur des modes et avec des contenus différents, reste liée à son archéologie du début du 17e siècle.... et se complaît à produire des galeries de portraits En ce sens elle représente des morts au long d'un itinéraire narratif*[13]. Djebar reste "structurellement" soumise à cette démarche. En revanche, pour exhumer une signification enfouie, un objet emporté, soustrait à la connaissance publique, elle dérange les morts que d'autres ont rangés, ouvre les tombeaux que d'autres ont scellés. Le passé se réactive, et là encore, conformément à la

---

[13]. Cf. P. Arriès, "Le temps de l'histoire", cité par Michel de Certeau, dans *Ecrits sur l'histoire, op. cit.* p. 255.

structure symbolique duelle qui régit le roman, deux positions lui sont assignées :
- l'une, technique *de la recherche du temps perdu*, qui consiste à rapatrier l'histoire volée ou exilée.
- l'autre, scripturaire de la représentation des textes d'autrui auteurs ou témoins.

Par exemple, dans *Vaste est la prison*, après s'être constitué un solide lieu d'énonciation renforcé par la passion blanche d'un amour interdit, elle entre en possession des relations de voyage et des récits archéologiques concernant l'écriture originelle de l'Algérie et de l'Afrique du nord, autrement dit *l'Alphabase libyco-berbère*, qui continue d'animer l'écriture des écrivains algériens de langue française ou arabe. En effet, il n'est pas rare de voir surgir au détour d'un paragraphe la question : *D'où vient le souffle profond qui anime mon écriture?"*.

La quête de l'origine de l'écriture, de l'Alphabase, prend appui sur des récits de fouilles archéologiques ayant eu lieu régulièrement, dans le nord de l'Afrique, à partir de 1636 à l'initiative d'archéologues européens. Chacun des récits montre comment l'écriture ancêtre inscrite sur une stèle bilingue aux côtés du punique s'est presque magiquement soustraite au déchiffrement. Nous sont ainsi donnés en représentation les récits de Thomas d'Arcos, cet archéologue né près de Marseille en 1565, passionné d'histoire africaine; ceux, en 1815, du comte Borgia, archéologue italien, et ceux enfin, en 1837,.d'un lord archéologue et de son coéquipier danois. Tous ces archéologues, en possession du fabuleux corpus, n'ont pu accéder à son déchiffrement. Ce n'est qu'en 1846 que la belle inconnue de pierre livrera son secret à l'archéologue français Célestin Judas, récompensant ainsi le long et patient travail d'auscultation des traces et des signes éparpillés dans toute l'Afrique du nord:

> *A ce moment, c'est le sens même - et la musique, et l'oralité palpitante - de cet alphabet qui se ranime et réussit à ne plus être étouffé* (p.151)

En exergue à cette tranche archéologique, Djebar cite CH. Dobzinski, *Prologue à Alphabase*:

Les Tragiques

> *J'avais peut-être enterré l'alphabet. Je ne sais au fond de quelle nuit. Son gravier crissait sous mes pas. Un alphabet que je n'employais ni pour penser ni pour écrire, mais pour passer des frontières...*

Dans *Vaste est la prison*, et toujours dans ce geste de rapatriement des traces, Djebar nous propose, une autre variante historique de l'Alphabase soustraite à la connaissance.

On la retrouve au 4ème siècle après JC à Abalessa, dans le grand désert algérien, dans le tombeau ouvert de la reine du Hoggar, Tin Hinan,

> *Que je rêve à la royale Tin Hinan, l'ancêtre des Touaregs nobles du Hoggar!... Son histoire fut racontée longtemps comme un songe auréolé de légendes, une silhouette aussi évanescente qu'une fumée, un fantôme ou un mythe, figure imaginaire qui soudain se concrétisa grâce aux découvertes archéologiques d'une mission franco-américaine de 1925 : Tin Hinan exista. Sa dépouille émouvante (squelette de femmes très proche du type pharaonique) fut tiré de la nécropole d'Abalessa et emportée jusqu'au musée d'Alger!*
> *Que je rêve, oui à la fugitive Tin Hinan, la princesse qui s'avança jusqu'au coeur du désert des déserts!* (161).

Ce qui retient longuement l'attention de la romancière, ce sont toutes les inscriptions *tifinagh* gravées sur les parois du sépulcre :

> *Notre écriture la plus secrète, aussi ancienne que l'étrusque ou que celle des "runes", mais contrairement à celles-ci, toute bruissante encore de sons et de souffles d'aujourd'hui, et bien legs de femme, au plus profond du désert.*(164)

Tombeaux ouverts

Tin Hinan participe autant à la chaîne salvatrice de l'écriture féminine qu'à la transmission d'une écriture nord-africaine, ouverte dès l'antiquité par d'illustres ancêtres précurseurs d'une pensée algérienne comme Massinissa, Jugurtha, Apulée, Fronton, Augustin de Tagasthe.

Mais c'est en s'accrochant à la chaîne de l'écriture que Djebar. retrouve, dans l'ombre gigantesque de Don Quichotte de la Manche, la trace d'une autre algérienne, Zoraïdé, dont l'histoire est liée aussi à l'acte d'écrire. Elle relit pour nous le chapitre dans lequel Cervantès nous conte l'histoire du captif espagnol libéré des bagnes d'Alger par Zoraïdé l'algérienne, qui fut à son tour libérée par l'espagnol. L'histoire de leur union se continue de l'autre côté de la Méditerranée en terre chrétienne, échange augural entre deux sexes, deux langues et deux religions, tramé par le seul pouvoir de l'écriture, arabe en cette époque de l'histoire .

D'un point de vue littéraire, il est intéressant de voir comment Djebar fait intrusion dans le roman de Cervantès, puis dans le corps métaphorique de Zoraïdé, en effectue le déplacement dans le temps et l'espace. L'histoire de l'entrée de la première algérienne qui écrit dans le premier grand roman de la modernité occidentale est ainsi récupérée et reversée dans le patrimoine historique sous forme de métaphore des algériennes qui écrivent pour la vie et pour l'histoire.

> *L'histoire de Zoraïdé, rapportée devant celle-ci muette par l'ex-captif aux hôtes d'une auberge de campagne où Don Quichotte et Sancho Pança sont de passage, est bien la métaphore des algériennes qui écrivent aujourd'hui, parmi lesquelles je me compte.*

Et donc à la différence d'autres tombeaux artistiques ou sociaux, la reconduction du "mort" ou du passé dans un lieu symbolique s'articule ici sur le travail visant à remplir un manque L'écriture recueille le produit de ce travail. Par là elle libère le présent, qui occupe en fait les cinq sixièmes du roman[14]

Dans ce roman et dans le domaine spécifique du rapatriement des traces Djebar ne fait que raffermir la

---

[14]. Comme l'Alphabase libyco-berbère, les personnages du refus, fugitifs, résistants, transgresseurs, refoulés par l'historiographie officielle, hantent la tradition orale et la littérature, comme des revenants désireux de porter à la connaissance de leurs descendants leur véritable histoire et leur secret.

démarche et l'expérience qu'elle avait inaugurées *Femmes d'Alger dans leur Appartement*[15].

L'écriture conquérante

A travers ce rapatriement, on voit se dessiner l'univers linguistique et scriptural de l'Algérie qui va du berbère au français en passant par le latin et l'arabe.

En tant qu'historienne, Djebar accorde de l'importance à la différenciation entre les catégories oral et écrit. Dans ses premières oeuvres, jusqu'à *L'Amour, la fantasia*, et dans l'urgence de la réactivation de la mémoire menacée, elle a élevé la tradition orale au statut de document historique, se concentrant sur le rapport au temps et à la conscience, comme dans les documents écrits dans la mesure où la transmission orale, dans les moments de convulsions historiques, se donne pour objectif de fixer dans la mémoire comme sur la pierre l'essentiel de ce qui entre dans la préservation identitaire. Si l'écrivain rassemble ses langues, c'est bien d'abord pour prendre le relais d'une longue tradition orale de préservation des langages contre les chocs de l'histoire.

Dans les romans algériens en général, tout ce passe comme si l'oral avait attendu qu'une écriture vînt le parcourir et le créditer d'une nouvelle efficience symbolique, celle d'une trace historique reconnue. Ainsi se dessine une nouvelle configuration complexe, où oralité et écriture se déterminent mutuellement, sans se contester.

Djebar énonce implicitement certaines données de histoire selon lesquelles les expressions orales sont des

---

[15]. *Op. cit.* Djebar reprend à son compte un certain nombre de propositions énoncées Marcel Proust dans *A la recherche du temps perdu*:; la première est que «la vraie vie est ce qui se cache et n'apparaît que dans la production des formes»; la seconde est que «le langage artistique devient l'instrument qui permet de voir ce qui autrement ne serait pas perçu» et que «la seule histoire possible sera celle des œuvres d'art à dire des discontinuités». Les oeuvres d'art pointent donc de la même façon l'absent de l'histoire.

catégories instables qui ne peuvent signifier qu'à l'intérieur de systèmes homogènes. L'oral ne résiste pas au voyage, le déplacement le désintègre, le temps le soumet à des dérives multiples. C'est ce courant de l'histoire occidentale attachée à la suprématie de l'écriture, qui a classé l'Afrique globalement comme un territoire sans histoire[16]. La réflexion sur l'Alphabase casse cette idée reçue et fort répandue qui donne les sociétés africaines comme des sociétés essentiellement orales et l'écriture comme un instrument imposé par les conquérants. En somme, du point de vue de Djebar, il s'agit de retrouver sa place dans les civilisations de l'écriture pour retrouver sa place dans sa propre histoire, car si l'écriture facilite le vol des histoires, elle permet aussi leur récupération.

Nina Bouraoui : pour en finir avec la mort

A sa parution *La Voyeuse interdite* (Gallimard 1991) premier roman de Nina Bouraoui décroche le prix du Livre Inter 1991. Avec la vision d'inspiration socioculturelle fortement subjectiviste qu'elle y déploie, la romancière algérienne apparaît d'emblée, à une certaine critique, comme appartenant à cette catégorie d'auteurs particulièrement sensibles au "capital économique" de l'édition, aux techniques de promotion, à la publicité, et visant donc un public large et un succès immédiat. La production encore naissante de Nina Bouraoui peut sembler en effet résulter d'une écoute particulière accordée aux thèmes à succès, aux modes ostentatoires d'écriture soumis à des exigences de diffusion comme le laisse entrevoir son second roman *Poing mort* (Gallimard 1992)

A grands coups d'accélérateur la romancière met son talent, au demeurant indéniable, au service d'un public de consommation avide de jaquettes tapageuses comme celle de

---

[16] Seule l'Egypte pharaonique y trouve sa place entière Les autres pays sont dépossédés de leur histoire au profit de celle de leurs conquérants.

Poing mort qui nous fait voir la femme qui garde les morts et qui, *entre les tiroirs de cendres et les chapelles et leurs petites niches, se souvient de son enfance: une fillette a fait vœu de cruauté.* Certains lecteurs se disent "excités" par cette audace et cette cruauté qui font dire à la narratrice: *Je trouve mon équilibre dans le chagrin des autres, et, parfois sortent d'une tombe un dernier souffle, une dernière histoire.* Ce dernier souffle et cette dernière histoire, il est préférable de les prendre comme des projections diégétiques destinées à circonscrire la mort. Mais la manière qu'a Nina Bouraoui d'*enfourcher la sépulture* et de fouetter la mort laisse entrevoir chez la jeune romancière une lucidité à toute épreuve et l'impatience qui caractérise les jeunes talents contemporains de faire valoir leurs capacités vite et bien.

Poing mort rompt les ancrages historiques habituels, se fait complice des registres très spéciaux de la dévoration macabre, brise l'allégorie monologique de l'ultime demeure, démultiplie les images, les enfile comme des *fruits vénéneux* ou des *champignons mortels*. Des images rien que des images qui décomposent, sous l'effet d'une plume-lazer à faisceaux multiples, les pouvoirs ubiquitaires de la Destructrice perverse, *la femme à l'habit d'os*. La mort est mise en scène. Personnage monolithique à l'origine, elle est sommée de se métamorphoser, de se travestir, de prendre les allures les plus folles, de se soumettre aux fantasmes encore plus cruels de celle qui partage quotidiennement son univers:

> *La mort m'appartient. J'en ai fait mon unique souci, mon unique occupation. Elle se cache dans mon éboulis de gravillons, se froisse au fond d'un chiffon sale, resurgit dans le désordre d'un cagibi, sous les paillettes d'un château de sciure en sang. Je la vois aux pieds des arbres, juchée sur un toit d'ardoises, dans le cri de rassemblement des oiseaux migrateurs, à califourchon sur la roue d'une charrette, sous mes ongles, à côté de mon sexe qui ne sert pas. Une corde, un escabeau, une poulie, deux planches portent sa marque et elle fredonne, joyeuse, un air inconnu entre les notes d'une sirène. Téméraire, je lui réponds dans l'écho du glas.*

Désir d'histoire et esthétique

La gardienne va plus loin. Elle cherche à épater la mort, s'en approprie l'unique attribut et l'unique fonction. Complexifie les canevas de ses stratégies criminelles, de ses amusements macabres. Ranimant son énergie et renouvelant son plaisir, elle remonte jusqu'à la source de la blessure première qui lui a donné son nom. Entre raison et déraison, elle s'entend appeler, et devant ses juges se souvient d'une *petite fille aux doigts pleins de sang*.

C'est là une manière comme une autre de raconter l'histoire des sociétés contemporaines coincées entre la mort et la mort, celle des individus en mal d'amour, en mal de souvenirs, vides de désir, qui voient leur *présent se désosser, leur rêve s'écailler*, et se vengent du silence des anges par des canonnades verbales qui accélèrent la course vers *la finitude* :

> *Mon corps d'enfant contenait à lui seul tous les signes infaillibles d'un défaut d'infini.*

Cependant rien ne semble vain sous la plus de Nina Bouraoui, même si tout le livre *embaume le phosphore et la cruauté, la poussière et l'absurde*. Il y a quelque chose de sain, qui respire la vie, qui passe par les coulisses de la mort pour en déjouer les manigances. Tout relève d'une stratégie, celle d'échapper à l'attaque-surprise de *la femme en habit d'os* en se liant à elle.

Poing mort et point de départ. Celui d'une nouvelle violence qui s'attaque à la violence existentielle elle-même. Un défi que Nina Bouraoui a décidé de relever à travers une fiction inconcevable en dehors du mystère de ces négatifs qui font aimer la vie.

Table

L'esprit d'enfance

I-Jean Amrouche. La sortie vitale de l'ombre des maîtres

L'œuvre-vie	15
La poésie mystique	16
Patrimoine berbère et génie africain	21
Radiophonies	23
En attente de lecteurs	25
Le songe d'une lettre interminable	27

II-Albert Camus. Récits ontologiques.

L'inéluctable distance	42
L'herméneutique du regard	48
Vers une expérience intérieure	52
Les morts conscientes	54
Articulation métaphorique	57

III-Kateb Yacine. L'édifice métaphorique

La dénomination fragmentée	65
Les signifiants fragmentés de Nedjma	70
Les je(ux) de Nedjma	74
Le théâtre et son double	80
La rupture du pacte mélancolique	86

IV-Mouloud Mammeri. Histoire des flûtes brisées de la république

Invitation à la cure	94
Métaphore spatiale et adjectif-action	99
Sens d'une fête	102
Retour scriptural du refoulé	104

V-Mohammed Dib. Les fictions nostalgiques
Neiges de marbre.. 110
Le Sommeil d'Eve.. 116
Intégration du pathos... 122
L'organisation symbolique..................................... 124
La mosaïque des noms propres............................. 129

VI-Assia Djebar. Histoire et médiations esthétiques
Histoire à distance.. 136
Historiographie... 146
Articulation des résidus problématiques............... 153
Les espaces mnémoniques..................................... 158
Dialogue avec les peintres..................................... 167
Incidences.. 172

VII-Nabile Farès. D'un *Exil au féminin*
Clandestine de la langue....................................... 180
Ratures.. 183
Départs au delà des exils...................................... 190
Insatiable querelle de l'échange............................ 193

VIII- Rachid Mimouni. De la fable à la mise en spectacle
Le grand livre du monde....................................... 201
L'image-mouvement... 206
L'image-perception... 211
L'énonciation.. 215

Les Tragiques
En bon acteur de soi.. 224
A la recherche de l'alphabase................................ 226
Tombeaux ouverts... 229
L'écriture conquérante.. 231
Nina Bouraoui. Pour en finir avec la mort........... 232

Collection *Critiques Littéraires*
dirigée par *Maguy Albet*

COLLECTIF, *Le récit et le monde. H. Quiroga, J. Rulfo, R. Bareiro Saguier.*
NGANDU NAKASHAMA P., *Le livre littéraire*, 1995.
GOUNONGBÉ A., *La toile de soi*, 1995.
BOURKIS R., *Tahar Ben Jelloun, la poussière d'or et la face masquée*, 1995.
BARGENDA A., *La poésie d'Anna de Noailles*, 1995.
LAURETTE P. et RUPRECHT H.-G. (eds), *Poétiques et imaginaires. Francopolyphonie littéraire des Amériques*, 1995.
KAZI-TANI N.-A., *Roman africain de langue française au carrefour de l'écrit et de l'oral (Afrique noire et Maghreb)*, 1995.
BELLO Mohaman, *L'aliénation dans Le pacte de sang de Pius Ngandu Nkashama*, 1995.
JUKPOR Ben K'Anene, *Etude sur la satire dans le théâtre ouest-africain francophone*, 1995.
BLACHERE J-C., *Les totems d'André Breton. Surréalisme et primitivisme littéraire*, 1996.
CHARD-HUTCHINSON M., *Regards sur la fiction brève de Cynthia Ozick*, 1996.
ELBAZ R., *Tahar Ben Jelloun ou l'inassouvissement du désir narratif*, 1996.
STEWART D., *Le roman africain anglophone depuis 1965, d'Achebe à Soyinka.*
NGANDU NKASHAMA P., *Ecritures et discours littéraires, Etudes sur le roman africain.*
SEVRY J., *Afrique du Sud, ségrégation et littérature. Anthologie critique.*
BELVAUDE C., *Amos Tutuola et l'univers du conte africain.*
BELVAUDE C., *Ouverture sur la littérature en Mauritanie. Tradition orale, écriture, témoignage.*
KALONJI M.T.Z., *Une écriture de la passion chez Pius Ngandu Nkashama.*
NGANDU NKASHAMA P., *Littératures et écritures en langues africaines.*
BOUYGUES C., *Texte africain et voies / voix critiques (Littératures africaines et antillaise)*

Collection *Critiques Littéraires*
dirigée par Maguy Albet

GONTARD M., *Violence du texte. La littérature marocaine de langue française.*
DABLA S., *Nouvelles écritures africaines. Romanciers de la seconde génération.*
LAÂBI A., *La brûlure des interrogations. Entretiens réalisés par J.Alessandra.*
BAFFET R., *Tradition théâtrale et modernité en Algérie.*
BONN Ch., *Le roman algérien de langue française. Vers un espace de communication littéraire décolonisé ?*
GODARD R., *Trois poètes congolais : M. N'Débéka, J.-B. Tati Loutard, T.U.Tam'si.*
HOURANTIER M.-J., *Du rituel au théâtre rituel. Contribution à une esthétique théâtrale néo-africaine.*
KOTCHY B., *La critique sociale dans l'oeuvre théâtrale de Bernard Dadié.*
LALLEMAND S., *L'apprentissage de la sexualité dans les contes d'Afrique de l'Ouest.*
CALMES A., *Le roman colonial en Algérie avant 1914.*
CHEMAIN R., *L'imaginaire dans le roman africain d'expression française.*
MOSTEGHANEMI A., *Algérie, femme et écritures.*
N'DA P., *Le conte africain et l'éducation.*
DA SILVA G., *Le texte et le lecteur comme interaction objective. Anthologie de la poésie tunisienne de langue française.* Introduction et notes par H. Khadhar.
OSSITO MIDIOHOUAN G., *L'idéologie dans la littérature négro-africaine d'expression française.*
GONTARD M., *Nedjma de Kateb Yacine. Essai sur la structure formelle du roman.*
DESJEUX J., *Le sentiment religieux dans la littérature maghrébine de langue française.*
BEKRI T., Haddad M., *L'oeuvre romanesque. Pour une poétique de la littérature maghrébine de langue française.*
NDACHI TAGNE D., *Roman et réalités camerounaises, 1960-1985.*
BOUELET R.S., *Espaces et dialectique du héros césairien.*

Collection *Critiques Littéraires*
dirigée par Maguy Albet

NAUMANN M., *Regards sur l'autre à travers les romans des cinq continents.*
JOUANNY R. (sous la direction de), *Lecture de l'oeuvre d'Hampaté Bâ.*
NNE ONYEOZIRI G., *La parole poétique d'Aimé Césaire. Essai de sémantique littéraire.*
HOUYOUX S., *Quand Césaire écrit, Lumumba parle.*
LARONDE M., *Autour du roman beur.*
NGANDU NKASHAMA P., *Théâtres et scènes de spectacle. (Etudes sur les dramaturgies et les arts gestuels.)*
HUANNOU A., *La critique et l'enseignement de la littérature africaine aux Etats-Unis d'Amérique.*
NGANDU NKASHAMA P., *Négritude et poétique. Une lecture de l'oeuvre critique de Léopold Sédar Senghor.*
HOUNTONDJI V.M., *Le Cahier d'Aimé Césaire. Evénement littéraire et facteur de révolution.* (Essai).
GONTARD M., *Le Moi étrange. Littérature marocaine de langue française.*
VENTRESQUE R., *Les Antilles de Saint-John Perse. Itinéraire intellectuel d'un poète.*
BLACHERE J.-C., *Négritures. Les écrivains d'Afrique noire et la langue française.*
GAFAITI Hafid, *Les femmes dans le roman algérien*, 1996.
CAZENAVE Odile, *Femmes rebelles Naissance d'un nouveau roman africain au féminin,* 1996
CURATOLO Bruno (textes réunis par), *Le chant de Minerve, Les écrivains et leurs lectures philosophiques*, 1996.
CHIKHI Beida, *Maghreb en textes. Écritures, histoire, savoirs et symboliques*,1996.
CORZANI Jack, *Saint-John Perse, les années de formation*, 1996.
LEONI Margherita, *Stendhal, la peinture à l'oeuvre*, 1996.
LARZUL Sylvette, *Les traductions françaises des Mille et une nuits*, 1996.
DEVÉSA Jean-Michel, *Sony Labou Tansi Ecrivain de la honte et des rives magiques du Kongo*, 1996

Collection *Critiques Littéraires*
dirigée par Maguy Albet

Déjà parus

DURAND J.-F. & PEGUY-SENGHOR (sous la direction de), *La parole et la monde*, 1996.
LEQUIN Lucie & VERTHUY Maïr (sous la direction de), *Multi-culture, multi-écriture. La voix migrante au féminin en France et au Canada*, 1996.
PLOUVIER, Paule & VENTRESQUE Renée (sous la direction de), *Itinéraires de Salah Stétié. Anthologie, textes récents, oeuvres inédites: Etudes-Hommages*, 1996.
GALLIMORE Rangira Béatrice, *L'œuvre romanesque de Jean-Marie Adiaffi*, 1996.
GALLET René, *Romantisme et postromantisme de Coleridge à Hardy : nature et surnature*, 1996.
MERGARA Daniel M., *La représentation des groupes sociaux chez les romanciers noirs sud-africains*, 1996.
COPIN Henri, *L'Indochine dans la littérature française des années 20 à 1954*, 1996.
CALLE-GRUBER Mireille, *Les partitions de Claude Ollier. Une écriture de l'altérité*, 1996.
MBANGUA Anatole, *Les procédés de création dans l'œuvre de Sonny Labou Tansi*, 1996.
SAINT-LEGER Marie-Paule, *Pierre Loti l'insaisissable*, 1996.
JOUANNY Robert, *Espaces littéraires d'Afrique et d'Amérique* (t. 1), 1996.
JOUANNY Robert, *Espaces littéraires de France et d'Europe* (t. 2), 1996.
LARONDE Michel, *L'Écriture décentrée. La langue de l'Autre dans le roman contemporain*, 1996
COLLECTIF, *L'œuvre de Maryse Condé, A propos d'une écrivaine politiquement incorrecte*, 1996
BARTHÈLEMY Guy, *Fromentin et l'écriture du désert*, 1997.
PLOUVIER Paule, VENTRESQUE Renée, BLACHÈRE Jean-Claude, *Trois poètes face à la crise de l'histoire*, 1997.
JOUANNY Robert, *Regards russes sur les littératures francophones*, 1997.
EZQUERRO Milagros, *Aspects du récit fantastique rioplatense*, 1997.
MAYAUX Catherine, *Henri Michaux .Plis et cris du lyrisme*, 1997.

590175 - Décembre 2014
Achevé d'imprimer par